Markus Wirtz, Christof Nachtigall
Deskriptive Statistik

Markus Wirtz, Christof Nachtigall

Deskriptive Statistik

Statistische Methoden für Psychologen
Teil 1

5., überarbeitete Auflage 2008

Juventa Verlag Weinheim und München

Die Autoren

Markus Wirtz, Jg. 1969, Dr. phil., Dipl.-Psych., hat in Münster Psychologie studiert und promoviert. Anschließend war er als wissenschaftlicher Mitarbeiter an der Universität Tübingen und der Universität Freiburg tätig. Seit 2006 ist er Professor für Pädagogische Psychologie an der Pädagogischen Hochschule Freiburg und leitet dort die Abteilung für Forschungsmethoden.

Christof Nachtigall, Jg. 1962, Dr. phil., Dipl.-Psych., Dipl.-Math., hat in Münster Mathematik und Psychologie studiert. Er arbeitet im Bereich Methodenlehre und Evaluationsforschung an der Friedrich-Schiller-Universität Jena. Derzeit ist er als Projektleiter von *kompetenztest.de* im Bereich schulischer Vergleichsarbeiten und empirischer Bildungsforschung tätig.

Bibliografische Information der Deutschen Nationalbibliothek

Die Deutsche Nationalbibliothek verzeichnet diese Publikation in der Deutschen Nationalbibliografie; detaillierte bibliografische Daten sind im Internet über http://dnb.d-nb.de abrufbar.

1. Auflage 1998
2., überarbeitete und erweiterte Auflage 2002
3. Auflage 2004
4., überarbeitete Auflage 2006
5., überarbeitete Auflage 2008

Umschlaggestaltung: Atelier Warminski, 63654 Büdingen
Druck nach Typoskript
Printed in Germany

ISBN 978-3-7799-1051-0

Inhalt

Vorwort

Innerhalb des Psychologiestudiums nimmt die Beschäftigung mit den allgemeinen Methoden und der Statistik einen großen Raum ein, obwohl die inhaltliche Bedeutsamkeit dieser beiden Unterdisziplinen für das Fach nicht unmittelbar auf der Hand zu liegen scheint. Zu Beginn des Studiums herrscht nicht selten die Einstellung vor, dass die Leistungsnachweise in Statistik und Methodenlehre als notwendige Übel abgehakt werden müssen, bevor im Hauptstudium der ‚wahre' Inhalt der Psychologie – nämlich der Mensch und sein jeweils einzigartiges Seelenleben – auch zum tatsächlichen Inhalt des Psychologiestudiums wird. Zahlen und menschliches Erleben scheinen uns gemeinhin als qualitativ verschieden und man glaubt, dem Menschen so nicht gerecht werden zu können. Etwas überspitzt ausgedrückt: Die Seele des Menschen *zählt* nicht! Wer den Menschen mit Zahlen verwechselt, zahlt mit der Menschlichkeit.

Dies ist aber nicht der richtige Ansatzpunkt, wenn es um die Begründung und auch die Kritik des Stellenwertes der Statistik in der Psychologie geht. Man möchte in der Psychologie zu Wissen darüber gelangen, wie Menschen ihre Umwelt erleben, wie sie mit dem Wissen über ihre Umwelt umgehen und wie sie versuchen, auf diese Einfluss zu nehmen. Wenn man aber Erkenntnisse gewinnen will, muss man im Allgemeinen sehr vorsichtig sein, damit das, was man als Erkenntnis gefunden zu haben glaubt, auch dem entspricht, was tatsächlich gültig ist.

Allgemeine Methoden sind ein wichtiger Baustein innerhalb der Psychologie, weil sie davor schützen, bestimmte Denk- oder Schlussfolgerungsfehler zu begehen. Beachtet man diese Methoden nicht, so können die Schlussfolgerungen, die man aus Erfahrungen ableitet, unzutreffend sein.

Sir Francis Galton (1822-1911) stellte z.B. fest, dass berühmte Wissenschaftler häufig den gleichen Familien entstammen. Sein Schluss, dass aus dieser Beobachtung folge, wissenschaftliche Begabung sei vererbbar, ist nach den Forderungen der allgemeinen Methoden nicht zulässig: Es könnte auch sein, dass Erziehungseinflüsse oder Anregungen im familiären und sozialen Milieu die familiäre Häufung von ‚Wissenschaftlichkeit' bedingen. Da er diese Einflüsse nicht systematisch untersucht hat, kann die Gültigkeit seiner Behauptung unter methodischen Aspekten angezweifelt werden.

Statistik hilft uns, Merkmalsstrukturen übersichtlich zu beschreiben und Modelle von Beziehungen zwischen Merkmalen zu bilden und zu prüfen. Wer statistische Auswertungen vornehmen will, muss angeben, welche Daten und welche Informationen er in den Daten analysieren will. Des Weiteren muss begründet werden, weshalb man glaubt, dass die betreffende Fragestellung durch die gewählte Untersuchungs- und Auswertungsmethode am besten beantwortet werden kann. Wenn Unklarheiten darüber bestehen, wie eine Untersuchung statistisch ausgewertet werden soll, so besteht diese Unklarheit auch meistens auf inhaltlicher Seite: Wenn Daten statistisch nicht auswertbar sind, so kann der Untersucher meistens auch inhaltlich nicht genau formulieren, was er eigentlich wissen wollte bzw. weshalb er glaubt, durch seine Vorgehensweise das herausfinden zu können, was er eigentlich wissen wollte.

Statistik kann als eine Art Kommunikationsmittel oder Sprache angesehen werden. Statistik zwingt uns, den Bedeutungsinhalt der Theorien und Begriffe, die wir verwenden, genau zu beschreiben. Dadurch lässt sich insbesondere vermeiden, dass durch die Verwendung derselben Begriffe, die von verschiedenen Forschern mit unterschiedlichem Inhalt gefüllt werden, widersprüchlich erscheinende Ergebnisse gefunden werden. Entscheiden wir uns z.B. für die Berechnung eines bestimmten Koeffizienten, so kann jeder in einem beliebigen Statistikbuch nachschlagen, welche Informationen bei dieser Berechnung ausgewertet bzw. gewonnen werden. Die Bedeutung der Komponenten der Sprache ‚Statistik' ist genau festgelegt, und im Vergleich zu vielen anderen Erkenntnisansätzen kann man dadurch besser trennen, was wirklich empirisch nachgewiesen werden konnte und was lediglich auf Interpretation beruht.

Die Statistik verhilft nicht nur zu einer größeren Klarheit bei der Formulierung und Lösung von Problemen, sondern man behält durch sie auch einen besseren Überblick über die Vielfalt von Strukturen, die in Datensätzen enthalten sind. Oftmals glaubt man, dass, wenn eine Aufgabenstellung eindeutig definiert ist, kein großer Unterschied darin besteht, ob man eine Lösung mit Hilfe mathematischer Mittel oder inhaltlicher Anschauungen sucht. Aber die Anschauung kann bei bestimmten Fragestellungen oder bei sehr großen Datenmengen sehr schnell in die Irre führen. Dies gilt insbesondere dann, wenn man entscheiden will, ob Beobachtungen durch Zufall zustande gekommen sind oder ob sie Ergebnis eines grundsätzlichen, allgemeingültigen Zusammenhanges sind: *Zufällige Strukturen sehen manchmal sehr unzufällig aus, aber nur wenn man bestimmte Erkenntnisschemata einhält, lässt sich ihr Informationsgehalt prüfen.* Auch wenn es z.B. in den letzten beiden Monaten nur an ungeraden Tagen geregnet hat, so ist dies keine bemerkenswerte Beobachtung, wenn es um die Systematik und die Prognose des Wetters im Allgemeinen geht.

Das englische Magazin ‚The Water' berichtete im Frühjahr 1998, dass nach der ‚statistischen Wahrscheinlichkeit' davon auszugehen sei, dass England im Jahr 1998 Weltmeister im Fußball werde. Diese Schlussfolgerung gründet auf folgender Beobachtung. Seit 1966 ist eine absolute Symmetrie in der Reihenfolge der Titelträger zu beobachten: England, Brasilien, BR Deutschland, Argentinien, Italien, Argentinien, BR Deutschland, Brasilien, – ? –. Die Reihenfolge ist also symmetrisch um das Siegerland Italien im Jahr 1982 organisiert und hieraus folgt nun angeblich, dass die Briten von einem erneuten Erfolg ausgehen können. Hier liegt ein grundsätzliches Missverständnis hinsichtlich dessen vor, was man erstens unter ‚statistisch‘ und zweitens unter ‚Wahrscheinlichkeit‘ versteht. Etwas statistisch nachzuweisen, bedeutet nicht, Regelhaftigkeiten in der Vergangenheit zu identifizieren. Und es ist nach den Methoden der Statistik völlig unzulässig, aus einer in der Vergangenheit ‚geltenden‘ Regel oder besser erkennbaren Regelmäßigkeit ohne weiteres von ihrem Fortbestehen in der Zukunft auszugehen: Denn die Symmetrie ist in diesem Beispiel wohl nicht das Ergebnis eines ordnenden Prinzips, sondern eines Zufallsprozesses, dessen Ergebnis dennoch nicht zufällig auszusehen scheint. Wenn eine Regel gilt, so impliziert dies meistens, dass eine gewisse Ordnung erkennbar ist. Der Umkehrschluss ist aber nicht zulässig: Wenn eine Ordnung erkennbar ist, muss diese nicht das Ergebnis eines zugrunde liegenden Prinzips sein. Erst wenn nachgewiesen werden konnte, dass eine in der Vergangenheit vermutete Regel zur Vorhersage von Ereignissen taugt, kann man ihr einen gewissen Wert beimessen. Beim Verfassen dieses Textes ist es uns noch nicht bekannt, ob die Prognose von ‚The Water‘ zutreffen wird.[1] Sie werden aber beim Lesen wissen, ob die Vorhersage korrekt war: Die Engländer werden es wohl ziemlich sicher nicht geschafft haben. Hieraus werden die Redakteure von ‚The Water‘ schließen, dass man der Statistik nicht trauen kann. Wir schließen daraus, dass man Journalisten nicht trauen kann, die von ‚statistischer Wahrscheinlichkeit‘ sprechen, obwohl sie sich offensichtlich nie ernsthaft mit Statistik beschäftigt haben. Fast jeder hat ein Konzept davon was ‚Statistik‘ ist[2]: Wenn man sie aber anwendet, ohne bestimmte Grundregeln der Logik – die ein fester Bestandteil der Statistik sind – zu beachten, wird sie wertlos und unglaubwürdig.

Zum Abschluss dieses Vorwortes möchten wir Ihnen mit Hilfe eines Beispiels beeindruckend demonstrieren, wie schnell die Anschauung beim Umgang mit mathematischen Fragestellungen zu eklatant falschen Lösungen führen kann. Stellen Sie sich bitte folgende Situation vor: Sie möchten mit 19 Freunden ein Gruppenfoto machen. Dazu müssen Sie auf 20 Stühlen Platz nehmen. Sie entschließen sich – auch wenn es etwas aufwendiger ist – ein Gruppenfoto von jeder möglichen Sitzordnung zu machen. Zum Einnehmen jeder einzelnen Sitzordnung und der Fotoaufnahme brauchen die Anwesenden im Durchschnitt insgesamt 10 Sekunden. Wie lange dauert es Ihrer Meinung nach, bis die Fotosession beendet ist: eine halbe Stunde oder eine ganze Stunde oder gar mehr? Erst nach $7.7 \cdot 10^{11}$ Jahren werden alle Fotos aufgenommen sein. Auch wenn man sich nicht vorstellen kann, welche Zeitspanne seit dem Urknall, dem vermuteten Ursprung unseres Universums vor ca. 10^{10} bis 10^{15} Jahren, vergangen ist, so wüssten Sie jetzt wenigstens, wie Sie sich die Zeit hätten vertreiben können: 20 Stühle und 20 Personen, wobei jede einzelne nur auf zwanzig verschiedenen Stühlen sitzen kann – unvorstellbar! Würde man alle Fotos aufeinander stapeln (30 Fotos = 1 cm) ergäbe sich ein Turm der Höhe $8.11 \cdot 10^{11}$ km – dies

---

[1] Zum Zeitpunkt der 5. Auflage wissen wir nun definitiv, dass die Statistik in den Augen der Journalisten versagt hat.

[2] Franz Beckenbauer bemerkte z.B. bei der Kommentierung eines Fußballspiels: ‚Ja gut, ich mein', ich bin kein Statistiker, ich hab' jetzt nicht genau mitgezählt‘.

entspricht ca. 5630 mal der Distanz von der Erde bis zur Sonne. Ein Lichtstrahl, der sich mit einer Geschwindigkeit von ca. 300 000 km/sec fortbewegt, würde für eine solche Distanz, gut 31 Tage brauchen. Die Begründung hierfür findet sich in Band 2 ‚Wahrscheinlichkeitsrechnung und Inferenzstatistik‘ in Abschnitt I.A.3.

Wie kann mit dieser Einführung in die deskriptive Statistik gearbeitet werden?

Im Band 1 der ‚Statistischen Methoden für Psychologen‘ beschäftigen wir uns mit Fragen der deskriptiven Statistik: Wie lassen sich Eigenschaften von Merkmalen in einer bestimmten Gruppe von Objekten (Stichprobe) beschreiben? In Band 2 ‚Wahrscheinlichkeitsrechnung und Inferenzstatistik‘ geht es hingegen um das Problem, ob Merkmalsstrukturen, die sich in einer Stichprobe gezeigt haben, auch für Objekte gelten, die nicht dieser Stichprobe angehören. Wir möchten darauf hinweisen, dass die ‚Deskriptive Statistik‘ in diesem Band und die beiden Unterkapitel ‚Wahrscheinlichkeitsrechnung‘ und ‚Inferenzstatistik‘ in Band 2 jeweils in ähnlicher Weise aufgebaut sind: Hierdurch möchten wir unterstreichen, dass sich alle drei Teilgebiete mit den gleichen Problemstellungen aus jeweils unterschiedlichen Perspektiven beschäftigen. Zur Zielsetzung und zu den Ähnlichkeiten in den Kapiteln des ersten und zweiten Bandes sei hier auf den Abschnitt I.D und die Einleitung in Band 2 verwiesen. Dort finden sich strukturierte Übersichten über die Inhalte aller drei Unterkapitel.

Was Sie aus dem Kapitel ‚II. Deskriptive Statistik‘ tatsächlich ‚wissen müssen‘, ist sicherlich nur ein Teilbereich dessen, was im Text präsentiert wird. Damit Sie das, was Sie wissen sollten, aber auch wirklich verstehen, ist die Bearbeitung der ‚nicht direkt notwendigen‘ Randgebiete oftmals notwendig oder zumindest hilfreich. Wer das Prinzip der linearen Regression (II.C und II.E) verstanden hat und in der Lage ist, diese anzuwenden, hat genug gelernt. Wer aber nur dieses Kapitel bearbeitet, wird die lineare Regression wahrscheinlich nicht verstehen. Wahrscheinlich wird Ihnen das ‚geometrische Mittel‘ (II.B.2.1.d) nach der Lektüre dieses Textes nicht wieder begegnen. Es ist aber trotzdem mit in den Text aufgenommen worden, weil hierdurch die Eigenschaften des äußerst wichtigen ‚arithmetischen Mittelwerts‘ (II.B.2.1.c) verdeutlicht werden, und es klarer wird, bei welchen Fragestellungen man bei der Interpretation von Mittelwerten vorsichtig sein muss.

Der Abschnitt ‚II.A Messtheorie‘ bildet die Grundlage für die folgenden Kapitel und ist wichtig, um die Inhalte des gesamten Textes zu verstehen. In den folgenden Abschnitten variiert – wie oben beschrieben – die Bedeutsamkeit der einzelnen Bausteine. Wir haben im Text und in der Übersichtsgrafik in Abschnitt I.D jeweils die Wichtigkeit thematisiert: Was ist als zentrale Information gedacht? Was soll Aspekte dieser zentralen Komponenten in ihren spezifischen Vor- und Nachteilen verstehen und beurteilen helfen? Entscheidender als detailliert aufzulisten, was gelesen werden ‚muss‘, erscheint es uns, anzugeben, weshalb wir die behandelten Informationen auf die gewählte Art und Weise präsentieren. Wir haben uns in den einzelnen Kapiteln an folgenden Fragen orientiert, die Sie ebenfalls für sich als ‚roten Faden' verwenden können:

- ▷ Für welche typische inhaltliche Fragestellungen suchen wie eine Lösung?
- ▷ Wie kann diese inhaltliche Fragestellung formal beschrieben werden?
- ▷ Welche Informationen sollen statistisch ausgewertet werden?
- ▷ Wie können diese Informationen durch anschauliche Betrachtung gewonnen werden?
- ▷ Welche Maßzahlen sind geeignet, diese Informationen auszudrücken? Welche Rechenvorschrift erlaubt eine Beantwortung unserer Fragestellung?
- ▷ Was ist der Informationsgehalt einzelner Maßzahlen? Welche Vor- und Nachteile besitzen verschiedene Maßzahlen, die ähnliche Sachverhalte beschreiben? Wo liegen die Grenzen der Aussagekraft einzelner Maßzahlen?
- ▷ Wann sollte man sich für die Berechnung welcher Maßzahl entscheiden?

Die Aufgabenblöcke und zahlreichen Beispiele im Text, die zur Einübung und inhaltlichen Veranschaulichung der dargestellten Methoden gedacht sind, betonen die wichtigsten Punkte in den einzelnen Abschnitten. Zudem sollen sie Querverbindungen aufzeigen, die für das Gesamtverständnis hilfreich sind, da an verschiedenen Stellen die Inhalte verschiedener Unterpunkte zur Lösung einer übergreifenden Fragestellung herangezogen werden müssen. Hierdurch sollen die Ziele dieses Textes nochmals in den Mittelpunkt gestellt werden:

- ▷ Die Parallelen von inhaltlichen und statistischen Lösungsansätzen bei empirischen Fragestellungen sollen betont werden.
- ▷ Der praktische Umgang mit den Verfahren soll eingeübt werden.
- ▷ Die Vor- und Nachteile verschiedener Lösungsansätze sollen kritisch beurteilt werden können.

Danksagung

Der vorliegende Text ist in vielen Teilen begleitend zu Lehrveranstaltungen im Grundstudium der Psychologie an der Universität Münster entstanden. Diese Veranstaltungen wurden in Zusammenarbeit mit Holle Kirchner, Ralf Lanwehr, Ralf Laumann und Andreas Wesche durchgeführt. Von ihnen erhielten wir viele Anregungen und Verbesserungsvorschläge. Katrin Schmalz, Sarah Meinhold, Yvonne Grabbe und Bodo Röers haben geholfen, Unklarheiten in der Endfassung des Buches zu beseitigen.

Den Studenten gilt ebenfalls unser Dank, da sie natürlich durch ihre Rückmeldungen die Darstellung der Inhalte wesentlich mit beeinflusst haben.

Andreas Müller und Martin Hirschbühl haben durch ihre Unterstützung dazu beigetragen, dass die Erstellung des Textes möglich wurde.

Markus Wirtz & Christof Nachtigall — Münster und Jena, 20. April 1998

Ergänzendes Vorwort zur zweiten Auflage

Zunächst möchten wir uns bei den Leserinnen und Lesern der ersten Auflage des Buches ganz herzlich für die vielen konstruktiven Rückmeldungen zur Gestaltung des Textes bedanken. Die wichtigste Rückmeldung betraf den Mangel an Musterlösungen zu den Aufgabenblöcken am Ende der einzelnen Kapitel: Diesem ist nun Abhilfe geschaffen worden. Unter ‚www.statistik-fuer-psychologen.de' finden Sie im Internet die Lösungen zu allen Aufgaben, die zur Übung im Text gestellt werden. Außerdem werden am Ende der einzelnen Kapitel Lesehinweise gegeben, in denen explizit auf aus unserer Sicht zu empfehlende, weiterführende und vertiefende Literatur hingewiesen wird.

Neben diesen Literaturhinweisen haben wir am Ende der einzelnen Abschnitte, in denen Koeffizienten und Berechnungen vorgestellt werden, jeweils kurz angegeben, wie die Berechnung mit einem gängigen Statistikprogramm durchgeführt werden kann. Dabei haben wir uns – unabhängig davon, ob dies die empfehlenswerteste Alternative darstellt – für SPSS entschieden, da dieses Programm das verbreitetste ist und gerade Anfängern einen recht schnellen und unkomplizierten Einstieg ermöglicht. Inzwischen ist es an vielen Universitäten Standard, dass die Datenanalyse mit SPSS schon in den ersten Semestern mit in die Ausbildung integriert ist. Eine explizite Einführung in SPSS würde jedoch zum einen den Rahmen dieses Buches sprengen und zum anderen nicht mit der Grundmotivation des Textes übereinstimmen: Die Auffassung, dass Statistik mit der Anwendung von SPSS gleichzusetzen sei, ist sehr irreführend und falsch. Dies gilt vor allem deswegen, weil SPSS zwar alle Tests und Berechnungen korrekt durchführt, aber immer vom Bediener selbst entschieden werden muss, welche Statistiken angefordert werden. Zudem ist es fahrlässig zu glauben, dass Statistik einfach mit Formelanwendung und Rechnen gleichgesetzt werden kann: Statistische Aspekte sind ein zentraler Bestandteil aller Stufen des Forschungsprozesses – von der Hypothesenbildung und Versuchsplanung bis hin zur Interpretation von Ergebnissen.

Dennoch, wenn man sich mit den Grundlagen der Logik statistischer Analysen beschäftigt hat und auch selbst schon einmal praktisch nachvollzogen hat, wie die Tests im Einzelnen funktionieren, ist die computergestützte Datenanalyse eine unersetzliche Arbeitserleichterung. Wir möchten Sie deswegen explizit dazu auffordern, sich frühzeitig mit SPSS zu beschäftigen und auch die Datenbeispiele auf der homepage ‚www.statistik-fuer-psychologen.de' aktiv zu bearbeiten. Als einführende Literatur zu SPSS kann das Buch von Diehl und Staufenbiehl (2001) empfohlen werden.

Der Text ist nun in Bezug auf die Komplexität der Inhalte und Verfahren eindeutig hierarchisch aufgebaut, was nach unserem derzeitigen Kenntnisstand auch im Hinblick auf die Didaktik sehr vorteilhaft ist.

1. Grundlagen der Messung von Merkmalen (Kapitel II.A)
2. Analyse der Verteilung *eines* Merkmals (Kapitel II.B)
3 Analyse des Zusammenhangs *zweier* Merkmale (bivariate Korrelations- und einfache Regressionsanalyse; Kapitel II.C und Kapitel II.D)
4. Analyse des Zusammenhangs *mehrerer* Vorhersagevariablen und einer vorherzusagenden Variablen (multiple Regressionsanalyse; Kapitel II.E)
5. Strukturierung einer Variablenmenge (Faktorenanalyse; Kapitel II.F)

Die ‚Features'

Die 2. Auflage ist noch stärker auf Übersichtlichkeit und praktisches Üben von Statistik ausgerichtet. Dazu wurden in den einzelnen Kapiteln Rubriken mit den folgenden Symbolen eingerichtet:

Dieses Symbol weist auf wichtige Formeln und Lehrsätze hin.

Technische Hinweise. Mit diesem Symbol sind Abschnitte gekennzeichnet, die für das erste Verstehen nicht notwendig sind, sondern die technischen Aspekte bei der Durchführung eines Verfahrens näher erläutern.

Vertiefungen. Diese Abschnitte können beim ersten Lesen übergangen werden. Sie dienen dazu, den Stoff sowohl tiefer zu verstehen als auch mit anderen Bereichen zu verknüpfen.

Ausblick: Es werden Inhalte angesprochen, die in den nachfolgenden Kapiteln genauer behandelt werden.

Integration und Zusammenfassung. Hier werden Informationen gebündelt und zueinander in Beziehung gesetzt.

SPSS: Es wird angegeben, mit welchem ‚Klick' man mit dem Programmpaket SPSS die beschriebenen statistischen Verfahren ausführen kann. Den kommentierten Output dieser Analyse finden Sie auf der Netzseite ‚www.statistik-fuer-psychologen.de'.

Weiterführende Literatur: Am Ende der einzelnen Kapitel finden sich kommentierte Angaben zu weiterführender Literatur.

Aufgaben: Die Übungsaufgaben am Ende der einzelnen Kapitel wurden ergänzt. Als Neuerung sind jetzt auch Lösungen verfügbar. Diese sind unter ‚www.statistik-fuer-psychologen.de' zu finden.

Dies sind die wichtigsten Symbole, die weiteren im Text verwendeten Symbole sollten unserer Einschätzung nach selbsterklärend sein. Wir wünschen allen Lesern eine erhellende und ertragreiche Beschäftigung mit diesem methodischen Thema, in der Hoffnung, dass Sie die investierte Arbeit später auch selbst als nutzbringend ansehen. Neben diesen Anmerkungen zur zweiten Auflage behalten natürlich alle Aussagen des Vorwortes zur ersten Auflage ihre Gültigkeit.

Für Rückmeldungen und Veränderungsvorschläge auch zur zweiten Auflage von Ihrer Seite sind wir Ihnen sehr dankbar, da Feedback durch diejenigen, denen der Lehrtext nützen soll, eine nicht zu ersetzende Informationsgrundlage und Hilfe ist.

Markus Wirtz & Christof Nachtigall Freiburg und Jena, 20. April 2002

Ergänzendes Vorwort zur dritten, vierten und fünften Auflage

In der dritten, vierten und fünften Auflage wurden einige Textpassagen hinsichtlich Verständlichkeit und Präzision verbessert sowie einige Fehler korrigiert. Die Hinweise und Vorschläge von Seiten der Studierenden und von Kolleginnen und Kollegen waren uns dabei eine große Hilfe.

Im Sommer 2005 hat uns die traurige Nachricht erreicht, dass Dr. Hans Müller verstorben ist. Wir möchten Dr. Hans Müller an dieser Stelle nochmals ganz herzlich für die umfangreiche Unterstützung bei der Erstellung der dritten Auflage danken.

Dr. Walter Schreiber hat uns für beide Auflagen wichtige Hinweise zur Optimierung des Textes gegeben. Die umfangreiche Dokumentation seiner Erfahrungen mit den beiden Bänden in der Lehre, hat dazu beigetragen den Text leserfreundlicher gestalten zu können. Ebenfalls sei Dr. Anita Jain, Dr. Bernhard Jacobs, Dr. Dirk Enzmann und Peter Zick für ihre Hinweise gedankt durch die Mängel in der Darstellung beseitigt werden konnten.

Wir hoffen, dass sich auch die vierte Auflage und die Informationen auf der homepage ‚www.statistik-fuer-psychologen.de' für Studierende als nützlich erweisen werden. Wir freuen uns über Rückmeldungen, Anregungen und Diskussionen, nicht nur weil diese die beste Basis bilden, die Lehrtexte weiterhin zu verbessern.

Markus Wirtz & Christof Nachtigall Freiburg und Jena, 18. Juli 2008

I Einleitung

In der Psychologie werden statistische Methoden angewendet um empirische Fragestellungen zu entscheiden oder um Modelle psychologischer Sachverhalte zu bilden. Die Psychologie versteht sich als *empirische Wissenschaft*, d.h. in der Psychologie werden z.B. theoriegeleitet Hypothesen über Zusammenhänge zwischen Merkmalen aufgestellt und anschließend wird überprüft, ob sich diese Zusammenhänge aufgrund von Erfahrungen oder allgemeiner aufgrund empirischer Daten bestätigen lassen. Die theoretische Überlegung, dass bestimmte Sachverhalte gelten müssten, wird erst akzeptiert, wenn diese sich tatsächlich für eine beliebige Personengruppe vorhersagen lassen.

In der Statistik und der Methodenlehre hat man sich auf bestimmte standardisierte Vorgehensweisen geeinigt, die gewährleisten sollen, dass Untersuchungsergebnisse eindeutig interpretierbar (Kriterium der Eindeutigkeit) und unabhängig vom jeweiligen Untersucher (Kriterium der Objektivität) gültig sind.

Das *Kriterium der Eindeutigkeit* besagt, dass Schlussfolgerungen aus empirischen Befunden nur dann zwingend oder eindeutig sind, wenn keine alternativen Interpretationsmöglichkeiten existieren, die diese Befunde in gleicher Weise vorhersagen.
Existieren alternative Interpretationsmöglichkeiten, so kann der empirische Befund lediglich als Hinweis auf die Richtigkeit der Schlussfolgerung gelten.

Angenommen, es wurde in einer Studie[3] festgestellt, dass sozial eher isolierte Menschen auch eher an depressiven Gefühlen leiden. Dann würde die Schlussfolgerung, dass die soziale Isolation die Entstehung von Depressionen zur Folge hat, das Kriterium der Eindeutigkeit verletzen. Denn es könnte auch sein, dass eher depressive Menschen dazu neigen, sich sozial zurückzuziehen. In diesem Fall würde die Depressivität die soziale Isolation bedingen und nicht umgekehrt. Es existieren also mindestens zwei Wirkmodelle, die den beobachteten Zusammenhang der beiden Merkmale ‚erklären' können. Deshalb ist es nicht zwingend oder eindeutig, aufgrund der Beobachtung eines Zusammenhanges eine bestimmte kausale Wirkbeziehung als bewiesen anzusehen.

Eine eindeutige Aussage über die Ursache eines Zusammenhanges kann auch im folgenden Beispiel nicht gemacht werden: In einer Untersuchung hat man

[3] In diesem Buch werden viele fiktive Untersuchungsbeispiele angeführt, die zur Verdeutlichung typischer Problemstellungen dienen. Wenn die empirische Nachweisbarkeit von Ergebnissen nicht explizit betont wird, so entstammen die berichteten Daten und Ergebnisse nicht tatsächlich durchgeführten empirischen Untersuchungen.

nachgewiesen, dass in einer Gruppe etwa 40-jähriger Raucher die Sauerstoffaufnahmefähigkeit des Blutes deutlich geringer ist als in einer Gruppe etwa 20-jähriger Nichtraucher. Aus diesem Ergebnis ist nicht erkennbar, ob der Effekt auf das höhere Alter, auf die Tatsache, dass man raucht, oder auf beide Merkmale zurückzuführen ist.

Wenn man einen Zusammenhang zwischen Merkmalen gefunden hat, so gibt es meist mehrere mögliche Modelle, die diesen Zusammenhang vorhersagen würden. Man läuft häufig Gefahr, nur das als Erklärungsmodell ins Auge zu fassen, wovon man schon vor Kenntnis des Untersuchungsergebnisses überzeugt war. Ein Ergebnis einer Untersuchung sagt dann nicht nur etwas über die beobachtete Empirie aus, sondern auch über die Konzepte, die der Untersucher aus seinem Menschen- oder Weltbild heraus bereit ist zu akzeptieren.
Ein Beispiel: Ein überzeugter Astrologe verfasst ein ‚Steinbock'-Horoskop. Er stellt fest, dass Angehörige des Sternkreiszeichens ‚Steinbock' angeben, dass dieses Horoskop sehr gut für sie zutrifft. Der Astrologe wird u.U. hieraus folgern, dass von ihm ersonnene Horoskope Kenntnisse vermitteln, die für eine bestimmte Menschengruppe spezifisch gültig sind. Ein Skeptiker könnte jedoch einwenden, dass zur Bestätigung dieser Schlussfolgerung erst ein alternatives Erklärungsmodell getestet werden muss: Menschen sind vielleicht grundsätzlich geneigt, allgemein formulierte Aussagen, die für die meisten Menschen zutreffen, als für sich spezifisch zu empfinden, wenn ihnen gesagt wird, dass diese Aussage speziell für sie bzw. ihr Sternzeichen erstellt wurde. Er könnte den Astrologen in arge Argumentationsschwierigkeiten bringen, wenn Personen aus dem ‚Widder'-Sternkreiszeichen das gleich lautende Horoskop ebenfalls als für sich selbst sehr gut zutreffend empfinden, wenn ihnen mitgeteilt wurde, dass es sich um ein ‚Widder'-Horoskop handelt.

> Das *Kriterium der Objektivität* fordert, dass verschiedene Beurteiler unabhängig voneinander dasselbe Datenmaterial ähnlich beurteilen.

Angenommen, ein Psychoanalytiker stellt fest, dass die Befindlichkeit von Personen, die von ihm psychoanalytisch therapiert wurden, besser ist als von Personen, die nicht therapiert wurden. Damit die Aussage über die Effektivität der Therapie als objektiv gelten kann, müsste ein außen stehender Experte, der nicht weiß, welche Personen therapiert wurden, für die einzelnen Klienten aufgrund ihrer Befindlichkeit erkennen können, ob diese therapiert wurden oder nicht. Ansonsten kann nicht ausgeschlossen werden, dass der Therapeut – bewusst oder unbewusst – aufgrund des Wissens über die Teilnahme an der Therapie die Effektivität der Behandlung nicht mehr unvoreingenommen beurteilen kann.
Außerdem sollte gewährleistet sein, dass das Erkennen einer Befindlichkeitsbesserung nicht davon abhängt, welcher theoretischen Schule der Beurteiler angehört. Demnach müsste es egal sein, ob der Beurteiler psychoanalytisch ‚denkt', wenn er eine Befindlichkeitsbesserung feststellt. Ist ein Klient wegen einer Angststörung in Behandlung, so wird ein Psychoanalytiker dies u.U. als

Indikator für das Vorliegen ungelöster Konflikte in der frühen Kindheit ansehen. Er würde eine therapeutische Intervention auch dann schon als effektiv ansehen, wenn der Klient erkennt, dass er wichtige frühkindliche Erfahrungen noch nicht bewältigt hat. Ein Verhaltenstherapeut würde dies allerdings nicht als Therapieerfolg werten: Er würde bei der Beurteilung eines Klienten darauf achten, dass sich sein Verhalten normalisiert, ohne dass dabei notwendigerweise eine Einsicht in die Ursache der Entstehungsproblematik stattgefunden haben muss. Kurzum: Ein Psychoanalytiker wird den Therapieerfolg völlig anders definieren als ein Verhaltenstheoretiker. Patienten, die dem einen erfolgreich therapiert erscheinen, gelten für den anderen vielleicht als unverändert behandlungsbedürftig.

Ist eine Therapie wirksam, so sollte diese Wirksamkeit jedoch erkennbar sein, ohne dass man eine theoretische ‚Brille' aufsetzen muss. Kommen Anhänger unterschiedlicher Überzeugungen beim Vorliegen desselben Datenmaterials zu unterschiedlichen Schlüssen, so sagen diese Schlüsse u.U. mehr über die Überzeugungen der Beurteiler aus als über die Eigenschaften der Beurteilten: Dies ist aber nicht zulässig, wenn in der Schlussfolgerung ‚Psychoanalytische Therapie führt zur Befindlichkeitsbesserung' implizit Allgemeingültigkeit und Objektivität der Erkenntnis behauptet wird. Objektivität ist in diesem Beispiel deshalb gefordert, weil wir ja etwas über die Patienten erfahren wollen und nicht über die Therapeuten.

Befragt man Bundestagsabgeordnete, ob in der Regierungszeit Helmut Kohls die soziale und wirtschaftliche Entwicklung zufrieden stellend verlaufen ist, so kann man aus der Antwort sehr gut erkennen, ob der betreffende Politiker der Regierungskoalition angehört oder nicht. Was wir aber darüber erfahren, was wir eigentlich wissen wollten, bleibt ungeklärt. Hierfür müssten wir erst entscheiden, ob wir eher Angehörigen der Koalition oder der Opposition vertrauen: Damit müssten wir uns die ursprünglich gestellte Frage implizit selbst beantworten.

Glaubt man, dass Schulnoten objektive Einschätzungen der Leistungen von Schülern sind, so sollte es sich nicht auf die Noten auswirken, wenn neue Lehrer Vorinformationen über die bisherigen Leistungen der Schüler erhalten. Angenommen, man gibt neuen Lehrern zufällig erstellte ‚Zeugnisse' vor und lässt sie in dem Glauben, dass dies ernsthafte Einschätzungen der Schüler durch ihre Vorgänger seien. Unter diesen Voraussetzungen sollte sich bei Objektivität kein Zusammenhang zwischen den Zufallsnoten und der Einschätzung ergeben, die aus dem tatsächlichen Umgang mit den Schülern resultiert. Dies ist, wie sich in empirischen Studien gezeigt hat, mitnichten der Fall.

Für eine empirisch gesicherte These müssen die Beobachtungen, die diese These bestätigen sollen, des Weiteren *wiederholbar* und *zuverlässig* sein.

Das *Kriterium der Wiederholbarkeit* fordert, dass ein Ergebnis nur dann zu akzeptieren ist, wenn es sich bei wiederholten Beobachtungen immer wieder in ähnlicher Weise zeigen wird.

Eine wissenschaftliche Aussage gewinnt man nicht dadurch, dass man in einer *bestimmten* Gruppe von Personen eine Struktur oder einen Zusammenhang zwischen Merkmalen *erkennt*. Erst wenn sich diese Struktur für eine *beliebige* Gruppe *vorhersagen* lässt, kann von der Allgemeingültigkeit der Aussage ausgegangen werden.

Würfelt man etwa achtmal nacheinander, so wird man in der gewürfelten Zahlenreihenfolge immer irgendeine Systematik erkennen können. Ein Beispiel:

1. Wurffolge: 5 3 6 4 2 4 3 1

2. Wurffolge: 2 6 3 3 1 4 5 3

Beide Wurffolgen sind Ergebnisse eines Zufallsprozesses. Trotzdem könnte man jeweils eine Systematik unterstellen: Für die erste Wurffolge könnte man z.B. behaupten, dass zu Beginn eher größere Augenzahlen gefallen sind oder dass jeweils die Summe aller aufeinander folgenden Zweierpaare [(5+3), (6+4), (2+4), (3+1)] stets eine gerade Zahl ergibt. Außerdem unterscheiden sich zwei aufeinander folgende Ziffern nie um mehr als 3 Einheiten. Dies sind wahre Behauptungen für die erste Folge, jedoch keine allgemeingültigen Erkenntnisse über die Systematik des Würfelwerfens. Bei Wiederholung des Zufallsprozesses zeigen sich diese Strukturen nämlich nicht wieder, d.h. diese Strukturen sind nicht systematisch vorhersagbar. Keine der drei Aussagen lässt sich in der zweiten Wurffolge bestätigen. Sicherlich könnten die Strukturen aus der ersten Wurfreihe zufallsbedingt wieder auftreten, jedoch würde sich bei oftmaliger Wiederholung zeigen, dass dies nicht häufiger der Fall ist als man es aufgrund von Zufall erwarten würde. Übertragen auf eine psychologische Fragestellung würde dies z.B. bedeuten, dass es bei einer Studie zur Wirksamkeit von Therapien nicht ausreichen würde, bei einer Gruppe von Patienten *im Nachhinein (a posteriori)* festzustellen, dass die Therapie um so wirksamer war, je größer der Leidensdruck zu Beginn war. Erst wenn man *im Voraus (a priori)* vorhersagen kann, dass man diesen Zusammenhang im Allgemeinen auch bei anderen Gruppen wieder finden wird, kann man von einer Erkenntnis sprechen, die allgemeingültig ist und in dieser Gruppe nicht nur durch Zufall zustande kam.

Beobachten Sie eine Menge von Merkmalen in einer Gruppe von wenigen, z.B. 20 Personen, so werden Sie tendenzielle Zusammenhänge von beliebigem Unsinnigkeitsgrad feststellen können: z.B. ‚Diejenigen mit eher dunklen Haaren sind auch die eher größeren', ‚Diejenigen, die studieren, haben eher helle Pullover an', ‚Die Nachnamen der Brillenträger beginnen mit Buchstaben, die eher am Anfang des Alphabetes stehen' usw. All das wird Ihnen normalerweise nicht bewusst werden, weil Sie wissen, dass es unsinnig ist, diese Aussagen zu verallgemeinern. Uns springt gewöhnlich nur etwas ins Auge, wenn wir diesem einen gewissen inhaltlichen Sinn unterstellen können. Ähnlich wie es schon beim Kriterium der Objektivität beschrieben wurde, laufen wir hier Gefahr, nur das als auffällig zu erkennen, was unsere Theorien von der Welt und den Menschen bestätigt.

Zufällige Strukturen sehen manchmal sehr unzufällig aus: wenn man nur genügend viele zufällige Strukturen untersucht, werden auch einige auffällige darunter sein. Aber nur wenn man prüft, ob diese Strukturen systematisch wieder auftreten, lässt sich ihr Informationsgehalt testen.

Das *Kriterium der Zuverlässigkeit oder der Reliabilität* fordert, dass das Ergebnis einer Untersuchung möglichst genau sein sollte. Ein Befund ist dann zuverlässig oder genau, wenn Störquellen oder Zufallskomponenten einen geringen Einfluss auf das Ergebnis haben.

Das Kriterium der Reliabilität ist eng verwandt mit den oben beschriebenen Kriterien der Objektivität und der Wiederholbarkeit: Je objektiver und wiederholbarer ein Befund ist, desto zuverlässiger ist er im Allgemeinen. Zusätzlich wird bei der Reliabilität gefordert, dass ein Ergebnis möglichst präzise oder genau sein sollte. Weiß man z.B., dass die Müdigkeit das Ergebnis eines Intelligenztests beeinflusst, sollte man dafür sorgen, dass sich Personen in der Testsituation hinsichtlich der ‚Wachheit' nicht unterscheiden. Wenn man Intelligenz messen möchte, sollte das Ergebnis ja möglichst ausschließlich von der Intelligenz bestimmt werden. Die Störquelle ‚Wachheit' würde die Reliabilität oder Genauigkeit des Tests systematisch beeinträchtigen.

Möchte man den Zusammenhang zwischen Schnelligkeit und Sprungkraft bestimmen, so wird man ein unzuverlässigeres oder ungenaueres Ergebnis erhalten, wenn man die beiden Merkmale nur in groben Ordnungskategorien fasst (eher langsam bzw. geringe Weite bis eher schnell bzw. große Weite), als wenn man die beiden Merkmale genau in Sekunden bzw. in Zentimetern bestimmt.

Bei den meisten Fragestellungen sollte man ein Ergebnis erst dann akzeptieren, wenn ein Mindestmaß an Reliabilität gegeben ist: Entscheiden Sie z.B. aufgrund eines Testergebnisses, dass ein Schüler nicht das Gymnasium besuchen sollte, so ist diese Entscheidung nur dann zu vertreten, wenn das Testergebnis möglichst genau die betreffenden Eigenschaften des Schülers widerspiegelt.

Nach dem Kriterium der Wiederholbarkeit sollte ein Effekt also immer wieder auffindbar sein und nach dem Kriterium der Reliabilität sollte der gefundene Effekt in seiner Stärke möglichst genau bestimmbar sein.

Die Statistik und die Methodenlehre – die mehr oder weniger fließend ineinander übergehen bzw. häufig nur zwei verschiedene Betrachtungsweisen derselben Sachverhalte darstellen – bieten Vorgehensweisen an, die gewährleisten sollen, dass die oben beschriebenen vier Kriterien möglichst gut erfüllt bleiben. Die Statistik hat sich dabei als eine Art stark formalisierte Sprache in der Psychologie etabliert, die den Forscher dazu zwingt, das, was er tut, möglichst genau auszudrücken. Hierdurch wird transparent gemacht, wie man tatsächlich zu seinen Erkenntnissen gelangt. Dies ermöglicht es dem Rezipienten, der die ‚Sprache der Statistik' versteht, einen genauen Eindruck von der Bedeutung der Befunde zu erhalten.

Möchte man in der Psychologie also ein inhaltliches Problem lösen, so geschieht dies meist, indem man eine empirische Untersuchung durchführt. Hierfür muss ein Untersuchungsdesign entwickelt werden, mit Hilfe dessen die Fragestellung optimal beantwortet werden kann: Ein psychologisches Problem wird also erst formal übersetzt und dann durch statistische Verfahren analysiert. Die Aussage des statistischen Ergebnisses ist festgelegt, da dieses mathematisch herleitbar ist. Anschließend wird das Ergebnis der statistischen Analyse wieder in inhaltlich-psychologische Begriffe rückübersetzt. Bei der Interpretation des Ergebnisses bezieht man sich dann wieder auf die inhaltliche Bedeutung der Begriffe und bindet das Ergebnis an den bestehenden Forschungsstand an. Durch dieses gestufte Vorgehen lässt sich identifizieren bzw. trennen, was empirisch tatsächlich nachweisbar ist und was nur aufgrund des theoretischen Rahmens aus den Ergebnissen geschlussfolgert werden kann.

Mit Hilfe eines konkreten Beispiels soll dieser Prozess nun veranschaulicht werden. Dabei werden einige zentrale Probleme, auf die man normalerweise bei empirischer Forschung stößt, kurz dargestellt. Die skizzenhaften Lösungsansätze sollen lediglich Anhaltspunkte sein, die in den folgenden Kapiteln der beiden Bände der ‚Statistischen Methoden für Psychologen‘ genauer ausgeführt werden. Angenommen, ein Sozialwissenschaftler glaubt – aufgrund theoretischer Vorüberlegungen oder durch eigene Beobachtungen begründet – dass die Beurteilung des eigenen Verhaltens wesentlich durch die Reaktion der Umwelt mitbestimmt wird. Er möchte folgende Hypothese testen: ‚Je größer der Anteil von Personen in der sozialen Umwelt ist, die eine bestimmte Verhaltensweise missbilligen, desto negativer wird das Verhalten durch den Ausführenden selbst eingeschätzt.‘

In diesem Beispiel sollen folgende Fragen skizzenartig diskutiert werden:

1. Wie lassen sich inhaltlich formulierte Merkmale messen?
2. Was muss für eine statistische Kennzahl gelten, damit sie geeignet ist, uns Aufschluss über die Richtigkeit der Hypothese zu geben?
3. Wie muss eine Stichprobe ausgewählt werden, damit unser Ergebnis verallgemeinert werden kann?
4. Worauf muss außerdem geachtet werden, damit unsere Beobachtung auch für Personen gilt, die wir nicht direkt untersucht haben?
5. Wie muss eine Untersuchung geplant werden, damit wir Aufschluss über die Ursache eines Zusammenhanges erhalten?

Zu 1: Wie lassen sich inhaltlich formulierte Merkmale messen?
(s. Band 1: Abschnitt II.A)

Um die Fragestellung des Forschers mit statistischen Methoden entscheiden zu können, muss festgelegt werden, welche Merkmale oder Eigenschaften untersucht werden sollen und wie diese Merkmale in Zahlen gefasst werden können. Der Forscher möchte das Merkmal ‚Anteil der Personen, die das Verhalten missbilligen' untersuchen. Dieses Merkmal kann z.B. quantifiziert als prozentualer Anteil bestimmt werden: Man müsste hierzu einfach erheben, wieviel Prozent der Personen in der Umwelt ablehnend reagieren. Das zweite Merkmal ‚Bewertung einer Verhaltensweise' wird im Allgemeinen nicht als ‚in eine Zahl gefasst' oder quantifiziert empfunden. Die *Messtheorie (II.A)* beschäftigt sich z.B. mit der Frage, wie für Merkmalsausprägungen, die normalerweise in sprachlichen ‚mehr oder weniger'-Abstufungen vorliegen, ein Zahlensystem gefunden werden kann, das diese Ausprägungsgrade gut repräsentiert. In unserem Beispiel wäre es z.B. möglich, eine 9-stufige Skala zu konstruieren, auf der dem Wert ‚1' die Bedeutung ‚stark negative Einschätzung', dem Wert ‚5' die Bedeutung ‚neutrale Einschätzung' und dem Wert ‚9' die Bedeutung ‚stark positive Einschätzung' zugeordnet wird. Nach dem Kriterium der Eindeutigkeit sollte die Skala semantisch genau das beinhalten, was man unter ‚Bewertung des eigenen Verhaltens' versteht. Wenn eine Skala diese Bedingung erfüllt, bezeichnet man sie als gültig oder valide.

Die inhaltliche Fragestellung ließe sich wie folgt statistisch umformulieren:

Merkmal X = Anteil der Personen, die ein Verhalten missbilligen
Merkmal Y = Wert auf der 9-stufigen Schätzskala
Hypothese: Je größer der Wert in X ist, desto kleiner wird im Allgemeinen der Wert in Y sein.

Zu 2: Was muss für eine statistische Kennzahl gelten, damit sie geeignet ist, uns Aufschluss über die Richtigkeit der Hypothese zu geben? (s. Band 1:Abschnitt II.C und II.D)

Es soll eine Maßzahl gefunden werden, die Aufschluss über die Stärke des postulierten Zusammenhanges (Je größer X ist, desto größer/kleiner ist Y) gibt. Eine Kennzahl oder ein Koeffizient für die Stärke des Zusammenhangs zwischen Merkmalen soll die Eigenschaft besitzen, dass sein Wert um so höher ist, je stärker der Zusammenhang zwischen den beiden Merkmalen ist. Angemessen wäre hier z.B. eine Prozentzahl.

Ein Beispiel: Zwischen Haarlänge und Körpergröße besteht im Allgemeinen kein Zusammenhang. Die Maßzahl für die Stärke des Zusammenhanges sollte etwa den Wert 0% annehmen. Zwischen Körpergewicht und Körpergröße besteht ein deutlicher aber nicht unbedingt sehr starker Zusammenhang: Obwohl große Menschen im Allgemeinen schwerer sind, lässt sich die Körpergröße nicht perfekt aus dem Gewicht vorhersagen. Unser Koeffizient sollte dann irgendwo im mittleren Bereich bei 50% liegen. Hingegen ist der Zusammenhang zwischen Körpergröße in cm und Körpergröße in m perfekt: Es besteht ein 100%iger Zusammenhang, da man von einer Person der Größe 180 cm unmittelbar weiß, dass sie 1.80 m groß ist.

Für die Hypothese gilt also: Je näher die Zusammenhangsmaßzahl an 100% liegt, desto besser trifft die Hypothese zu. Bestünde ein 100%iger Zusammenhang, so ließe sich die Bewertung des eigenen Verhaltens perfekt aus der Anzahl der Personen, die das Verhalten missbilligen, vorhersagen. Bestünde ein 0%iger Zusammenhang, so wäre es für den Einzelnen unbedeutsam, wie viele Personen das eigene Verhalten missbilligen. Mit der Frage, wie eine solche Maßzahl gefunden werden kann, werden wir uns vor allem in dem Kapitel *Korrelations- und Regressionsrechnung (Abschnitt II.C)* beschäftigen.

Zu 3: Wie muss eine Stichprobe ausgewählt werden, damit unser Ergebnis verallgemeinert werden kann? (s. Band 2– II. Inferenzstatistik)

Um die Hypothese zu prüfen, wählt man eine Gruppe von Personen (Stichprobe) zufällig aus und schaut, ob der obige Zusammenhang für diese Personengruppe besteht. Dabei ist es wichtig, dass diese Gruppe sich hinsichtlich wichtiger Eigenschaften nicht systematisch von der Menge aller Personen (Population), für die die Hypothese gelten soll, unterscheidet. Untersucht man z.B. nur Frauen, so ist es nicht zulässig, die Gültigkeit für Männer zu behaupten. Untersucht man nur junge Menschen, so ist nach der Untersuchung weiterhin fraglich, ob die Aussagen für ältere Menschen zutreffen. Bei einer *zufälligen Auswahl* von Personen kann man bei einer genügend großen Stichprobe davon ausgehen, dass die Stichprobe die Population annähernd repräsentativ, d.h. ähnlich hinsichtlich unkontrollierter Merkmale wie Alter, Geschlecht usw., abbildet.

Zu 4: Worauf muss außerdem geachtet werden, damit unsere Beobachtung auch für Personen gilt, die wir nicht direkt untersucht haben? (s. Band 2 – II. Inferenzstatistik)

Die Inferenzstatistik beschäftigt sich mit dem Problem der Verallgemeinerbarkeit von Untersuchungsergebnissen: Angenommen, in einer Zufallsstichprobe von 40 Personen findet der Forscher, dass ein Zusammenhang zwischen den beiden Merkmalen X und Y für genau diese 40 Personen existiert. Damit ist jedoch noch nicht sichergestellt, dass dieser Zusammenhang für jede beliebige andere Stichprobe auch gilt, obwohl unsere Hypothese dies behauptet.

Beispiel: Wählen wir eine Gruppe von 25 Dortmundern und 25 Münsteranern zufällig aus und betrachten die durchschnittlichen Körpergrößen, so werden wir immer einen Unterschied feststellen. Unterschiede treten also in Stichproben auf, obwohl es keinen ‚wahren', systematischen Unterschied zwischen diesen beiden Gruppen gibt. D.h. Dortmunder und Münsteraner sind im Allgemeinen im Durchschnitt gleich groß. Es stellt sich dann die Frage, welchen Sinn es macht, Stichproben zu untersuchen, wenn man weiß, dass sich je nach Stichprobe unterschiedliche Zusammenhänge oder Effekte zeigen, obwohl in der Allgemeinheit diese Effekte u.U. nicht gelten. Je nach Stichprobe werden mal die Münsteraner und mal die Dortmunder größer sein, und man müsste sehr viele Stichproben untersuchen, um ein angemessenes Bild zu erhalten.

Eine Lösung dieses Problems liefert der so genannte *Signifikanztest*: Ist ein Zusammenhang signifikant, so weiß man mit einer bestimmten Sicherheit, dass der Zusammenhang in einer untersuchten Stichprobe so groß ist, dass man diesen Zusammenhang in jeder anderen beliebigen Stichprobe ebenfalls erwarten kann. Oder anders ausgedrückt: Von der Gültigkeit eines Zusammenhanges in der Stichprobe kann auf die Gültigkeit in der Allgemeinheit geschlossen werden.

Ein Signifikanztest würde in unserem Beispiel also zu folgender Aussage führen: Für unsere Stichprobe ist der Zusammenhang zwischen der Selbstbeurteilung und dem Anteil der Personen, die das Verhalten missbilligen, so stark, dass mit einer gewissen Sicherheit davon ausgegangen werden kann, dass sich dieser Zusammenhang stets finden lässt. Der Zusammenhang hat sich nicht nur gezeigt, weil wir genau diese Stichprobe untersucht haben.

Zu 5: Wie muss eine Untersuchung geplant werden, damit wir Aufschluss über die Ursache eines Zusammenhanges erhalten? (s. Band I – Abs. II.C.3):

Das *Problem der Kausalität und der Konfundierung*. Die zu testende Hypothese lautet: ‚Je mehr Personen aus der sozialen Umwelt eine bestimmte Verhaltensweise missbilligen, desto negativer wird das Verhalten durch den Ausführenden selbst eingeschätzt'. Man beachte hierbei, dass der Forscher eigentlich die Theorie hat (s. S. 22), dass die Umweltreaktion einen *verursachenden, kausalen Einfluss* auf die Selbstbewertung hat. Diese kausale Wirkrichtung ist in der Hypothese nicht explizit berücksichtigt worden. Dies stellt in diesem Zusammenhang ein wichtiges Problem dar. Man betrachte folgendes Beispiel: Ein Arzt, der durch eine schwierige Operation einem Menschen das Leben gerettet hat, wird genau wie seine Umwelt seine Tat als uneingeschränkt positiv bewerten. Dies liegt jedoch daran, dass das Verhalten des Arztes an sich positiv zu bewerten ist. Somit kommt es zu einer positiven Einschätzung durch den Arzt und durch die Umwelt, ohne dass die Umwelteinschätzung die Selbsteinschätzung des Arztes beeinflusst. Also: Wenn ein Zusammenhang zu erkennen ist, ist noch nicht unbedingt klar, welche sachlogische Beziehung zwischen den Merkmalen besteht.

Auch wenn die Lebenserwartung in den letzten einhundert Jahren mit der Luftverschmutzung angestiegen ist, ist davon abzuraten, durch das Bevorzugen luftverschmutzter Lebensräume seine Lebenserwartung steigern zu wollen. Die zunehmende Industrialisierung führte zum einen zu erhöhter Luftverschmutzung, wirkte sich aber auch positiv aus, indem die medizinischen Bedingungen sowie der allgemeine Lebensstandard verbessert wurden. In einem solchen Fall sagt man, dass die Variable ‚Luftverschmutzung' und die Variable ‚Industrialisierung' bzw. ‚Lebensstandard' gekoppelt oder konfundiert sind und somit u.U. nicht mehr unabhängig voneinander interpretiert werden können.

Auf unsere Ausgangsfragestellung bezogen bedeutet dies also, dass ein Zusammenhang zwischen dem ‚Anteil der missbilligenden Personen (X)' und der ‚Selbsteinschätzung (Y)' auf unterschiedliche kausale Wirkungen hindeuten kann.

(i) $X \Rightarrow Y$: X verursacht Y, d.h. die Umwelt beurteilt ein Verhalten negativ und in Folge dessen verändert sich die Selbsteinschätzung des Ausführenden.

(ii) $Y \Rightarrow X$: Y verursacht X, d.h. dadurch dass der Ausführende selbst sein Handeln negativ beurteilt, missbilligt auch die Umwelt das Verhalten.

(iii) $X \Leftrightarrow Y$: X und Y beeinflussen sich wechselseitig, d.h. es bestehen beide Wirkrichtungen gleichzeitig. Durch Kommunikation zwischen Individuum und Umwelt finden beide Seiten zu ähnlichen Einschätzungen.

(iv): $Z \Rightarrow X$; $Z \Rightarrow Y$: Es existiert eine dritte Variable Z, die die Ausprägung in X und Y bestimmt. Die oben angesprochene Eigenschaft ‚Valenz der Tat unabhängig von der Beurteilungssituation' wäre ein Beispiel für eine solche Wirkbeziehung. Da eine bestimmte Tat (z.B. die des Arztes) an sich immer positiv (negativ) bewertet wird, wird sie sowohl vom Ausführenden als auch von der Umwelt eher als positiv (negativ) eingeschätzt.

Es gibt noch viele andere Wirkgefüge, die zu einem Zusammenhang von X und Y führen könnten. Falls der Forscher aber wirklich daran interessiert ist, die Wirkbeziehung in (i) nachzuweisen, kann ihm mit der Durchführung eines *Experiments* geholfen werden. Einem Experiment liegt der Gedanke zugrunde, dass ein verursachender Effekt dann bewiesen werden kann, wenn zwei Situationen sich nur hinsichtlich *eines* Merkmals (unabhängige Variable) unterscheiden und im Folgenden eine Veränderung eines anderen Merkmals (abhängige Variable) beobachtet wird. Alle Merkmale, die die abhängige Variable beeinflussen könnten, außer der unabhängigen Variablen werden konstant gehalten. So können diese Störvariablen in der Experimentalsituation keinen Einfluss auf die abhängige Variable mehr haben. In unserem Beispiel würde also gelten:

- ▷ Unabhängige Variable: Anzahl der Personen, die ein Verhalten missbilligen (X)
- ▷ Abhängige Variable: Einschätzung des eigenen Verhaltens (Y)
- ▷ Eventuelle Störvariable: Valenz der Tat unabhängig von der Beurteilungssituation (Z)

Wir würden also beachten müssen, dass alle zu testenden Personen dasselbe Verhalten ausführen müssen, und können damit garantieren, dass sich für alle Situationen die Beurteilung der Tat (Z) an sich nicht verändert. Desweiteren müssen wir dafür sorgen, dass sich die Anzahl der missbilligenden Personen (X) für verschiedene Situationen ändert, obwohl die Tat dieselbe bleibt. Dieses Problem kann man mehr oder weniger geschickt gelöst werden, indem man sogenannte Konföderierte (vom Experimentator eingeweihte Personen) einsetzt. Die Experimentalsituation könnte z.B. so arrangiert sein: Immer dann, wenn die zu testende Person ihr Verhalten zeigen soll, sind 10 Personen anwesend. Diesen ist vorgegeben, ob sie das Verhalten missbilligen sollen oder nicht. Dass die Konföderierten nicht echt reagieren, darf der ausführenden Person natürlich nicht bekannt sein. Nachdem die Person, die getestet wird, die Reaktion der Anwesenden wahrgenommen hat, wird ihre Selbsteinschätzung erhoben. Durch dieses Vorgehen wird insbesondere gewährleistet, dass die Umweltreaktion nicht von der Selbsteinschätzung des Ausführenden beeinflusst werden kann (s. Fälle (ii) und (iii)).

Die dargestellte ‚Lösung' des behandelten Problems ist natürlich sehr skizzenhaft und in den Details verbesserungsbedürftig. Aber auch wenn dieses Experiment sehr gekünstelt und unnatürlich wirkt – was es im Übrigen nicht unbedingt von vielen tatsächlich durchgeführten psychologischen Experimenten unterscheidet –, so ist doch die Kontrolle möglicher Faktoren, die die Eindeutigkeit der Interpretation erschweren, häufig unabdingbar. Es besteht im Allgemeinen eine Art Unschärfebeziehung: Je besser man das Problem der Interpretierbarkeit löst, desto gravierender werden andere problematische Einflüsse. Je eindeutiger ein Verhalten zu interpretieren ist, desto unnatürlicher ist das Verhalten, desto mehr stellt sich die Frage, ob das Verhalten in der Experimentalsituation irgendeinen Aufschluss über das Verhalten in natürlichen Umgebungen im Alltag zulässt. Die Tatsache, dass man sich bewusst ist, gerade an einem Experiment teilzunehmen, kann dazu führen, dass Menschen sich nicht mehr natürlich verhalten. Soll die untersuchte Person ihrem psychischen Befinden durch Ankreuzen einer Zahl in einem Fragebogen Ausdruck verleihen, stellt sich ebenfalls die Frage, welchen Aufschluss diese Messung über das Erleben im Alltag gibt. Das Ankreuzen einer Zahl auf einer Einschätzungsskala in einem Fragebogen ist nicht ohne Weiteres mit dem Entwickeln von Gefühlen oder Verhaltensweisen in konkreten Situationen gleichzusetzen.

Wenn in einer Experimentalsituation Verhalten erzeugt oder angegeben wird, das im normalen ökologischen Umfeld so nicht gezeigt wird, so sind die Ergebnisse genauso wenig interpretierbar, wie wenn nicht klar ist, worauf das Verhalten denn nun tatsächlich zurückzuführen ist. Eine ‚gute' psychologische Untersuchung muss also sowohl die Interpretierbarkeit als auch die Übertragbarkeit (ökologische Gültigkeit oder Validität) gewährleisten.

Leseempfehlungen

In den ‚Statistischen Methoden für Psychologen' wird ein Überblick und eine Einführung in die grundlegenden statistischen Verfahren gegeben. Gerade in der Statistik ist es aber anzuraten, sich zu denselben Inhalten die Darstellungen in verschiedenen Lehrbüchern anzuschauen. Insbesondere Texte und Bücher, die die Anwendung in den Vordergrund stellen, sind geeignet, den Sinn und Zweck der Statistik in der Psychologie und in der Forschung allgemein zu klären. Wenn Ihnen also Texte zu Beginn des Studiums begegnen, die statistische Methoden behandeln oder verwenden, versuchen Sie für sich selbst oder mit

Kommilitonen/Dozenten explizit zu klären, weshalb diese angewendet werden und welcher Nutzen dadurch entsteht.

Einen sehr unterhaltsamen Zugang zum Umgang mit statistischen Fragen, erhält man durch die Bücher von Krämer (2000, 2001), Beck-Bornholt und Dubben (2001) sowie Gonick und Smith (1993). Insbesondere die Darstellung von Fehlern in der Anwendung und bei der Interpretation, zeigt besonders plakativ, wie wichtig ein angemessener Umgang mit statistischen Methoden in der Forschung allgemein ist.

Huber (2000) macht am Beispiel des Experiments – für Einsteiger sehr verständlich – deutlich, wie eng verknüpft inhaltliches Vorgehen und statistische Methoden in der Psychologie sind. Die Methode der Beobachtung wird von Greve und Wentura (1997) einführend dargestellt: Hier wird der Bedeutung statistischer Methoden ebenfalls gut verständlich heraus gearbeitet. Bortz und Döring (2001) bieten einen sehr umfassenden Überblick über die Methoden in der Psychologie, der auch für Einsteiger geeignet ist.

Wenn Sie selbst Ihren ersten Versuch oder Ihr erstes Experiment durchführen, finden Sie im Text von Hager, Spieß und Heise (2001) eine prägnante Einführung in Standards bei der Durchführung und Darstellung von Untersuchungsergebnissen. Das Buch von Hall (1998) gibt einen sehr guten und unterhaltsamen Einblick in gängige Forschungs- und Veröffentlichungspraxis.

An dieser Stelle sei lediglich auf die wichtigsten Statistikbücher hingewiesen. In den Leseempfehlungen der folgenden Kapitel werden detailliertere Informationen gegeben. Im deutschsprachigen Raum gibt Bortz (2004) den vollständigsten und ausführlichsten Überblick, der zum Nachschlagen aber auch zum Einstieg geeignet ist. Vergleichbar und ähnlich empfehlenswert ist das Buch von Fahrmeier, Pigeot, Künstler und Tutz (2001).

Zur Einführung in komplexere statistische Analyseverfahren eignet sich vor allem Backhaus, Erichson, Plinke und Weiber (2001). Auch wenn die angewandten Beispiele dort eher der Betriebswirtschaft entstammen, so ist der Transfer auf psychologische Problemstellungen meist sehr naheliegend. Das englischsprachige Buch von Hair, Anderson, Tatham und Black (1998) ist zwar nicht unbedingt für den Einstieg geeignet: Wenn Sie aber im Verlaufe des Studiums (z.B. bei der Erstellung der Diplomarbeit) in einer eigenen Untersuchung komplexe statistische Verfahren anwenden, so gibt es unseres Wissens nach keinen Text, der in ähnlich vollständiger Weise Standards bei der Durchführung des Verfahren und Lösungen für potentielle Probleme liefert. Das Buch von Tabachnik und Fidell (1996) ist in diesem Zusammenhang ebenfalls zu empfehlen, insbesondere weil auf der zugehörigen homepage Beispieldatensätze zur Verfügung gestellt werden.

I.A. Grundlegende Begriffe und Überblick

I.A.1 Zur Unterscheidung Deskriptive Statistik vs. Inferenzstatistik

Die Statistik ist eine Wissenschaft, die Regeln und Methoden zur Verfügung stellt, um Daten zu erheben, Daten angemessen zu verarbeiten, Eigenschaften von Daten zu beschreiben und Eigenschaften der Daten angemessen zu beurteilen. Unter Daten verstehen wir dabei *zahlenmäßige Informationen*, die meist an einer großen Menge von Objekten erhoben wurden. Sie sollen Informationen darüber liefern, welche Ausprägungen einzelne Merkmale im Allgemeinen besitzen bzw. welche Beziehungen zwischen verschiedenen Merkmalen bestehen.

Statistik lässt sich grob in zwei Unterdisziplinen unterteilen, die unterschiedliche Zielsetzungen bei der Analyse der erhobenen Daten verfolgen und zu unterschiedlichen Schlussfolgerungen führen:

Deskriptive, beschreibende Statistik:

Hier werden Eigenschaften der Merkmale in einer Stichprobe beschrieben. Eine bestimmte Gruppe wird zu einem bestimmten Zeitpunkt beschrieben und analysiert.
Deskriptivstatistische Ergebnisse sagen ausschließlich etwas über die Objekte aus, die tatsächlich untersucht wurden.

In der deskriptiven Statistik werden Daten systematisiert oder übersichtlicher dargestellt, indem Kennziffern berechnet oder grafische Präsentationen erstellt werden. Kennziffern dienen insbesondere dazu, bestimmte Eigenschaften der Daten prägnant in einer Maßzahl abzubilden.

Beispiele: Wir haben 2000 Bundesbürger befragt, welche Partei sie bei der nächsten Bundestagswahl wählen würden. Eines der Ergebnisse: 4.9% würden die FDP wählen. □

In einer Gruppe von 30 befragten Personen erzielt Politiker A im Durchschnitt höhere Werte auf einer Sympathieskala als Politiker B. □

Induktive, schließende Statistik (Inferenzstatistik):

Die erfassten Personen oder Objekte werden als repräsentative Teilmenge einer Gesamtheit (Population) aufgefasst. Signifikanztests (s. Band 2) ermöglichen es, mit einer gewissen Fehlerwahrscheinlichkeit von den Verhältnissen in der Stichprobe auf die Verhältnisse in der Population zu schließen.

Beispiele: Aus dem Ergebnis der Befragung der 2000 Bundesbürger schließen wir, dass mit 95%iger Sicherheit zwischen 4.6 und 5.2% aller Bürger die FDP wählen würden. Für eine solche Schlussfolgerung muss insbesondere sichergestellt sein, dass die Befragten repräsentativ ausgewählt wurden. □

Aus der oben geschilderten Befragung der 30 Personen schließen wir, dass man allgemein *davon ausgehen kann, dass Politiker A in der Bevölkerung höhere Werte als Politiker B erzielen wird. Diese Schlussfolgerung folgt keineswegs direkt aus der Tatsache, dass sich bei den befragten 30 Personen ein höherer Wert für Politiker A ergeben hat: Auch wenn zwei Politiker in der Bevölkerung für exakt gleich sympathisch gehalten werden, werden sich in Stichproben immer Unterschiede zwischen den durchschnittlichen Werten zeigen. Diese Unterschiede können im Allgemeinen um so deutlicher ausfallen, je kleiner die Stichproben sind.* □

Das folgende Schaubild soll die Zusammenhänge bildlich verdeutlichen: Aus einer Population (links) werden zufällig die Stichprobenmitglieder ausgewählt. Deskriptivstatistische Aussagen charakterisieren die Verhältnisse in der Stichprobe (rechts). Ziel ist es jedoch im Allgemeinen mittels der Inferenzstatistik aus den Stichprobeneigenschaften Aussagen über Eigenschaften der Population (links) zu gewinnen.

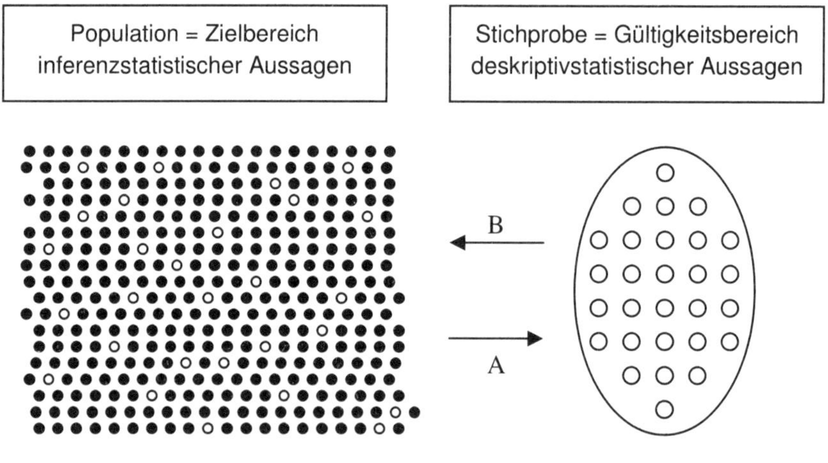

○ + ● = Populationsmitglieder
○ = Stichprobenmitglieder
A = Stichprobenziehung
B = Inferenzstatistischer Schluss mittels Signifikanztest

I.A.2 Wieso ist Statistik für das Psychologiestudium wichtig?

Für das Psychologiestudium ist es notwendig, ein fundiertes Grundverständnis statistischer Methoden zu haben, da diese Methoden die am häufigsten verwendeten Entscheidungsverfahren sind, aufgrund derer über die Richtigkeit psychologischer Hypothesen geurteilt wird. Deshalb sind Statistik- und Methodenkenntnisse

- ▷ eine notwendige Voraussetzung, um sich einen kritischen Eindruck des bestehenden Forschungsstandes und der vorherrschenden Denklogik in der Forschung bilden zu können.
- ▷ notwendig, um aufgrund methodischer Kriterien die Qualität psychologischer Erkenntnisse differenziert beurteilen zu können.
- ▷ hilfreich, um beurteilen zu können, wann welche Methoden geeignet sind, wenn man selbständig eine Untersuchung durchführt.
- ▷ aufschlussreich, um Stärken und Schwächen von alternativen Erkenntnisinstrumenten erkennen und beurteilen zu können. Die Anwendung von Statistik wird dadurch begründet, dass man glaubt, bei der Analyse von Daten Fehlschlüsse zu vermeiden, für die man bei Anwendung alternativer Methoden anfälliger wäre.
- ▷ im Rahmen der Methodenanwendung in den Veranstaltungen des Studiums gefordert – es gibt kaum einen psychologischen Text, der nicht methodische und statistische Kenntnisse voraussetzt.

Die beiden Bände ‚Statistische Methoden für Psychologen‘ bieten im Gegensatz zu anderen Texten in der Psychologie nicht direkt psychologisches Substanzwissen. Sie sollen das Handwerkszeug vermitteln, mit Hilfe dessen solches Substanzwissen generiert und beurteilt werden kann. Ob diese Methoden für jeweilige inhaltliche Fragestellungen angemessen sind, kann in diesem Rahmen nur indirekt diskutiert werden.

Wie in Abschnitt II.A beschrieben wird, ist die Grundvoraussetzung für die Anwendung von Statistik, dass psychologische Merkmale messbar gemacht werden. Dabei ist der Begriff ‚Messen‘ weiter gefasst, als man dies auf den ersten Blick vermuten würde. An dieser Stelle soll es genügen ‚Messen‘ grob so zu definieren, dass Ausprägungen eines Merkmals Zahlen so zugeordnet werden, dass die interessierende Information erhalten bleibt. Gerade in der Psychologie ist man zunächst verwundert, dass eine solch abstrakte Repräsentation angestrebt wird. Obwohl diese Thematik natürlich in beiden vorliegenden Bände stets wieder auftaucht und diskutiert wird, sollen vorab einige der wichtigsten Argumente genannt werden:

- ▷ *Jede Beschreibung eines Objektes ist eine Art Messung*: Behaupten wir z.B. es sei sinnvoll, ein bestimmtes Training durchzuführen, so setzen wir dieses Training durch die Eigenschaft ‚sinnvoll‘ zumeist implizit in Relation zu anderen Maßnahmen, von denen wir glauben, dass sie weniger effektiv

sind. Insbesondere behaupten wir, dass dieses Training zu besseren Ergebnissen führt, als wenn keine Maßnahme durchgeführt wird. Messen bedeutet allgemein, Dinge hinsichtlich eines Merkmals zueinander in Beziehung zu setzen. Ordnet man Zahlen zu, so muss man sich darum bemühen, die Verhältnisse zwischen den Objekten möglichst genau zu klären. Behaupten wir, ein Mensch sei sympathisch, so setzt dies voraus, dass dieser Mensch sich hinsichtlich des ‚Sympathischseins' von anderen unterscheidet. Insbesondere folgt aus der Beschreibung, dass andere Menschen im Allgemeinen unsympathischer sind. Wären alle Menschen gleich sympathisch, so würden wir dieses Merkmal nicht verwenden, um Menschen zu charakterisieren.
Das Vorurteil, der Mensch werde beim Messen auf eine Zahl reduziert, ist so nicht richtig: *Einzelne Merkmalsausprägungen* von Menschen werden durch Zahlen beschrieben, um Vergleiche bezüglich *dieses* Merkmals anstellen zu können. Dies geschieht aber implizit auch bei der Verwendung von Adjektiven. Man könnte der Sprache folglich genauso gut vorwerfen, der Mensch werde auf Lautfolgen oder Worte reduziert. Durch die Verwendung von Zahlen wählen wir lediglich eine präzisere Beschreibungsart.

▷ Bei wissenschaftlichen Messungen wird versucht, zu klären,

⇒ ob das Ergebnis der Messung vom Untersucher selbst beeinflusst wird (*Frage der Objektivität*),

⇒ wie präzise ein Merkmal gemessen wird (*Frage der Zuverlässigkeit bzw. Reliabilität*) und

⇒ inwieweit das, was tatsächlich gemessen wird, identisch ist mit dem, was man messen will (*Frage der Validität*).

Um diese drei Aspekte für verschiedene Untersuchungen miteinander vergleichen zu können, wurden in der Statistik Koeffizienten oder Indizes entwickelt. Durch die Angabe dieser Gütemaße kann die Aussagekraft einzelner Befunde besser beurteilt werden (*Statistik als Kommunikationsmittel*).

▷ Bei Verwendung eines statistischen Verfahrens muss das *Denk- bzw. Messmodell* formuliert werden; d.h. man ist bei einer Untersuchung gezwungen, möglichst genau anzugeben, welche Erkenntnisse sie ermöglichen soll. Außerdem muss definiert werden, welche Schlüsse aus den Ergebnissen gezogen werden dürfen und welche nicht.

▷ *Nicht nur Messen, sondern jede Beurteilung ist fehlerbehaftet*: Befragt man zwei Ärzte unabhängig voneinander über die Schwere der Krankheit eines Patienten, so werden diese nur ähnliche Urteile, jedoch fast nie exakt dieselben Urteile abgeben. Solche Unterschiede oder Ungenauigkeiten kann man als Effekt eines ‚Fehlers' auffassen. Der Begriff ‚Fehler' wird deswegen verwendet, weil unsere Frage sich ja nur auf den Zustand des Patienten bezieht: Alles was dazu führt, dass die Antwort, die wir erhalten, nicht ausschließlich vom Zustand des Patienten abhängt, ist in diesem Sinne als Stör- oder Fehlereinfluss aufzufassen. Fehlerquellen könnten in diesem Beispiel z.B. die Persönlichkeit des Arztes, die Enge des Kontaktes zum Patienten oder die Kenntnis unterschiedlicher diagnostischer Unterlagen sein. Die quantitative Forschung versucht mit Hilfe statistischer Methoden, das Ausmaß der Fehlerhaftigkeit oder die Ungenauigkeit der Urteile abzuschätzen. Wird aufgrund eines Einstellungstests entschieden, welche Personen für einen Beruf geeignet sind, so ist es anmaßend zu glauben, dass stets die richtigen Entscheidungen getroffen werden (s. II.C.2.5). Man sollte sich immer darum bemühen, auszuwerten, wie gut das eigene Urteil tatsächlich ist.

I.A.3 Definition wichtiger Begriffe

Statistische Einheiten (Elemente, Merkmalsträger) sind Personen oder allgemein Objekte, welche Eigenschaften besitzen, die im Rahmen einer empirischen Untersuchung von Interesse sind.

Eine *Population* ist die Gesamtheit der statistischen Einheiten, für die die zu treffenden Aussagen Gültigkeit besitzen sollen. Die Population ist eine hinsichtlich sachlicher, räumlicher und zeitlicher Kriterien sinnvoll gebildete Gesamtheit von Personen oder Objekten. Wollen wir z.B. eine Aussage über Merkmale von Alkoholabhängigen machen, so wird die Population durch alle Personen (statistische Einheiten) gebildet, die als alkoholabhängig gelten können. Eigentlich muss der Begriff der Population aber abstrakter definiert werden, denn eine Aussage bezüglich der Alkoholabhängigkeit soll ja z.B. auch für diejenigen gelten, die in Zukunft alkoholabhängig werden und zum Zeitpunkt der Untersuchung noch gar nicht untersucht werden könnten. Also gelten als Populationsmitglieder alle diejenigen statistischen Einheiten, die die definierenden Eigenschaften aufweisen, unabhängig davon, ob zum Zeitpunkt der Untersuchung diese Ausprägung vorlag.

Extensiv definierte Population: Population, deren Elemente aufgelistet vorliegen (z.B. Liste der Namen der Studenten im ersten Semester).

Intensiv definierte Population: Angabe des Prinzips, nach dem über die Zugehörigkeit eines Elementes zur Population entschieden wird (Identifikationsmerkmale; z.B. alle Studenten im ersten Semester an der WWU Münster).

Population bzw. Grundgesamtheit vs. Stichprobe: Stichproben sind Teilmengen der Population, deren Elemente zufällig oder nach Kriterien, die einen möglichst repräsentativen Einblick in die Struktur der Population ermöglichen, ausgewählt wurden (vgl. Abbildung in Abschnitt I.A.1). Möchte man wissen, wieviel Prozent aller Personen die CDU wählen, so kann man unmöglich alle wahlberechtigten Bundesbürger (Population) befragen. Befragt man z.B. 2000 Bundesbürger (Stichprobe), so sollte diese Stichprobe hinsichtlich wichtiger Merkmale der Population ähnlich oder repräsentativ sein (alle sollten wahlberechtigt sein, es sollten gleich viele Frauen wie Männer befragt werden usw.).

Von einer *Teilgesamtheit* spricht man, wenn aus der Population nur die Objekte mit einer bestimmten Merkmalsausprägung untersucht oder beschrieben werden.

Ein *Merkmal* ist eine Eigenschaft einer statistischen Einheit, die bei einer statistischen Untersuchung interessiert. Ein Merkmal ist durch die Menge der möglichen *Merkmalsausprägungen* beschreibbar.

Manifeste Merkmale sind direkt beobachtbar oder messbar (z.B. Körpergröße, Einkommen, Haarfarbe).

Latente Merkmale sind theoretisch postulierte Merkmale, die durch manifeste Variablen indirekt oder vereinfacht gemessen werden. Aus manifesten Merkmalsausprägungen muss also auf das latente Merkmal geschlossen werden. Zum Beispiel entwickelt man Fragebögen, um latente Merkmale wie etwa ‚Lebenszufriedenheit' messbar oder zugänglich zu machen: Die Fragen eines solchen Fragebogens sind dann manifeste Merkmale, weil man direkt beobachten kann, ob eine Person z.B. mit ‚ja' oder ‚nein' antwortet. In welchem Verhältnis die Beantwortung der Frage eines Fragebogens zu dem steht, was man eigentlich latent messen will (Lebenszufriedenheit), muss theoretisch geklärt und begründet werden (s. Kapitel II.F).
Außerdem ist ein Merkmal als latent anzusehen, wenn dieses unzulänglich erhoben wurde oder durch die vorliegenden Messdaten nicht in angemessener Weise repräsentiert wird. Beispielsweise wäre die Befindlichkeit eines Patienten in Bezug auf die Beurteilung dieses Merkmals durch einen Arzt als latent anzusehen, da der Arzt nie 100%ig korrekt das Befinden des Patienten kennt und dieses nur auf Basis indirekter Daten schätzen kann. (s. hierzu auch Abschnitt II.D.2.3).

Ein Merkmal muss *operational definiert* sein, d.h. es muss bei einer Einheit entscheidbar sein, welche Merkmalsausprägung vorliegt. Bei latenten Merkmalen muss die operationale Definition theoretisch begründet werden (d.h. weshalb sollten genau diese Indikatoren (manifeste Merkmale) das Indikandum (das zu messende, latente Merkmal) repräsentieren). Möchte man Intelligenz messen, so muss begründet werden, weshalb die ausgewählten Fragen das messen können, was man unter Intelligenz versteht.

Beispiel: Möchte eine Versicherung einen Vertreter einstellen, so muss für einen Einstellungstest das latente Merkmal ‚Berufseignung' operational definiert werden: Ein Verteter sollte gewisse kognitive, soziale und rhetorische Fähigkeiten besitzen. Um diese Unterfähigkeiten abzutesten, müssen dann angemessene Verfahren bzw. Indikatoren gefunden werden: z.B. Intelligenztests, Rollenspiele, Bewerbungsgespräche, Zeugnisnoten. □

Unabhängige u. abhängige Variablen: Unabhängige Variablen sind solche Variablen, die während einer Untersuchung oder eines Experiments systematisch variiert bzw. kontrolliert werden und deren Effekte auf ein anderes Merkmal (abhängige Variable) geprüft werden sollen (z.B.: Wirken sich verschiedene Therapien unterschiedlich auf die Befindlichkeit aus? Unabhängige Variable: Therapieform; abhängige Variable: Befindlichkeit).

Variable vs. Konstante: Eine Variable ist die numerische Repräsentation eines Merkmals und kann im Gegensatz zur Konstanten mindestens zwei Ausprägungen annehmen.

Dichotome Variable: Eine Variable, die nur zwei Merkmalsausprägungen besitzt (Beispiel: Geschlecht).

Diskrete Variable: Eine Variable X, die in jedem beliebigen begrenzten Intervall nur endlich viele Werte (Merkmalsausprägungen) $x_1..x_m$ annehmen kann. (Beispiel: Anzahl von Personen oder Einkommen in DM).

Stetige oder kontinuierliche Variable: Eine Variable X heißt stetig, wenn sie zwischen zwei beliebigen Werten x_i und x_j unendlich viele Werte annehmen kann. Zum Beispiel wird die Temperatur durch die Ausdehnung des Quecksilbers in einem Thermometer stetig gemessen: Das Quecksilber dehnt sich kontinuierlich und nicht in Sprüngen aus. Lesen wir die Temperatur jedoch in Grad Celsius (nur ganze Zahlen) ab, so machen wir das Merkmal Temperatur zu einem künstlich diskreten Merkmal.

Qualitative vs. quantitative Merkmale: Qualitative Merkmale lassen nur die Aussage gleich vs. ungleich zu, wohingegen bei quantitativen Merkmalen größenmäßige Vergleiche und u.U. höhere arithmetische Operationen (z.B. Mittelwertsbildung) möglich sind (Beispiele: Qualitative Merkmale: Religionszugehörigkeit, Studienfach, Geschlecht, Postleitzahl; quantitative Merkmale: Zeit, Gewicht, Anzahl).

Beispiel: Wir untersuchen eine zufällig ausgewählte Gruppe von Menschen, die an einer bestimmten Krankheit leiden.

Statistische Einheiten sind hier ‚Menschen'.

Die Population besteht aus allen Menschen, die an der Krankheit leiden.

Die Population ist also intensiv definiert.

Das Merkmal Krankheit hat in dieser Population einen konstanten Wert.

Das Merkmal Krankheit ist für die gesamte Menschheit dichotom.

Wir haben es mit einer Zufallsstichprobe von Menschen zu tun.

Wenn wir die Wirkung unterschiedlicher Medikamente testen, so ist die Variable ‚Medikament' die unabhängige Variable.

Als abhängige Variable können wir entweder manifeste Merkmale (z.B. Blutdruck) oder latente, indirekte Merkmale wählen (z.B. Zufriedenheit mit dem Medikament durch die Patienten einschätzen lassen).

□

I.A.4 Übersicht über die Inhalte der beiden Bände ‚Statistische Methoden für Psychologen'

Die beiden Bände ‚Statistische Methoden für Psychologen' sind insgesamt in drei Unterkapitel aufgeteilt. Band 1 behandelt das Gebiet ‚Deskriptive Statistik', Band 2 die beiden Teile ‚I. Wahrscheinlichkeitsrechnung' und ‚II. Inferenzstatistik'. Jedes dieser drei Hauptgebiete kann unabhängig von den anderen bearbeitet werden. Wir möchten jedoch betonen, dass die drei Unterkapitel sich mit denselben Problemstellungen beschäftigen, die jeweils aus unterschiedlichen Perspektiven betrachtet bzw. dargestellt werden. In den Kapiteln wird jeweils explizit auf Parallelen und Querverbindungen zwischen den Kapiteln hingewiesen.

Auf den folgenden Seiten und in der Einleitung zu Band 2 wollen wir einen Überblick über die Inhalte dieser drei Unterkapitel geben. Dieser Abschnitt würde vielleicht besser am Ende des Textes erscheinen, da er die Inhalte des Textes – die ja jetzt noch unbekannt sind – strukturiert zusammenfasst. Wir denken aber, dass diese strukturierte Übersicht – ähnlich wie ein Inhaltsverzeichnis – dem Leser helfen kann, den Überblick zu behalten. Hierdurch soll der ‚rote Faden' der Einzelkapitel und der ähnliche Aufbau in den drei Kapiteln hervorgehoben werden. Lassen Sie sich also nicht abschrecken, sondern sehen sie die Übersichten als eine Art Landkarte an, die Ihnen helfen kann, sich in der übergeordneten Struktur zurechtzufinden.

Die Übersicht ist keineswegs vollständig, sondern bezieht sich nur auf die wichtigsten Punkte, die für die Logik eines Unterkapitels oder die Verbindung zwischen den Unterkapiteln relevant sind. Die Inhalte des zweiten Bandes werden in der Einleitung des zweiten Bandes in gleicher Weise in einer Übersichtsgrafik dargestellt.

Worin bestehen die Ähnlichkeiten und die Unterschiede zwischen den drei Unterkapiteln?

Die ‚Deskriptive Statistik' stellt Methoden zur Verfügung, um die Verhältnisse in einer Stichprobe zu charakterisieren. In der Wahrscheinlichkeitsrechnung wird die Verteilung von Zufallsvariablen beschrieben, und in der Inferenzstatistik werden die ersten beiden Teile zusammengeführt: Welche Informationen beinhalten deskriptive Merkmale über die Allgemeinheit, wenn man Stichprobenmaße als Repräsentanten der Verteilung einer Zufallsvariablen auffasst.

Band 1 – II. Deskriptive Statistik: Hier beschäftigen wir uns zunächst mit der Frage, wie inhaltliche Merkmale durch Zahlen dargestellt werden können und welche Informationen bei einer solchen Darstellung durch die Zahlen abgebildet werden. Anschließend werden wir zeigen, wie man die Verteilung *eines* Merkmals für eine Gruppe von Personen grafisch und tabellarisch aufbereiten kann und durch welche statistischen Kennziffern eine solche Verteilung beschrieben werden kann. Wenn zwei oder mehrere Merkmale für eine Gruppe von Personen bestimmt wurden, so lassen sich zusätzlich noch Maße für die Stärke des Zusammenhanges (Korrelationsanalyse) und Möglichkeiten zur Vorhersage von Merkmalsausprägungen (Regressionsanalyse) herleiten. Die Faktorenanalyse ermöglicht in einer großen Variablenmenge insbesondere die Identifikation von Variablengruppen, die ähnliche Information erfassen. Hierdurch werden beispielsweise Strukturierungen und Vereinfachungen von Datensätzen möglich.

In der deskriptiven Statistik werden immer nur die Eigenschaften einer bestimmten Gruppe von Personen zu einem bestimmten Zeitpunkt analysiert.

Band 2 – I. Wahrscheinlichkeitsrechnung: Wenn man die Ausprägung von Merkmalen als Werte einer Zufallsvariablen (numerische Werte, die zufallsbedingt schwanken) auffasst, können für die möglichen Merkmalsausprägungen Wahrscheinlichkeitsaussagen gemacht werden. In diesem Kapitel werden wir die Frage behandeln, was es bedeutet, wenn man einem Ereignis einen Wahrscheinlichkeitswert zuordnet.

Betrachtet man *eine* Variable, so lässt sich die Verteilung der Wahrscheinlichkeiten für alle möglichen Ausprägungen dieser Variablen grafisch und tabellarisch darstellen. Verteilungsparameter (z.B. Durchschnitts- oder Erwartungswert) repräsentieren durch Zahlen wichtige Eigenschaften einer solchen Verteilung. Anschließend wird gezeigt, wie sich der Zusammenhang zwischen zwei Zufallsvariablen beschreiben lässt.

Band 2 – II. Inferenzstatistik: Wurde in einer Stichprobe ein bestimmter Sachverhalt festgestellt, so möchte man wissen, ob dieser auch für Personen gilt, die nicht dieser Stichprobe angehören. Betrachtet man das Stichprobenergebnis als Ausprägung einer Zufallsvariable, so kann mit Hilfe des Signifikanztests entschieden werden, ob man das Ergebnis auf die Allgemeinheit übertragen kann.

Hat man *ein* Merkmal für *eine* Gruppe erhoben, so lässt sich angeben, in welchem Intervall z.B. der Mittelwert der Population mit einer gewissen Sicherheit liegen wird (Vertrauensintervalle).

Wurde *ein Merkmal* für *zwei oder mehrere Gruppen* erhoben, so kann entschieden werden, ob sich die Gruppen systematisch hinsichtlich des Merkmals unterscheiden (t-Test für unabhängige Stichproben, Varianzanalyse).

Wurden *zwei Merkmale* in *einer Gruppe* erhoben, kann die Signifikanz des Zusammenhanges zwischen diesen beiden Merkmalen bestimmt werden (t-Test für abhängige Stichproben, χ^2-Test, Signifikanz von Korrelationen).

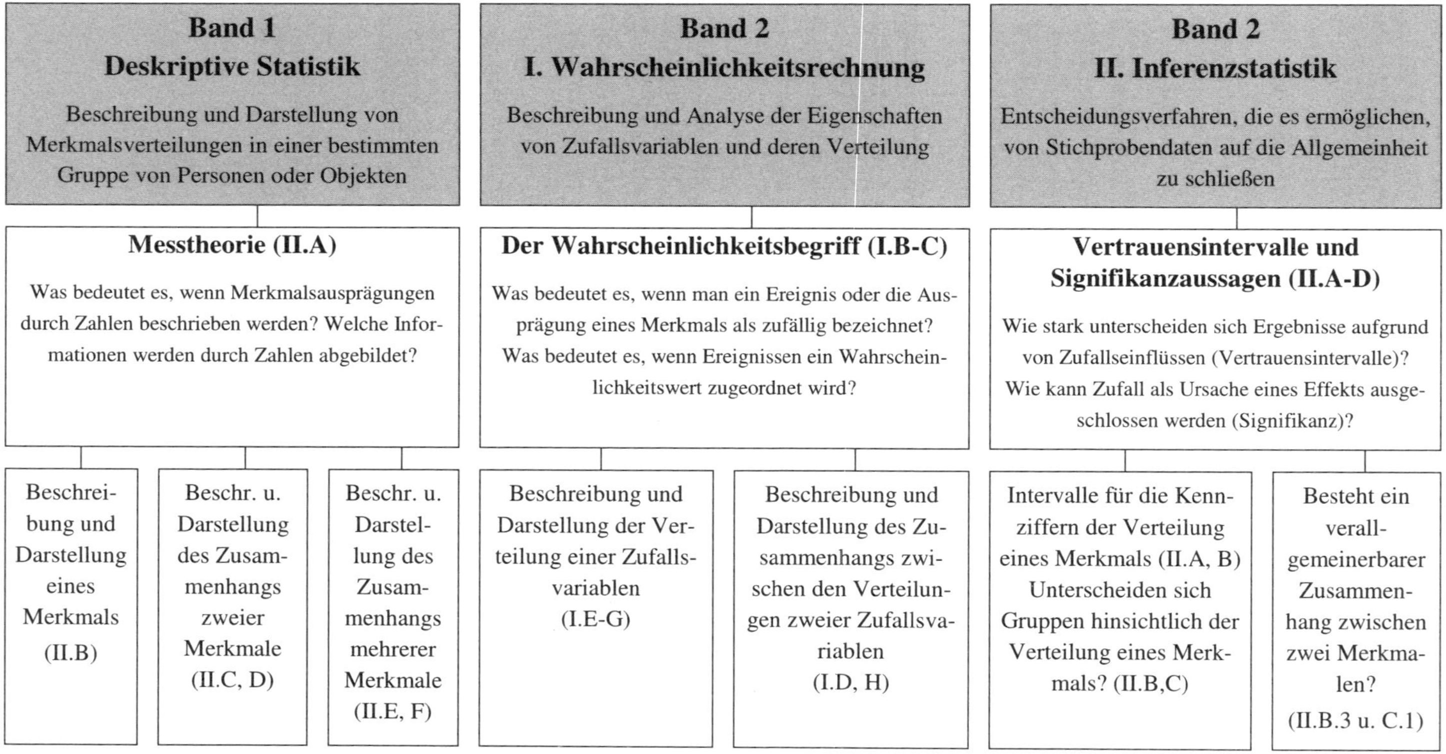

Inhaltsübersicht von Band 1 und 2 – ‚Statistische Methoden für Psychologen'

Band 1: Eindimensionale Häufigkeitsverteilungen (II.B)

Wie lässt sich die Verteilung eines Merkmals in einer bestimmten Gruppe von Personen oder Objekten darstellen und beschreiben?

Grafische und tabellarische Analyse (II.B.1)

Statistische Kennziffern (II.B.2 bis 5)

Wie lassen sich Eigenschaften von Verteilungen in Maßzahlen abbilden?

Maße der zentralen Tendenz (II.B.2.1)

Wo liegt das Zentrum der Verteilung eines Merkmals?

- Der Modus (II.B.2.1.a)
- Der Median (II.B.2.1.b)
- Das arithmetische Mittel (II.B.2.1.c)
- Das geometrische Mittel (II.B.2.1.d)

Maße der Streuung (II.B.2.2)

Wie stark unterscheiden sich die Werte in der Verteilung eines Merkmals?

- Die Spannweite (II.B.2.2.a)
- Der Quartilsabstand (II.B.2.2.a)
- Die mittl. abs. Abw. (II.B.2.2.b)
- Die Varianz (II.B.2.2.b)
- Die Streuung (II.B.2.2.b)

Maße der Schiefe (II.B.5)

Ist die Verteilung eines Merkmals symmetrisch?

Die z-Standardisierung (II.B.3): Wie kann man Merkmalsverteilungen vergleichbar machen, wenn diese unterschiedliche Mittelwerte und Streuungen besitzen?

Die Effektstärke d (II.B.4): Wie kann man Mittelwertsdifferenzen aus verschiedenen Untersuchungen vergleichbar machen?

Inhaltsübersicht über den Bereich eindimensionale Häufigkeitsverteilungen in Kapitel II.B in Band 1

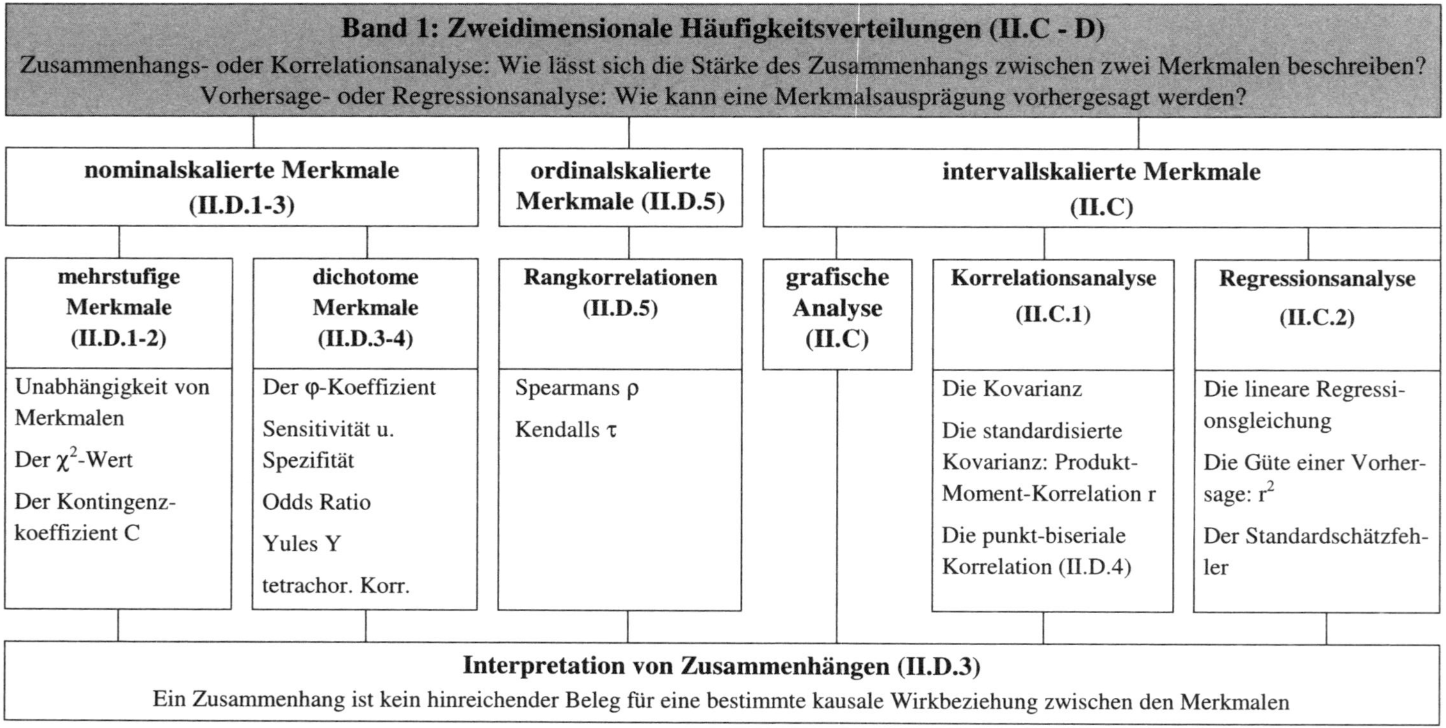

Inhaltsübersicht über den Bereich zweidimensionale Häufigkeitsverteilungen in Kapitel II.C und D in Band 1

Band 1: Drei- und mehrdimensionale Verteilungen intervallskalierter Merkmale

Zusammenhangs- und Vorhersagegüte bei drei oder mehreren Merkmalen (II.C.4 und II.E)

Analyse der Struktur einer Variablenmenge (II.F)

Der partielle Korrelationskoeffizient (II.C.4)	**Die multiple lineare Regressionsanalyse (II.E)** Wie und wie gut kann die Ausprägung eines Merkmals durch mehrere andere Merkmale gleichzeitig vorhergesagt werden?	**Faktorenanalyse (II.F)**
Wie stark ist der Zusammenhang zwischen zwei Merkmalen, wenn der Einfluss eines dritten Merkmals kontrolliert wird?	**Die multiple Vorhersagegleichung:** Wie lässt sich die Ausprägung eines Merkmals durch mehrere andere Merkmale optimal vorhersagen? **Die multiple Varianzaufklärung:** Wie gut ist die Vorhersage? **Der Standardschätzfehler:** Wie groß ist der Fehler bei der Vorhersage? **Der multiple Korrelationskoeffizient:** Wie stark ist der Zusammenhang zwischen dem Kriterium und der Prädiktorgruppe?	Existieren homogene Variablengruppen, die jeweils ähnliche Informationen erfassen? Existieren latente Merkmale, die die Ausprägung auf den gemessene Variablen determinieren?

Inhaltsübersicht über den Bereich drei- und mehrdimensionale Häufigkeitsverteilungen in Abschnitt II.C.4 sowie Kapitel II.E und F in Band 1

II Deskriptive Statistik

II.A Messtheorie

‚... so wäre alle Wissenschaft überflüssig,
wenn die Erscheinungsformen und das
Wesen der Dinge unmittelbar zusammenfielen.'
(Karl Marx, in Gutjahr, 1974)

Der Begriff ‚Messen' ist jedem aus dem alltäglichen Leben bekannt und in der schulischen Ausbildung wird er vor allem in der Physik genauer behandelt und spezifiziert. Grundlegend für jede ‚Messung' ist die Angabe einer Merkmalsausprägung in Maßeinheiten, zu deren Bestimmung vereinbarte Messinstrumente oder Messvorschriften verwendet werden. Bei der Verwendung von Maßeinheiten orientiert man sich implizit an allgemeingültigen, festgelegten Normen. Um die Merkmalsausprägungen zu bestimmen, werden in den klassischen naturwissenschaftlichen Disziplinen technische Hilfsmittel angewendet: Irgendwann wurde beispielsweise vereinbart, dass zur Charakterisierung von Distanzen die Maßeinheiten Elle, inch oder Meter verwendet werden sollen. Im Mittelalter konnte jeder die auf dem Marktplatz veröffentlichte Einheit als objektives Maß heranziehen, heute lösen beispielsweise normierte Zollstöcke dieses Problem. Für die Temperatur liefert die Ausdehnung von Quecksilber in einer Glassäule eine präzise Maßzahl. Bei der Bestimmung einer Gewichtsmaßzahl mittels einer Waage kann die Äquivalenz des Gewichts mit demjenigen akzeptierter Vergleichs- oder Standardgewichte herangezogen werden.

Bei allen Messprozeduren kommt es nicht in erster Linie auf die Nachvollziehbarkeit der Vergleichsgrößen oder Normen (Meter, Grad oder Kilo) an, sondern vorwiegend darauf, dass bestimmbare und überprüfbare Einheiten geschaffen werden, die nützliche und vor allem kommunizierbare Informationen über Merkmalsausprägungen liefern.

Nun wollen wir uns aber nicht mit physikalischen, sondern mit psychologischen Inhalten beschäftigen, die uns von Natur aus nicht als objektiv und quantitativ (in Zahlen gefasst) erscheinen. Psychologische Merkmale sind uns eigentlich nur subjektiv zugänglich. Sollen wir diesen eine Zahl zuordnen (z.B. Wie zufrieden sind Sie?: 0% bis 100%), so scheint eine solche Zahl doch eine mehr oder weniger zulässige Vereinfachung psychologischer Realität darzustellen.

Trotzdem werden wir tagtäglich in der Presse mit Zahlen überhäuft, die eben solche subjektiven Eindrücke widerspiegeln sollen: Dass Politiker A beliebter ist als Politiker B, schließen wir daraus, dass in einer Umfrage eines seriösen Instituts Personen auf einer Skala von ‚–5 = extrem unbeliebt' bis ‚+5 = extrem beliebt' im Durchschnitt A einen höheren Wert zugewiesen haben als Politiker B. Dass Studenten des Fachs X im Mittel intelligenter sind als Studenten des Fachs Y wird inzwischen unhinterfragt akzeptiert, wenn der durchschnittliche IQ, der durch einen Intelligenztest gemessen wird, höher ist.

Wir wollen uns in diesem Kapitel nicht damit beschäftigen, welche Methoden zur Verfügung stehen, solche psychologischen Merkmale zu messen (z.B. psychometrische Tests, Befragung, Beobachtung und Beurteilung; s. hierzu Bortz & Döring, 2001), sondern welche grundlegenden Eigenschaften die erhobenen Zahlen besitzen müssen, damit diese statistisch ausgewertet werden können.

Welche Anforderungen müssen also gestellt werden, damit der Begriff des Messens in der Psychologie sinnvoll begründet und angewendet werden kann? Die Grundlagen für die Übertragung des Messbegriffs aus klassischen naturwissenschaftlichen Disziplinen auf die Psychologie sind insbesondere von Stevens (1959) spezifiziert worden. Messen muss demnach weiter gefasst werden als wir es beispielsweise aus der Physik kennen. Die wichtigsten Eigenschaften einer Messung lassen sich wie folgt charakterisieren:

1.) Messungen beziehen sich immer auf ein definiertes Merkmal von Personen oder Objekten. Es wird aus den folgenden Ausführungen deutlich, dass Objekte nicht als Ganzes messbar sind. Nur Eigenschaften von Objekten sind messbar, wobei jedes Objekt durch ein System von Eigenschaften gekennzeichnet ist.

2.) Den Personen oder Objekten werden Zahlen nach einer bestimmten Messvorschrift zugeordnet.

3.) Es muss genau angegeben werden, welche Informationen durch die Zahlen repräsentiert werden.

Diese Punkte sollen zunächst an einem praktischen Beispiel beschrieben werden. Anschließend werden die verwendeten Begriffe in den Unterkapiteln genauer definiert.

Angenommen, ein Therapeut beurteilt Klienten in einem diagnostischen Erstgespräch hinsichtlich einiger Merkmale, die für seine Beratung der Klienten bezüglich des weiteren therapeutischen Vorgehens relevant sind. Zum einen diagnostiziert er das wichtigste Problem der Klienten aufgrund dessen sie die Praxis aufgesucht haben. Den Patienten wird bezüglich des Merkmals ‚Problem' (s. Punkt 1) eine ‚1' zugeordnet, wenn diese hauptsächlich an einer depressiven Störung leiden; ‚2' bedeutet ‚Angststörung'; ‚3' bedeutet ‚Zwangsstörung' usw. (s. Punkt 2). Hier muss darauf geachtet werden, dass es keinen Sinn macht die Rangordnung der Zahlen zu interpretieren, obwohl die Zahlen dies auf den ersten Blick nahe zu legen scheinen (s. Punkt 3). Es wäre inhaltlich

falsch, zu behaupten, eine ‚Zwangsstörung' sei ‚mehr' als eine depressive Störung, da $3 > 1$ gilt. Die Zahlen dienen hier also lediglich dazu, die Kategorienzugehörigkeit zu erkennen: Klienten mit derselben Zahl leiden primär unter demselben Problem. Besitzen Klienten jedoch unterschiedliche Werte, so sind sie im Hinblick auf das Merkmal ‚Problem' nicht als gleich anzusehen.
Dürfen Zahlen nur hinsichtlich ihrer Un-/Gleichheit interpretiert werden, so wird bei einer Messung nur *nominale* Merkmalsinformation erfasst.

Anders verhält es sich, wenn der Therapeut in Zusammenarbeit mit den Klienten fünf Ziele für eine Therapie (s. Punkt 1) erarbeitet und diese anschließend in eine Rangreihe bringt: Das wichtigste Ziel (z.B. ‚Den Beruf wieder ‚normal' ausüben können') erhält dann die ‚5', dem relativ unwichtigsten Ziel (z.B. ‚Im Kontakt mit anderen Personen ungezwungener und lockerer sein') wird die ‚1' zugeordnet (s. Punkt 2). Im Unterschied zu einer Messung nominaler Eigenschaftsausprägungen, ist hier die Ordnung der Zahlen von Bedeutung, da auch für die Ziele diese Ordnung inhaltlich definiert ist (s. Punkt 3).
Jedoch ist es bei einer einfachen Rangreihe im Allgemeinen nicht zulässig, die Differenzen zwischen den Zahlen zu interpretieren. Klient A möge 5 Ziele haben, die ihm alle fast gleich wichtig erscheinen, und es ist für ihn nur sehr schwer möglich, Unterschiede in der Relevanz der Ziele auszumachen. Klient B hingegen sieht nur eines der Ziele als wirklich relevant an und benennt die übrigen vier eigentlich nur, weil er vom Therapeuten dazu aufgefordert wurde. Für Klient A wäre der Unterschied zwischen ‚5' und ‚4' subjektiv sehr gering, wohingegen dieselbe Zahlendifferenz für Klient B in Bezug auf die Wichtigkeit der Ziele sehr deutlich ausfallen würde. Für Letzteren wäre der Bedeutungsunterschied zwischen ‚5' und ‚4' zudem unverhältnismäßig viel größer als die Differenzen der übrigen benachbarten Zahlenwerte.
Dürfen Zahlen hinsichtlich ihrer Un-/Gleichheit und zusätzlich ihrer Rangordnung interpretiert werden, so wird bei einer Messung *ordinale* Merkmalsinformation erfasst.

Die Charakterisierung dieser beiden Informationsniveaus – nominal und ordinal – soll an dieser Stelle zu Klärung der Grundprinzipien genügen. Es sind noch drei weitere Informationsniveaus definiert, die in den Abschnitten II.A.2.3 bis .5 behandelt werden. Dort wird die inhaltliche Bedeutung in Bezug auf die hier dargestellte Situation der Diagnostik therapierelevanter Merkmale unter der Rubrik ‚Beispiele' konkretisiert.

Messen bedeutet, dass wir den Ausprägungsgrad bestimmter Merkmale von Personen oder Objekten (empirisches Relativ) durch die Angabe von Zahlen (numerisches Relativ) so repräsentieren, dass bestimmte mathematische Vergleiche oder Operationen im Zahlensystem Aussagen über die tatsächlichen Verhältnisse im Merkmalsbereich ermöglichen. Die Zulässigkeit dieser Operationen wird durch den Informationsgehalt der Zahlen determiniert.

Von ‚Messen' spricht man nicht immer, wenn man Objekten Zahlen zuordnet: Eine solche Zuordnung ist nur dann eine Messung, wenn es eine eindeutige Zuordnungsregel gibt, die den *Erhalt von Informationen* gewährleistet. Die Messtheorie beschäftigt sich unter anderem mit der Erarbeitung von Zuordnungsregeln, die es ermöglichen, Informationen so in einem Zahlensystem abzubilden, dass diese möglichst genau erhalten bleiben. Hierzu wollen wir nun einige grundlegende Begriffe genauer definieren:

Ein *empirisches Relativ* $\langle A, R_1,.., R_n \rangle$ besteht aus einer definierten Menge von Objekten (A) zwischen denen verschiedene beobachtbare Relationen (R_1,..,R_n) bestehen. Diese Relationen beziehen sich jeweils auf definierte Merkmale der Objekte.

Ein *numerisches* Relativ (X,S_1,..,S_m) besteht aus einer Menge von Zahlen (X), für die eine bestimmte Anzahl von Vergleichsaussagen oder Relationen (S_1,..,S_m) definiert sind.

Die beiden wichtigsten Relationen:

1) *Äquivalenzrelation* (=): Eine Äquivalenzrelation unterteilt eine Menge von Objekten bezüglich eines Merkmals in Klassen gleicher Ausprägung. Es wird also eine qualitative Zuordnung vorgenommen.

Beispiel: Sei A die Einwohnerschaft Münsters. Für diese Menge ist in Bezug auf das Merkmal Geschlecht eine Äquivalenzrelation definiert. Das Relativ $\langle A, = \rangle$ *unterteilt die Einwohnerschaft in Männer und Frauen.*

2) *Ordnungsrelation (<,>):* Sie gibt eine Reihenfolge oder Rangreihe der Objekte bezüglich der Ausprägung eines Merkmals an. □

Beispiele: Sei A die Menge aller deutschen Städte. Ist auf dieser Menge eine Ordnungsrelation bezüglich des Merkmals ‚Lebensqualität' definiert, so gibt das Relativ $\langle A, > \rangle$ *eine Rangordnung der Städte in Bezug auf die Lebensqualität an.* □

In der Abbildung auf der folgenden Seite ist eine Menge von zwei Personen zu sehen. Menge A = {Person1, Person2}

Die Elemente stehen bezüglich verschiedener Merkmale (z.B. Körpergröße, Alter, Geschlecht, Haarfarbe) zueinander in Beziehung; diese Beziehungen sind beobachtbar.

Wir betrachten die Körpergröße K. Es soll die Ordnungsrelation ‚ist größer als' definiert werden. Im empirischen Relativ gilt: ‚Person 1 ist größer als Person 2'. Da wir uns nur auf diese beiden Personen beziehen, wäre eine sinnvolle Messung die Zuordnung ‚k_1 = 300' und ‚k_2 = 17,83' (k_i sind die Realisationen der Variable K (X = {k_1, k_2}). Ebenso zulässig wäre die Zuordnung ‚k_1 = 4' und ‚k_2 = 3,9', da die Ordnungsrelation erhalten bleibt.

(Abbildung übernommen aus: Lippe, 1999)

Um angeben zu können, *wie viel* größer Person 1 ist, würde das Definieren einer Ordnungsrelation nicht ausreichen.

Betrachten wir die Haarfarbe H, so ist für die Objekte nur eine qualitative Aussage formulierbar: Es kann nur eine Äquivalenzrelation definiert werden. Es sind dann alle Zahlenzuordnungen zulässig (z.B.: X = {2, 5} oder X = {3, -4}), die Personen mit gleicher (unterschiedlicher) Merkmalsausprägung gleiche (unterschiedliche) Zahlen zuordnen.

Betrachten wir das Merkmal ‚Verärgertheit', so postulieren wir für ein hypothetisches Konstrukt (latentes Merkmal) eine Ordungsrelation. Die Messung wird dadurch erschwert, dass Verärgertheit sich nur in einzelnen Verhaltensweisen (Indikatoren) zeigt (z.B. Mundwinkel nach unten, Mimik, Körperhaltung) und wir annehmen müssen, dass diese Indikatoren gültige Anzeichen der Verärgertheit sind. Obwohl P2 verärgerter zu sein scheint, ist es fraglich, ob man aufgrund einer solchen Momentaufnahme zuverlässige Schlüsse ziehen kann: Vielleicht steht P1 kurz vor dem ultimativen Ausbruch und zeigt nur ein künstliches Lächeln?

□

II.A.1 Definition des Begriffs ‚Messung'

Sei φ eine Funktion, die jedem Objekt x *eine* Zahl φ(x) zuordnet.

Als *homomorph* wird eine solche Abbildung bezeichnet, wenn die Relationen in der Objektmenge A zwischen zwei beliebigen Objekten a und b den Relationen zwischen φ(a) und φ(b) in der Zahlenmenge R entsprechen.

Wird also beispielsweise ein empirisches Relativ $\langle A,>\rangle$ homomorph in ein numerisches Relativ $(R,\geq)$ abgebildet, soll gelten

$$a \geq b \Leftrightarrow \varphi(a) \geq \varphi(b)$$

Messen ist eine homomorphe Abbildung eines empirischen Relativs (z.B. Objekte oder Ereignisse und die für sie definierten Relationen) in ein numerisches Relativ.

Das aus einer solchen Messung resultierende numerische Relativ wird auch als *Skala* bezeichnet.

Die *Messtheorie* beschäftigt sich unter anderem mit der Frage, ob die Axiome (Grundannahmen) des numerischen Relativs auch für die Objekte und Relationen des empirischen Relativs gültig sind. Dies ist dann der Fall, wenn die Gesetzmäßigkeiten, die zwischen den Zahlen gelten, auch für den modellierten psychologischen Inhaltsbereich gelten. Dies bezeichnet man auch als *Strukturgleichheit* des numerischen Systems und des empirischen oder semantischen Systems. Arithmetische Operationen mit Zahlen sind nur dann sinnvoll, wenn die Ergebnisse der Operationen in der Empirie eine direkte Entsprechung besitzen (z.B. dürfen Telefonnummern als Repräsentanten des numerischen Relativs addiert, gemittelt oder quadriert werden, ohne dass dies eine verwertbare Information liefert, s. unten ‚Repräsentationsproblem').

Quantitatives wissenschaftliches Arbeiten steht somit auf zwei Grundsäulen:

1.) Es lassen sich theoretische Aussagen und Verfahren finden, die im numerischen Relativ zu neuen Erkenntnissen oder effektiveren Beschreibungen der Strukturen führen.

⇒ Die Richtigkeit solcher Schlüsse kann in Bezug auf die zugrunde liegenden mathematischen Axiome geprüft und bewiesen werden.

2.) Es muss geklärt werden, ob und wie genau das numerische Relativ das empirische Relativ abbildet.

Eine mathematische Operation darf nur das widerspiegeln, was tatsächlich in der Empirie vorhanden ist: Repräsentiert das numerische Relativ die wesentlichen Beziehungen nicht angemessen, so ist es unzulässig, aus den Ergebnissen einer Operation im numerischen Relativ auf die Empirie rückzuschließen.

⇒ Die Entscheidung über die Güte der Abbildung oder Repräsentation lässt sich häufig nur eingeschränkt objektivieren und prüfen.

II.A.2 Skalentypen

Wenn man von einer Skala spricht, ist es notwendig mit anzugeben, welche Informationen sie abbildet: Wenn z.B. nur eine Äquivalenzrelation abgebildet wird, dürfen auch nur Analysen durchgeführt werden, die ausschließlich die Äquivalenzinformation in den Zahlen verwerten.

Man unterscheidet fünf Skalenarten. Für die Einteilung sind drei Fragen entscheidend:

1. Welcher Informationsgehalt wird durch das numerische Relativ repräsentiert? Welche Relationen sind definiert?
2. Welche mathematischen Transformationen sind zulässig?
3. Welche Statistiken bzw. statistische Maßzahlen können verwendet werden?

Diese drei Fragen leiten sich direkt aus den so genannten drei *Kardinalproblemen* der Messtheorie ab:

1. Repräsentationsproblem: Die Existenz einer Skala kann nur behauptet werden, wenn bestimmte Axiome im empirischen Relativ gültig sind: Nur diejenigen Informationen, die empirisch gegeben sind, können im numerischen Relativ abgebildet werden. Besteht beispielsweise keine Rangordnung zwischen Nationalitäten, so dürfen den einzelnen Nationen nur zur *Identifikation* der Nationalität Zahlen zugeordnet werden, ohne dass die Rangordnung der Zahlen interpretiert wird.
⇒ Kann ein numerisches Relativ gefunden werden, das die Strukturen des empirischen Relativs angemessen repräsentiert?

2. Eindeutigkeitsproblem: Wie dürfen die Skalenwerte transformiert werden, ohne dass die vorhandenen Informationen verloren gehen?
⇒ Problem des Skalenniveaus: Je eingeschränkter die Möglichkeiten zur Transformation von Skalenwerten sind, desto mehr Information enthält eine Skala.

3. Bedeutsamkeitsproblem: Welche statistischen Kenngrößen oder Beschreibungen und welche empirischen Aussagen sind sinnvoll? Obwohl Zahlen an sich beliebig verrechnet werden können, muss sichergestellt werden, dass dieser Verrechnung auch tatsächlich etwas in der Empirie entspricht, sonst ist das Ergebnis in Bezug auf das empirische Relativ nicht aussagekräftig.

II.A.2.1 Nominalskala

Auf einer Nominalskala werden den Objekten eines empirischen Relativs Zahlen derart zugeordnet, dass Objekte mit gleicher Merkmalsausprägung durch die gleiche Zahl und Objekte mit verschiedener Merkmalsausprägung durch verschiedene Zahlen bezeichnet werden.

Im empirischen Relativ wird hier die Äquivalenzrelation vorausgesetzt. Objekte mit verschiedener Merkmalsausprägung sind auf einer Nominalskala unterscheidbar.

Die Skalenwerte sind eindeutig bis auf Umbenennung.

Beispiele: Postleitzahlen, Straßenbahnlinien, Kontonummern, Studienfach, Geschlecht, Krankheitsklassifikationen. □

Zum Bedeutsamkeitsproblem in Bezug auf die Anwendung zulässiger Maßzahlen:

Gigerenzer (1981) zitiert eine in den 60-er Jahren in den USA durchgeführte Unfallursachenstudie, bei der die untersuchten Merkmalskombinationen wie folgt bezeichnet wurden: 0 = männlich, weiß; 1 = männlich, schwarz; 2 = weiblich, weiß; 3 = weiblich, schwarz. Für den Datensatz wurde das arithmetische Mittel (Abschnitt II.B.2.1.c) berechnet. Dieses lag im Bereich von 1.0. Daraus wurde der Schluss gezogen, dass der typische Unfallverursacher männlich und schwarz ist. Da die Merkmalsausprägungen aber eindeutig nur nominalskaliert sind, ist die Berechnung des arithmetischen Mittels sinnlos: Hätte man die Zahlen, wie für nominalskalierte Daten zulässig, einfach umbenannt (z.B. 0 = männlich, schwarz; 1 = männlich, weiß), so wäre zu erwarten, dass weiße Männer als typische Unfallverursacher identifiziert worden wären. □

Bales (1950) hat ein sehr elaboriertes Kategoriensystem zur Verhaltensbeobachtung entwickelt. Greve und Wentura (1997) beschreiben hierfür die wichtigsten Konstruktionsprinzipien und Eigenschaften. □

Was muss für die Kategorien einer Nominalskala gelten?

1) *exakte Definition der Kategorien*: Jedes Objekt muss eindeutig einer Klasse zuzuordnen sein.
2) *erschöpfende Merkmalsklassen*: Alle Merkmalsausprägungen müssen erfassbar sein, so dass jedes Objekt zugeordnet werden kann.
3) *Die Kategorien müssen sich gegenseitig ausschließen*: Jedes Objekt darf nur einer Kategorie angehören

Wie kann eine Nominalskala konstruiert werden?

1) natürliche Dichotomien: Das zu messende Merkmal kommt nur in zwei Ausprägungsgraden vor. (z.B. Geschlecht)
2) künstliche Dichotomien: Ein Merkmalsspektrum, das mehr als zwei Ausprägungen aufweist, wird durch Bildung willkürlicher Kategoriengrenzen zu einem zweistufigen Merkmal vereinfacht.

   (Z.B.: Körpergröße: ‚> 170 cm‘ sowie ‚≤ 170 cm‘)
3) Bildung erschöpfender Merkmalsklassen: Das Merkmalsspektrum wird in beliebig viele Kategorien eingeteilt, die sich gegenseitig ausschließen.

Transformationsmöglichkeiten: Umbenennungen, ein-eindeutige Transformationen

Analysemöglichkeiten: Modalwert, Häufigkeitsverteilungen, Kontingenztabellen, absolute und relative Häufigkeiten, χ^2(Chi-Quadrat)-Techniken.

II.A.2.2 Ordinalskala

Auf einer Ordinalskala werden den Objekten eines empirischen Relativs Zahlen derart zugeordnet, dass von zwei Objekten das Objekt mit der größeren Merkmalsausprägung die größere Zahl erhält.

Im empirischen Relativ wird eine schwache (dieselbe Ausprägung darf mehrmals vorkommen) Ordnungsrelation vorausgesetzt. Objekte können gemäß der Skalenwerte auf einer Ordinalskala in eine Rangreihe gebracht werden. Quantitative Aussagen einer Ordinalskala werden durch beliebige positive monotone Transformation nicht beeinflusst.

Beispiele: Schulnoten, alle Aussagen über intensitätsverschiedene Ausprägungsgrade eines Merkmals (z.B. Hunger, Langeweile), Tabellenplätze bei Sportveranstaltungen. □

Wie kann eine Ordinalskala konstruiert werden?

1.) Rangreihung vorgegebener Objekte

Beispiel: Ordnen Sie bitte folgende fünf Politiker hinsichtlich ihrer politischen Orientierung (rechts-links-Spektrum) an: Westerwelle, Stoiber, Fischer, Kohl, Schröder. □

2.) Zuordnung der Objekte zu Kategorien, die zueinander in einer Ordnungsrelation stehen.

Beispiel: Weisen Sie bitte jedem Politiker einen Wert auf einer fünfstufigen Skala zu: ‚1' – sehr fotogen bis ‚5' – überhaupt nicht fotogen . □

3.) Paarvergleich

Beispiele: Drei Volleyballmannschaften A, B und C spielen gegeneinander (Jede gegen jede). A gewinnt gegen B und C, B gewinnt gegen C.
⇒ Es resultiert die Rangreihe A > B > C.

Hier muss die Transitivitätsbedingung erfüllt sein: z.B. kann im Falle, dass A gegen B gewinnt, jedoch gegen C verliert und B gegen C gewinnt, keine eindeutige Rangreihe angegeben werden. □

Transformationsmöglichkeiten: Alle streng monoton steigenden Transformationen. Streng monotone Transformationen erhalten die Ordnung der Rangreihe.

Zusätzliche Analysemöglichkeiten: Median, Spannweite, Ränge, Prozentränge, Rangkorrelationen.

II.A.2.3 Intervallskala

Auf einer Intervallskala werden den Objekten eines empirischen Relativs Zahlen derart zugeordnet, dass die Differenzen zwischen Paaren von Skalenwerten miteinander vergleichbar sind.

$$\text{dif}(a,b) = \text{dif}(c,d) \Leftrightarrow \varphi(a) - \varphi(b) = \varphi(c) - \varphi(d)$$

Zwischen allen benachbarten Skalenpunkten liegen gleiche Abstände (Äquidistanz).

Es wird hier zusätzlich zu den Eigenschaften einer Ordinalskala eine Ordnungsrelation für die Differenzen zwischen Skalenwerten gefordert. Hierdurch werden die Abstände zwischen den Skalenwerten interpretierbar.

Bei einer Intervallskala ist der Nullpunkt und die Maßeinheit per Definition nicht festgelegt. Es kann also unterschiedliche Intervallskalen geben, die verschiedene Definitionen des Nullpunktes und der Maßeinheit besitzen.

Transformationsmöglichkeiten: Intervallskalierte Daten dürfen linear transformiert werden, ohne dass Informationen verloren gehen ($y = b_0 + b_1x$).

Beispiele: Temperaturen in Celsius und Fahrenheit, Kalenderzeit, Intelligenzskala. □

Zur linearen Transformation einer Intervallskala:
Wasser friert bei 32 ° Fahrenheit bzw. bei 0° Celsius.
Wasser kondensiert bei 212° Fahrenheit bzw. bei 100° Celsius.
Da beide Skalen intervallskaliert sind, lassen sie sich durch lineare Transformation ineinander überführen.
(F = Fahrenheit, C = Celsius)

$$F = b_0 + b_1 \cdot C \qquad (1)\, 32 = b_0 + b_1 \cdot 0 \qquad \Rightarrow b_0 = 32$$

$$(2)\, 212 = 32 + b_1 \cdot 100 \qquad \Rightarrow b_1 = \frac{212 - 32}{100} = 1.8$$

$$\Rightarrow F = 32 + 1.8 \cdot C$$

Man beachte hier, dass durch die Beliebigkeit des Nullpunktes bei der Intervallskala es unzulässig ist zu behaupten, 32° Celsius seien doppelt so warm wie 16° Celsius. Hieraus müsste dann ja folgen, dass 89.6° Fahrenheit doppelt so warm sind wie 60.8° Fahrenheit. (s. Abbildung auf Seite 54) □

Die Bestimmung therapierelevanter Merkmalsausprägungen von Klienten (Ergänzung zum Beispiel in der Einleitung dieses Kapitels)

Im Beispiel wurden die Eigenschaften eines typischen nominalskalierten und eines ordinalskalierten Merkmals bereits dargestellt. Für die Intervallskala ist es am schwierigsten ein anschauliches Beispiel zu finden, da prototypische intervallskalierte Merkmale außerhalb der psychologischen Forschung selten vorkommen. Der Therapeut könnte beispielsweise einen psychometrisch entwickelten Test zur Bestimmung der Therapiemotivation oder subjektiven Lebensqualität einsetzen, der nach bestimmten Konstruktionsprinzipien (z.B. Klassische Testtheorie; Lienert & Raatz, 1998) entwickelt wurde und per Definition einen intervallskalierten Wert liefert. Solche Tests bestehen aus einer Vielzahl von Aussagen oder Fragen, die beispielsweise verschiedene Aspekte der Motivation abfragen. Der Klient beantwortet diese Aussagen durch Ankreuzen einer Zahl (z.B. ‚–2' = ‚trifft überhaupt nicht zu' bis ‚+2' = ‚trifft genau zu'). Anschließend werden diese Zahlen zu einem Summenwert addiert, für den nachgewiesen werden kann, dass er als intervallskaliert gilt. Auch einzelne Antwortskalen (s. unten) werden hierbei als nicht nur ordinalskaliert, sondern als intervallskaliert angesehen. Diese Annahme kann insbesondere als gerechtfertigt angesehen werden, wenn nur die Endpunkte einer solchen Skala bezeichnet werden und diese die Extreme eines Kontinuums andeuten (s. Rohrmann, 1978).

Zum Beispiel: Die Teilnahme an der Therapie ist für mich sehr wichtig!

○———○———○———○———○

Trifft überhaupt nicht zu				Trifft genau zu
-2	-1	0	+1	+2

□

Zusätzliche Analysemöglichkeiten: Arithmetisches Mittel, Standardabweichung, Varianz, Schiefe, Produkt-Moment-Korrelation, Regressionsanalyse.

II.A.2.4 Verhältnisskala

Auf einer Verhältnisskala werden den Objekten eines empirischen Relativs Zahlen derart zugeordnet, dass die Zahlen, die die Merkmalsausprägungen der Objekte repräsentieren, im selben Verhältnis zueinander stehen wie die Merkmalsausprägungen der Objekte.
Bei einer Verhältnisskala ist im Unterschied zur Intervallskala ein fester Nullpunkt definiert.

Transformationsmöglichkeiten: Eine Verhältnisskala kann durch die Transformation $y = b_1 \cdot x$ ($b_1 > 0$) in eine andere Verhältnisskala überführt werden (proportionale Transformationen).

Beispiele: *Länge, Masse, Zeit, Winkel, Temperatur in Kelvin, Preise.*

□

Die Einheiten einer Verhältnisskala sind nicht festgelegt, es ist nur wichtig, dass das Verhältnis der Skalenwerte zueinander gleich bleibt: Ein Objekt von 2 m bzw. 2000 mm Körpergröße ist doppelt so hoch wie eines von 1 m bzw. von 1000 mm.

Durch Änderung der Maßeinheiten ($y = b_1 \cdot x$) werden die Verhältnisse nicht beeinflusst.

2.54 cm entsprechen im anglo-amerikanischen Raum 1 inch.
$\Rightarrow$ 1 inch = $b_1 \cdot 2.54$ cm $\Leftrightarrow$ $b_1 = (1/2.54)$ (inch/cm) = 0.394 (inch/cm).

30.48 cm entsprechen 1 foot.
1 foot = $b_1 \cdot 30.48$ cm $\Leftrightarrow$ $b_1 = (1/30.48)$ (foot/cm) = 0.0328 (foot/cm)
1 cm = $b_1 \cdot 1$ foot $\Leftrightarrow$ $b_1 = 30.48$ (cm/foot)

Somit entsprechen 1 m ca. 3.28 feet.

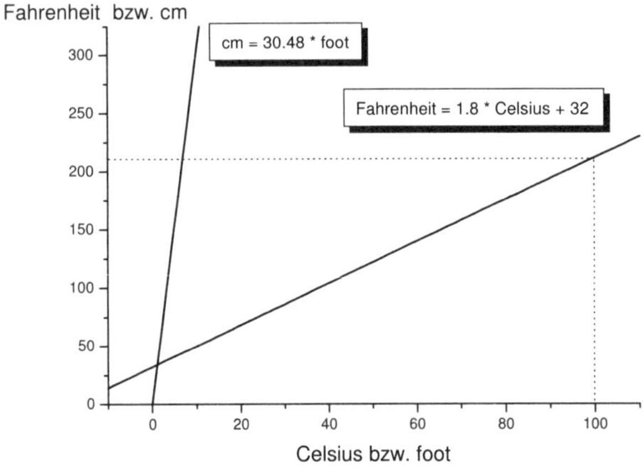

In der Abbildung sind die Transformationsgleichungen für die verhältnisskalierten Größenmaße (cm und foot) und die intervallskalierten Temperaturmaße (Celsius und Fahrenheit) grafisch abgebildet. Man beachte, dass die Gerade für die Transformation der verhältnisskalierten Skalen genau durch den Ursprung des Koordinatensystems ($x = 0$, $y = 0$) verläuft. □

Die Bestimmung therapierelevanter Merkmalsausprägungen von Klienten (Ergänzung zum Beispiel in der Einleitung dieses Kapitels)

Befragt der Therapeut die Klienten, wie lange diese bereits unter ihren Problemen leiden, so erhält er Zeitangaben. Für diese ist die Bedeutung der Distanzen zwischen den Zahlen inhaltlich definiert ist und darf folglich ausgewertet werden: der Unterschied zwischen 40 und 50 Wochen ist gleichbedeutend mit einem Unterschied zwischen 60 und 70 Wochen. Diese Eigenschaft zeigt, dass die Zeit mindestens als intervallskaliert betrachtet werden kann.
Hinzu kommt jedoch bei der Zeitangabe, im Unterschied zu lediglich intervallskalierten Merkmalen, dass der Nullpunkt eindeutig definiert ist. Hierdurch können die Verhältnisse zwischen Zeitpunkten sinnvoll interpretiert werden. Beispielsweise sind 6 Wochen doppelt so lange wie 3 Wochen.

Wäre der Nullpunkt nicht definiert, wäre diese Betrachtung nicht sinnvoll (s. das Beispiel im vorangegangen Abschnitt zur Temperaturmessung). Trotz des festliegenden Nullpunktes können die Zeitangaben in unterschiedlichen Maßeinheiten erfolgen: 2 Jahre, 24 Monate oder 104 Wochen sind beispielsweise gleichbedeutend. □

Zusätzliche Analysemöglichkeiten: Geometrisches Mittel, Variabilitätskoeffizient

II.A.2.5 Absolutskala

Auf einer Absolutskala sind sowohl der Nullpunkt als auch die Einheiten der Skala eindeutig festgelegt.

Beispiele: Häufigkeiten, Anzahl von Personen in einem Hörsaal, Anzahl von Verkehrsunfällen pro Jahr. □

Die Bestimmung therapierelevanter Merkmalsausprägungen von Klienten (Ergänzung zum Beispiel in der Einleitung dieses Kapitels)

Befragt der Therapeut die Klienten, wie viele Therapiestunden sie für sich für sinnvoll halten, so wird ein absolutskaliertes Merkmal erfragt. □

Transformationsmöglichkeiten: keine

II.A.2.6 Zusammenfassung zu den Skalentypen

Die fünf Skalenarten stehen in einer hierarchischen Beziehung zueinander und können selbst wieder als Ausprägungen einer Ordinalskala aufgefasst werden: Auf einem bestimmten Skalenniveau sind auch die mathematischen Analyseverfahren zulässig, die auf Skalen mit niedrigerem Niveau zulässig sind. Jedoch sind auf höherem Skalenniveau die Transformationen immer eingeschränkter. Also: je höher das Skalenniveau ist, desto informationshaltiger sind die Zahlen und desto mehr muss darauf geachtet werden, dass diese Information erhalten bleibt.

Die folgende Tabelle verdeutlicht nochmals an einem Datenbeispiel, welche Transformationen für die Ursprungsdaten in der ersten Spalte zulässig sind.

	Zulässige Transformationen für das Skalenniveau				
Ursprungsdaten x	**nominal**	**ordinal**	**intervall $2 + 3 \cdot x$**	**verhältnis $2 \cdot x$**	**absolut x**
1	10	-6	5	2	1
2	-2	10	8	4	2
3	5	11	11	6	3

Die charakteristischen Aussagemöglichkeiten auf den Skalen lauten wie folgt:

Nominalskala $\Rightarrow$ (Un-)Gleichheit
Ordinalskala $\Rightarrow$ Größer-kleiner-Relation
Intervallskala $\Rightarrow$ Gleichheit von Differenzen
Verhältnisskala $\Rightarrow$ Gleichheit von Verhältnissen

Die folgende Tabelle zeigt die wichtigsten Eigenschaften der Skalenniveaus im Überblick:

Skala	**definiert ist zusätzlich**	**zulässige Transformationen**	**Beispiele**	**Mittelwerte**
Nominal	Äquivalenzrelation	eineindeutige, Umbenennung	Postleitzahlen, Berufe, Religionszugehörigkeit, Parteipräferenz	Modus
Ordinal	Ordnungsrelation	streng monoton steigend	Windstärke (Beaufort), verbale Eigenschaftsbeschreibungen, Schulnoten	+ Median
Intervall	äquidistante Skalenpunkte	linear $y = b_0 + b_1x$	Temperatur in Celsius und Fahrenheit	+ arithm. Mittel
Verhältnis	natürlicher Nullpunkt	proportional $y = b_1 x$	Temperatur in Kelvin, Längenmaße, Gewichtsmaße, Geschwindigkeit	+ geometr. Mittel
Absolut	natürliche Maßeinheit	keine	Häufigkeiten	

Die Definition dieser fünf Skalentypen stellt die Basis für die Anwendung statistischer Methoden in allen Sozialwissenschaften dar. Um statistische Verfahren richtig auswählen und begründen zu können, muss immer an erster Stelle geklärt werden, ob das erforderliche Skalenniveau vorausgesetzt werden kann.

Diese Ausführungen zur Messung psychologischer Merkmale sollen als Einführung genügen, da die wichtigsten Begriffe für die folgenden Kapitel geklärt wurden. Wir möchten aber an dieser Stelle nochmals auf die Problematik der Güte psychologischer Messungen hinweisen, die bereits in der Einleitung diskutiert wurde. Die Tatsache, dass man es irgendwie geschafft hat, an quantitative Information zu gelangen, reicht in der Psychologie noch nicht aus: Erst wenn nachgewiesen wurde, dass die Zahlen eine genügend große Aussagekraft über das, was wir wissen wollen, besitzen, können statistische Methoden von großem Nutzen sein. Diese Qualitätskriterien psychologischer Messungen – Unabhängigkeit der Daten insbesondere vom Untersucher und der Untersuchungssituation (Objektivität), Genauigkeit der Information (Reliabilität) sowie Gültigkeit bzw. inhaltliche Angemessenheit der verwendeten Zahlen (Validität) – werden Ihnen im Studium sehr häufig begegnen. Insbesondere in der Diagnostikausbildung werden diese Kriterien und Methoden zu deren Überprüfung einen großen Raum einnehmen (s. etwa Amelang & Zielinski, 2001).

Im folgenden Text wird stets davon ausgegangen, dass – wenn Zahlen als Repräsentanten psychologischer Merkmalsausprägungen verwendet werden – die Qualität und Aussagekraft als gegeben angenommen werden können, ohne dass wir die Überprüfung der Kriterien explizit betonen.

Computerprogramme wie SPSS wissen nichts über den Bedeutungsgehalt und das Skalenniveau von Zahlen. SPSS führt alle Berechnungen auch dann aus, wenn diese aufgrund der Qualität der Messung nicht definiert sind. Nicht der Computer, sondern der Anwender muss entscheiden, ob eine Auswertung sinnvoll oder zulässig ist!!!

Leseempfehlungen

Die grundlegenden Eigenschaften von Messungen werden in fast allen einführenden Lehrbüchern zur Statistik in der Psychologie behandelt, wobei sich die Darstellungen zumeist nur geringfügig unterscheiden. Hervorzuheben sind die Texte von Gutjahr (1974), Gigerenzer (1981), Borg und Staufenbiehl (1997) sowie Steyer und Eid (2001), die explizit die Messtheorie in der psychologischen Forschung als zentrales Thema behandeln. Die ersten drei Bücher zeichnen sich dabei vor allem durch die Vielzahl praktischer und anschaulicher Beispiele aus, durch die die Bedeutung der Messtheorie für alle Forschungsbereiche der Psychologie gut nachvollziehbar wird. Der Text von Steyer und Eid wendet sich vor allem an Leser, die an den mathematischen Grundlagen der Messtheorie interessiert sind.

Bortz und Döring (2001) geben einen umfassenden Abriss der in der Psychologie etablierten Datenerhebungsverfahren (psychometrische Tests, Befragung, Beobachtung, Beurteilung usw.).

Die Messtheorie wird im Laufe des Studiums bei der Behandlung von diagnostischen Testverfahren von besonderer Bedeutung sein. Dort beschäftigt man sich insbesondere mit der Frage, wie Tests (z.B. Persönlichkeits- oder Intelligenztests) konstruiert werden müssen, damit sie definierte Qualitätskriterien erfüllen. Für diese fortgeschrittenen Anwendungen eignen sich die Bücher von Lienert und Raatz (1998) sowie Amelang und Zielinski (2001), in den vor allem klassische Methoden behandelt werden. Modernere Verfahren der Testkonstruktion werden bei Rost (1996) ausführlich dargestellt.

✍ *1. Aufgabenblock (Lösungen: www.statistik-fuer-psychologen.de)*

Aufgabe 1)

In Freiburg soll die körperliche Fitness von Radfahrern und Nichtradfahrern sowie Rauchern und Nichtrauchern, die älter als 45 Jahre sind, untersucht werden. Es werden vier Gruppen gemäß dieser beiden Merkmale gebildet. In den Gruppen befinden sich jeweils 30 Personen, die zufällig ausgewählt werden. Als Nichtradfahrer gelten alle Personen, die nicht häufiger als einmal pro Woche das Rad benutzen. Zur Charakterisierung der körperlichen Fitness werden folgende Merkmale gemessen:

a) Kann eine Laufstrecke von 1, 2, 5 und 10 km bewältigt werden?
b) Herzfrequenz und Körpertemperatur nach einem 100m-Lauf.
c) Lungenvolumen.

Verdeutlichen Sie bitte an diesem Beispiel die in Abschnitt I.A.3 definierten Begriffe. Finden Sie bitte Möglichkeiten, wie diskrete Merkmale stetig definiert werden können und wie stetige Merkmale diskretisierbar sind.

Aufgabe 2)

Ein Berufsberater des Arbeitsamtes empfiehlt den Jobsuchern, bestimmte Berufe zu ergreifen. Bei diesen Empfehlungen können beim Vergleich der Berufe je nach Beurteilungsmerkmal unterschiedliche Skaleneigenschaften ausgenutzt werden. Welche Skalenqualitäten liegen in den folgenden Beispielen vor? Geben Sie in den einzelnen Beispielen das empirische bzw. das numerische Relativ und das zur Messung verwendete Merkmal an!

i. Es wurde eine Liste erstellt, in der die Berufe gemäß ihres Ansehens in der Gesellschaft angeordnet sind (Skalenwerte = Listenplätze).
ii. Anzahl der Personen, die den Beruf zur Zeit ausüben.
iii. Die Berufe wurden Kategorien zugeordnet (technische Berufe (1), handwerkliche Berufe (2), Verwaltungsberufe (3) usw.).
iv. Es wurde eine Liste von einem Bewerber erstellt, in der die Berufe gemäß der persönlichen Präferenz angeordnet wurden.
v. Für die einzelnen Berufe kann eine durchschnittliche Wartezeit angegeben werden, bis wann man mit einem Stellenangebot rechnen kann.
vi. Das durchschnittliche Einkommen in den Berufen ist bekannt.
vii. Die Anzahl der Angebote, die in den einzelnen Berufssparten zur Zeit vorliegen, wird angegeben.
viii. Jeder Bewerber wird danach gefragt, welche Berufe er bisher ausgeübt hat (Mehrfachnennungen möglich).

Aufgabe 3)

In Ungarn gilt eine Notenskala mit den Werten von 1 bis 5, wobei die 5 die beste Note darstellt. In Deutschland gilt hingegen eine Notenskala mit den Werten von 1 bis 6. Angenommen beide Skalen seien intervallskaliert. Dann lässt sich die eine Notenskala linear ($y = b_0 + b_1 x$) in die andere überführen. Wie lauten die Koeffizienten a und b in diesem Falle?

II.B Eindimensionale Häufigkeitsverteilungen

In diesem Kapitel wollen wir uns mit dem Fall beschäftigen, dass lediglich *eine* Variable erhoben wurde. Solche Daten können auf verschiedene Arten beschrieben bzw. charakterisiert werden:

1.) Daten können tabellarisch und grafisch in Häufigkeitsverteilungen und in Diagrammen dargestellt werden, die geeignet sind, einen Überblick über die Datenverteilung zu geben (II.B.1).

2.) Wesentliche Verteilungsmerkmale können durch statistische Kennwerte ausgedrückt werden: z.B. Mittelwerte, Streuungsmaße (II.B.2).

3) Es können statistische Modelle an die Verteilung von Daten angepasst werden.

Einschub: Das Summenzeichen Σ (Sigma) und das Multiplikationszeichen Π (Pi)

Es liege eine Reihe von Messwerten vor: $x_1 = 2, x_2 = 4, x_3 = 5, x_4 = 3$

Das Summenzeichen Σ (Sigma)

$$\sum_{i=1}^{4} x_i = x_1 + x_2 + x_3 + x_4 = 2+4+5+3=14\,; \quad \sum_{i=1}^{4} i = 1+2+3+4=10$$

Das Summenzeichen ist eine Rechenvorschrift, bei der die Variable i alle Werte von der unteren Grenze (hier i = 1) bis zur oberen Grenze (hier i = 4) annimmt. Die so aufeinander folgend entstehenden Werte werden einfach *aufsummiert.*

$$\sum_{i=2}^{3} x_i \cdot i = x_2 \cdot 2 + x_3 \cdot 3 = 8+15=23; \quad \sum_{i=3}^{4}(i+3) = (3+3)+(4+3) = 13$$

Das Multiplikationszeichen Π (Pi)

$$\prod_{i=1}^{4} x_i = x_1 \cdot x_2 \cdot x_3 \cdot x_4 = 2 \cdot 4 \cdot 5 \cdot 3 = 120$$

Das Multiplikationszeichen ist eine Rechenvorschrift, bei der die Variable i alle Werte von der unteren Grenze bis zur oberen Grenze annimmt. Die so aufeinander folgend entstehenden Werte werden einfach *aufmultipliziert.*

$$\prod_{i=3}^{4}(x_i + x_{5-i}) = (x_3 + x_2) \cdot (x_4 + x_1) = (5+4) \cdot (3+2) = 45$$

II.B.1 Tabellarische und grafische Analyse

II.B.1.1 Darstellung der Häufigkeitsverteilung diskreter Daten, die nicht zu neuen Klassen zusammengefasst werden (mindestens ordinalskaliert)

Ausgangsinformation für die Darstellung von Daten ist eine *Urliste*: Die Werte einer Person oder eines Objekts sind in dieser jeweils in einer Zeile abgetragen. Die einzelnen Spalten enthalten die Ausprägungen jeweils eines Merkmals.

Angenommen, wir haben an 200 Tagen an einem Zeitungskiosk registriert, wie viele Exemplare einer bestimmten Zeitung verkauft wurden. Unser Ziel ist es, einen Überblick darüber zu gewinnen, wie häufig eine bestimmte Anzahl x_i von Exemplaren der Zeitung pro Tag verkauft wird. Für jeden Beobachtungstag notieren wir in der Urliste die Anzahl der verkauften Exemplare.[4]

Laufende Nummer des Beobachtungstages	**Anzahl der verkauften Zeitungen x_i**
1	4
2	2
3	0
...	...
199	5
200	3

Um einen ersten Überblick zu bekommen, erstellen wir eine numerische Häufigkeitstabelle. Hierzu werden die Häufigkeiten, mit der die einzelnen Stufen des Merkmals X auftreten, einfach ausgezählt.

Anz. der verkauften Zeitungen x_i	**Anz. der Tage $n(x_i)=n_i$**	**Anteil der Tage $h(x_i)=h_i$**	**Prozentanteil der Tage $100\%\cdot h_i$**	**kumulierte absolute Häufigkeiten N_i**	**kumulierte relative Häufigkeiten F_i**
0	21	0.105	10.5	21	0.105
1	46	0.230	23.0	67	0.338
2	54	0.270	27.0	121	0.605
3	40	0.200	20.0	161	0.805
4	24	0.120	12.0	185	0.925
5	10	0.050	5.0	195	0.973
6	5	0.025	2.5	200	1.000
Σ	**200**	**1.000**	**100**		

[4] Das Beispiel wurde modifiziert übernommen aus Bleymüller, Gehlert und Gülicher (1996). Man beachte, dass hier der Begriff der Häufigkeit oder Anzahl im doppelten Sinne gebraucht wird. Dabei ist die Anzahl der verkauften Exemplare das Merkmal dessen Häufigkeit uns im Folgenden interessiert.

Die Erläuterung zu den in der Tabelle verwendeten Abkürzungen und Indizes finden Sie auf der folgenden Seite.

Wir gewinnen mit Hilfe der Tabelle einen Überblick über die Häufigkeitsverteilung des Merkmals ‚Anzahl der verkauften Zeitungen pro Tag (X)'.

Definition: Häufigkeitsverteilungen

Die Menge der Paare von Merkmalsausprägungen und Besetzungshäufigkeiten wird als Häufigkeitsverteilung bezeichnet:

$[(x_1,n(x_1)),..,(x_m,n(x_m))]$ heißt *absolute* Häufigkeitsverteilung.

$[(x_1,h(x_1)),..,(x_m,h(x_m))]$ heißt *relative* Häufigkeitsverteilung.

Die numerische absolute und relative Häufigkeitsverteilung kann durch ein Balken- oder Stabdiagramm grafisch veranschaulicht werden. In den Grafiken sind auf der Ordinate sowohl die $n(x_i)$ (links) als auch die $h(x_i)$ (rechts) abgetragen.

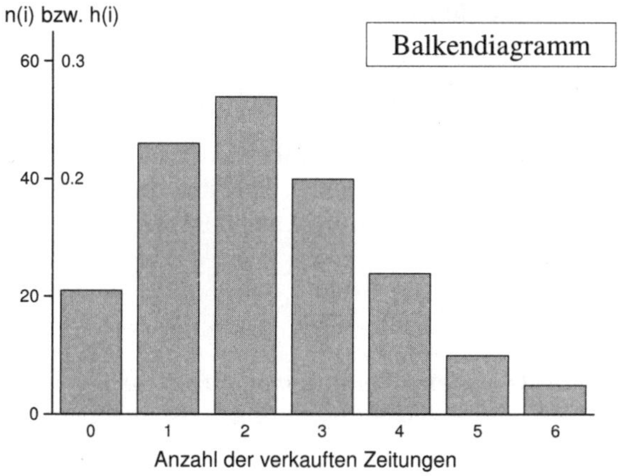

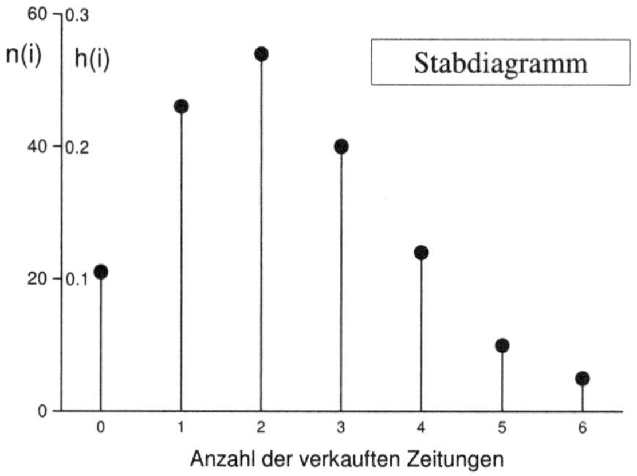

Zur Darstellung der Verteilungen von Merkmalen werden folgende Abkürzungen verwendet:

$x_1 \ldots x_m$ sind die realisierbaren Ausprägungen des diskreten, m-stufigen Merkmals X

$n_i = n(x_i)$ bezeichnet die absolute Häufigkeit der Merkmalsausprägung x_i

$N = \sum_{i=1}^{m} n_i$ entspricht dem Umfang der Gesamtstichprobe

$h_i = h(x_i) = \frac{n_i}{N}$ ist die relative Häufigkeit der Merkmalsausprägung X_i

$0 \leq h_i \leq 1, \quad \sum_{i=1}^{m} h_i = 1$

$P_i = 100\% \cdot h_i$ entspricht dem prozentualen Anteil der Stufe i.

In den letzten beiden Spalten finden sich die absoluten und relativen Summenhäufigkeiten. Diese sind wie folgt definiert

a) $N_i = N(x_i) = n(X \leq x_i) = \sum_{j=1}^{i} n_j$

N_i heißt *absolute kumulierte Häufigkeit* oder *absolute Summenhäufigkeit*. Sie gibt an, wie viele Untersuchungseinheiten die Merkmalsausprägung x_i oder eine geringere Merkmalsausprägung besitzen.

b) $F_i = F(x_i) = h(X \leq x_i) = \sum_{j=1}^{i} h_j = \frac{N_i}{N}$

F_i heißt *relative kumulierte Häufigkeit* oder *relative Summenhäufigkeit*.

$$F(x) = \begin{cases} 0 & \text{für } x < x_1 \\ F_j & \text{für } x_j \leq x \leq x_{j+1} \quad (j = 1,2..m-1) \\ 1 & \text{für } x > x_m \end{cases}$$

m = Anzahl der Merkmalsstufen

F(x) bezeichnet man als empirische Verteilungsfunktion oder Summenhäufigkeitskurve des diskreten Merkmals X. Diese Funktion ist für alle reellen Zahlen definiert, obwohl das Merkmal nur Ausprägungen besitzt, die durch natürliche Zahlen bezeichnet werden. Für die Verwendung der Verteilungsfunktion ist es notwendig, dass eine Ordnungsrelation definiert ist.

Auf der nächsten Seite ist die Verteilungsfunktion grafisch abgebildet. Die offenen Punkte an den Sprungstellen der Funktion deuten an, dass die Funktion an der Sprungstelle selbst den neuen Funktionswert annimmt.

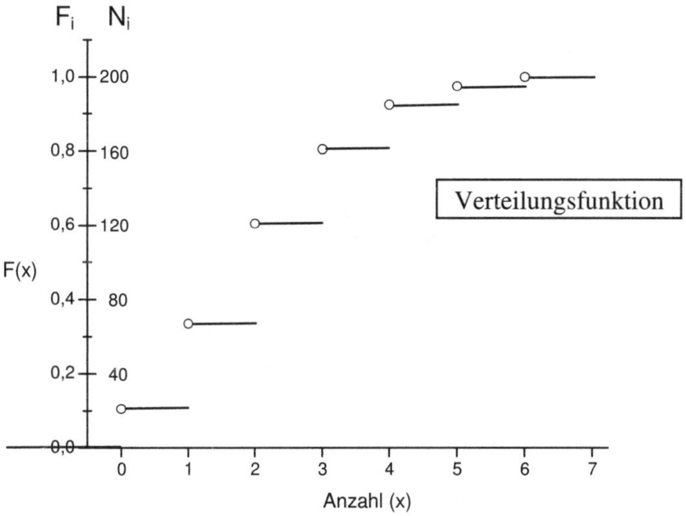

II.B.1.2 Darstellung der Häufigkeitsverteilung nominalskalierter Merkmale

Angenommen, wir fragen 100 Personen, welche Tageszeitung sie präferieren. Außerdem erheben wir das Merkmal ‚Geschlecht'. Hierbei handelt es sich also um zwei Merkmale, die lediglich nominalskaliert sind. Es ergebe sich folgende Urliste.

Befragter	**Präferenz**	**Geschlecht**
1	Süddeutsche	w
2	FAZ	m
3	Westf. Nachr.	m
4	Frankf. Rundschau	w
...	...	...
99	FAZ	w
100	Süddeutsche	m

Erhebt man lediglich nominalskalierte Merkmale, so sollten Darstellungsformen gewählt werden, die nicht den Eindruck vermitteln, dass die Merkmalsstufen in eine Rangreihe gebracht werden können. Es bieten sich folgende grafische Darstellungsformen an:

- Kreisdiagramme (Winkel(i) = $h_i \cdot 360°$)
- Rechteckdiagramme
- Stabdiagramme oder Balkendiagramme (Die Balken sollten sich bei dieser Darstellung nicht berühren (s. unten), da dies den Eindruck einer zu Kategorien zusammengefassten x-Achse erzeugen würde).

Kreisdiagramm

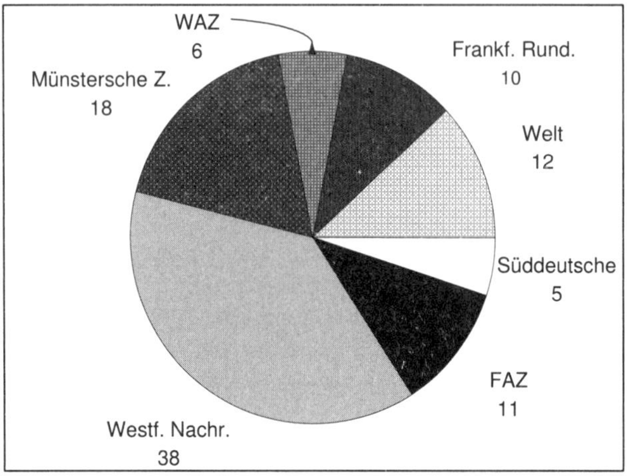

Rechteckdiagramm

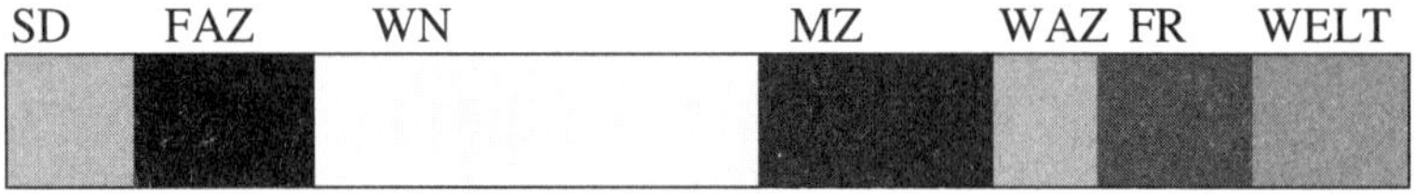

Balkendiagramm

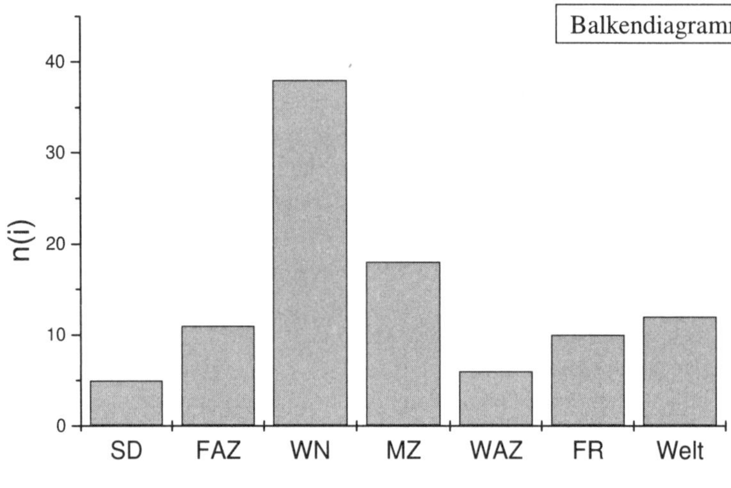

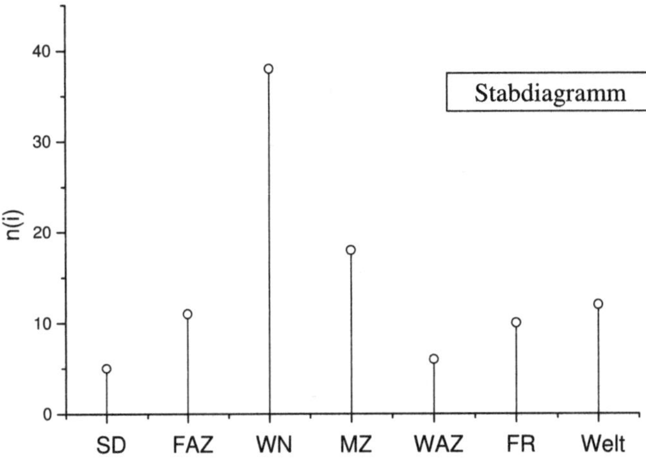

II.B.1.3 Darstellung der Häufigkeitsverteilung stetiger oder quasistetiger, mindestens intervallskalierter Merkmale

Ein Merkmal wird als quasistetig bezeichnet, wenn es zwar diskret gemessen wird, die Merkmalsausprägungen jedoch so fein gestuft sind, dass die ‚Kategorisiertheit' für praktische Zwecke vernachlässigt werden kann. Das Merkmal kann dann als stetig angesehen werden. Zum Beispiel ist die Körpergröße eigentlich ein stetiges Merkmal, es wird aber meist kategorisiert angegeben (d.h. die Merkmalsausprägungen zwischen z.B. 1.795 m und 1.8049 m werden zur Kategorie 1,80 m zusammengefasst).

Angenommen, uns liegt folgende Urliste intervallskalierter Daten vor, die die Berufseignung von 100 Bewerbern repräsentieren soll:

81.8	93.1	100.2	99.9	99.3	76.1	90.2	57.4	115.2	88.7
99.2	76.7	82.9	121.1	108.0	45.1	121.2	134.2	91.7	107.6
94.4	128.5	130.3	72.3	100.5	115.8	119.3	91.1	83.4	133.6
92.7	82.5	94.6	94.3	108.1	128.0	77.7	109.2	82.6	101.5
62.8	91.0	99.7	84.4	102.5	121.3	135.2	98.3	59.1	114.8
64.6	64.3	127.2	93.7	93.6	108.1	109.6	71.9	90.4	73.3
93.6	69.5	95.7	77.2	116.5	80.6	86.7	117.4	60.7	79.2
132.6	120.2	93.6	122.9	101.3	90.9	105.2	90.4	65.5	79.3
96.2	114.7	113.9	127.0	101.1	147.9	122.7	81.93	107.4	95.4
93.6	111.6	80.3	75.5	106.1	86.5	120.7	60.2	114.1	97.7

Bei der Darstellung entsteht folgendes Problem: Wie viele Kategorien sollen gebildet werden, damit man einen geeigneten Überblick über die Form der Datenverteilung bekommt? Durch eine Kategorisierung geht Information verloren, da Objekte innerhalb einer Kategorie später nicht mehr unterscheidbar sind (untere Abbildung); wählt man hingegen die Kategorien zu fein, so ist die Gestalt der Häufigkeitsverteilung nicht erkennbar (obere Abbildung).

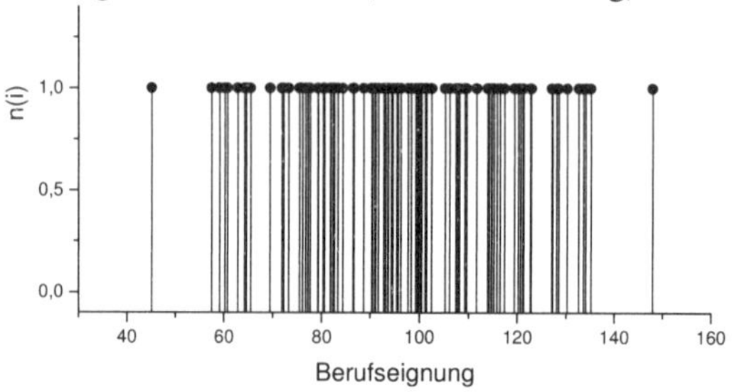

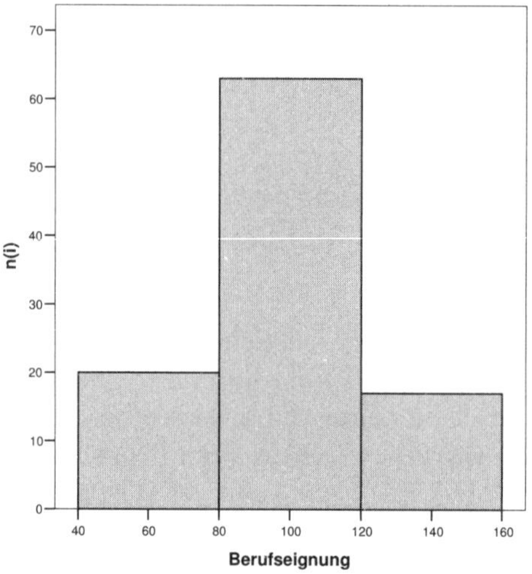

Orientierungshilfen zur Wahl der Kategorienbreiten:

1. Mit wachsender Größe der Stichprobe können kleinere Kategorienbreiten gewählt werden.
2. Je größer die Variationsbreite des Merkmals ist, desto breiter dürfen die Kategorien sein.
3. Sturges (1926) empfiehlt: $m \approx 1 + 3.32 \cdot \log n$,
   wobei m = Anzahl der Kategorien, n = Stichprobenumfang
   (Im obigen Beispiel: $n = 100 \Rightarrow m = 7.64$)
4. Die Kategorienanzahl sollte der Übersichtlichkeit halber nicht größer 20 sein.
5. Alle Kategorien sollten gleich breit sein.

Hat man sich für eine Kategorienanzahl entschieden, so erhält man die Kategorienbreite, indem man die aufgetretene Merkmalsspanne durch die Kategorienanzahl teilt. Wir gehen in unserem Beispiel von der Anzahl der Kategorien aus, die nach der Formel von Sturges empfohlen wird.

Spannweite = x_{max} -x_{min} (im Beispiel: Spannweite = 147.9 - 45.1 = 102.8)

$$\text{Kategorienbreite} = \frac{\text{Spannweite}}{\text{Anzahl der Kategorien}} = \frac{102.8}{7.64} = 13.45$$

Es wäre also günstig, sich für eine Kategorienbreite von 13 zu entscheiden.

Definition halboffener Intervalle:

[a;b[Das Intervall beinhaltet alle Werte von a bis b, wobei a innerhalb der Kategorie und b in der nächst höheren Kategorie liegt.

[45;58[entspricht $\{45 \leq x < 58\}$

Im Beispiel ergibt sich dann:

Intervall (k)	**n(k)**	**N(k)**	**h(k)**	**F(k)**
[45,58[	2	2	0.02	0.02
[58,71[	8	10	0.08	0.10
[71,84[	18	28	0.18	0.28
[84,97[	24	52	0.24	0.52
[97,110[	21	73	0.21	0.73
[110,123[	17	90	0.17	0.90
[123,136[	9	99	0.09	0.99
[136,149[	1	100	0.01	1.00

Geeignete Darstellungsarten sind dann:

- Histogramme: Die einzelnen Balken grenzen direkt aneinander an.
- Stabdiagramme
- Polygonzug: Da das zugrundeliegende Merkmal eigentlich stetig ist, dürfen die den Intervallmitten zugeordneten Häufigkeitswerte direkt miteinander verbunden werden. Der Polygonzug kann auch in das Histogramm oder Stabdiagramm mit eingezeichnet werden.

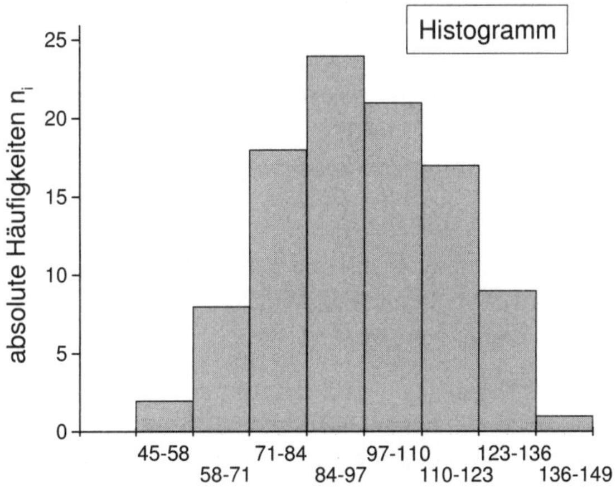

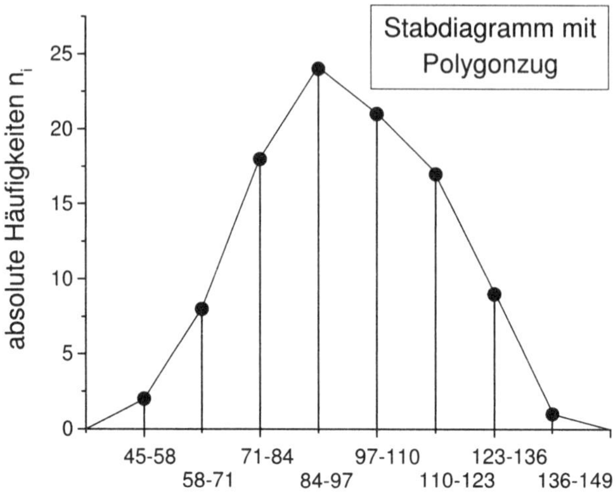

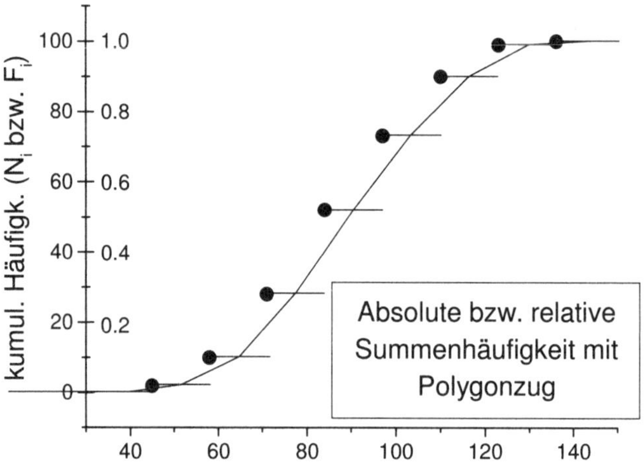

II.B.1.4 Zusammenfassung zur grafischen Darstellung von Daten

A. Nichtkumulierte absolute (n_i) und relative (h_i) Häufigkeiten

Nominalskalierte, qualitative Merkmale:

Kreis- und Rechteckdiagramme, Stab- und Balkendiagramme, wobei bei Balkendiagrammen die Balken nicht aneinander angrenzen und die Anordnung der Balken auf der Abszisse nicht festgelegt ist.

Ordinalskalierte Merkmale:

Stab- und Balkendiagramme, wobei bei Balkendiagrammen die Balken nicht direkt aneinander angrenzen und die Abstände auf der Abszisse nicht festgelegt sind.

Nichtkategorisierte diskrete, mindestens intervallskalierte Merkmale:

Säulen- und Balkendiagramme, wobei die Abstände auf der Abszisse festgelegt sind. Bei Balkendiagrammen dürfen die Balken aneinander angrenzen.

Kategorisierte stetige Merkmale:

Balkendiagramme, bei denen die Balken direkt aneinander angrenzen sollten und die Intervallmitten durch einen Polygonzug verbunden werden dürfen.

B. Kumulierte absolute (N_i) und relative (F_i) Häufigkeiten

Bei Verteilungsfunktionen muss immer deutlich gemacht werden, welcher Kategorie die Kategoriengrenzen zuzuordnen sind. Die Werte müssen immer mindestens ordinalskaliert sein.

Nichtkategorisierte Daten: Verteilungsfunktion (Treppenfunktion)

Kategorisierte stetige Daten: Verteilungsfunktion und Ogive (Polygonzug)

Durchführung mit SPSS: Grafiken. Diehl und Staufenbiehl (2001) beschreiben die Erstellung und den Umgang mit allen Grafiktypen (S. 558-635).

II.B.1.5 Verteilungsarten

Zur Charakterisierung der Gestalt von Merkmalsverteilungen werden normalerweise einige prägnante Eigenschaften angegeben. In den Grafiken auf der folgenden Seite sind die wichtigsten Beurteilungskriterien exemplarisch dargestellt.

- Symmetrisch (z.B. Körpergröße) vs. asymmetrisch (z.B. Einkommen)
- Uni- (Einkommen in der Bundesrepublik), bi- (Einkommen in einer Stadt mit Armenvierteln (z.B. Rio de Janeiro)) und multimodal
- Schmal- vs. breitgipflig (z.B. 100-m-Laufzeiten bei Profisportlern vs. bei untrainierten Personen)
- Linkssteil (rechtsschief) (z.B. Länge der Strecken, die man mit dem Auto zurücklegt: Autos werden meist für Kurzstrecken genutzt. Biermenge, die von einzelnen Partyteilnehmern konsumiert wird, wenn die Konsumenten sich bis auf einige Ausnahmen mäßigen.) vs. rechtssteil (linksschief) (Antwortverteilung auf die Frage: ‚Für wie wahrscheinlich halten Sie es, dass die Regierungskoalition bei der Wahl ’02 wieder die Mehrheit erhält?‘ (‚1‘ ‚sehr unwahrscheinlich‘ bis ‚9‘ ‚sehr wahrscheinlich‘), wenn es wahrscheinlich ist, dass die Koalition gewinnt.)

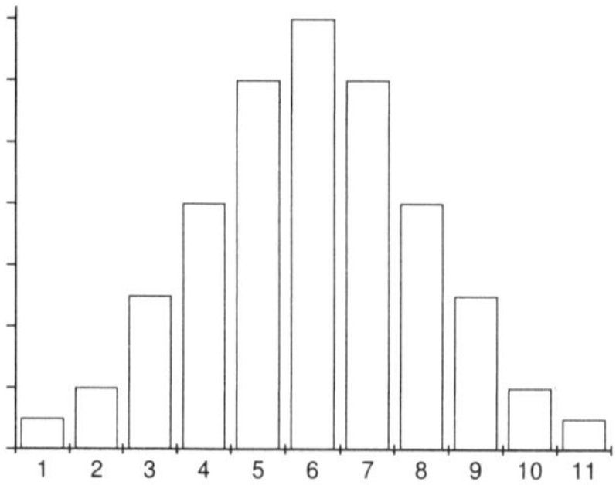

a) unimodal, symmetrisch

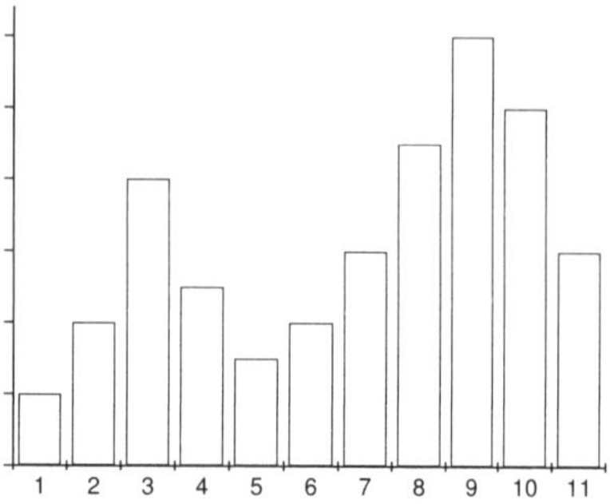

b) bimodal, asymmetrisch

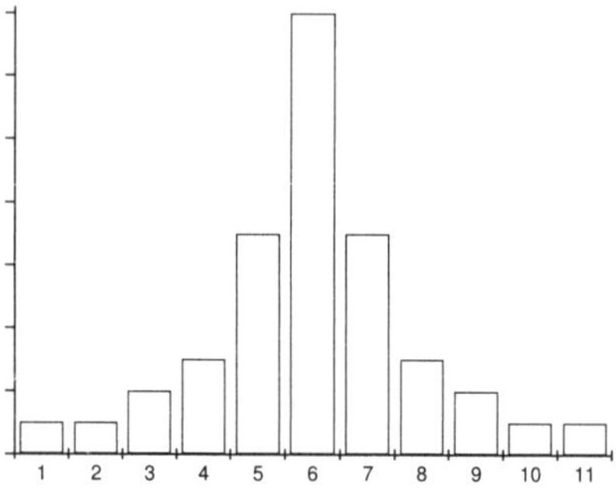

c) unimodal, symmetrisch, schmalgipflig

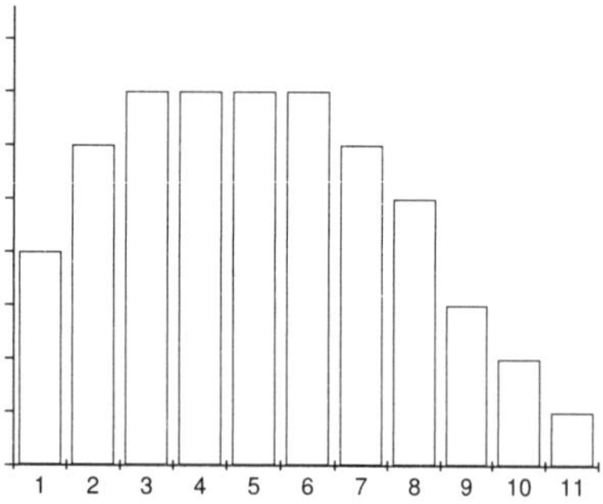

d) unimodal, asymmetrisch, breitgipflig, rechtschief

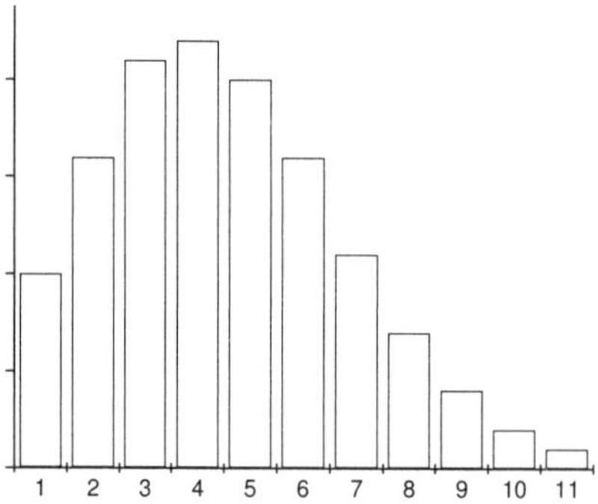

e) unimodal, asymmetrisch, rechtsschief, linkssteil

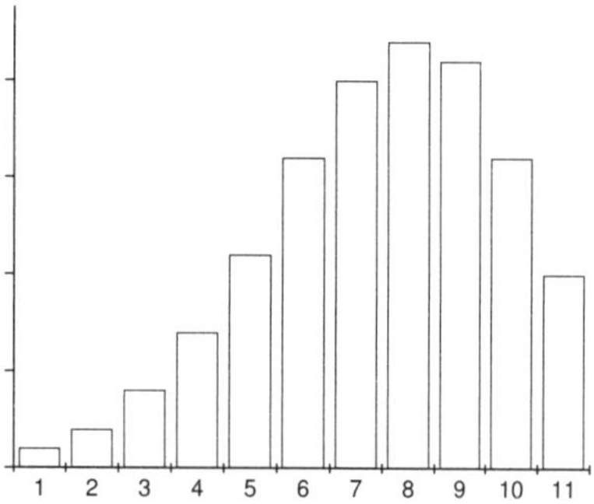

f) unimodal, asymmetrisch, linksschief, rechtssteil

II.B.2 Beschreibung eindimensionaler Häufigkeitsverteilungen durch Maßzahlen (Verteilungskennwerte)

Verteilungskennwerte beschreiben bestimmte Eigenschaften von Merkmalsverteilungen durch einen numerischen Wert. Die Berechnung von Kennwerten oder Koeffizienten ermöglicht meist einen prägnanteren Eindruck von der Verteilung eines Merkmals als die grafische Darstellung. Kennzahlen werden vor allem dazu genutzt, um Datenverteilungen aus unterschiedlichen Stichproben miteinander vergleichen zu können. Ziel solcher Vergleiche ist es zumeist, statistische Entscheidungen zu treffen. Zum Beispiel: Haben zwei Gruppen (z.B. therapierte vs. nicht therapierte Klienten) im Durchschnitt unterschiedliche Ausprägungen in einem abhängigen Merkmal (z.B. emotionale Belastung) (vgl. Band 2 – Abschnitt II.B.3.1)?

Im Folgenden werden Kennziffern beschrieben, die jeweils eine bestimmte Eigenschaft einer Häufigkeitsverteilung widerspiegeln. Die behandelten Koeffizienten lassen sich in eine der folgenden drei Kategorien einordnen:

1) Maße der zentralen Tendenz (Mittelwerte)
Welcher Wert kennzeichnet die Lage des Zentrums einer Verteilung am besten?

2) Maße der Streuung (Dispersion)
Wie kann das Ausmaß an Unterschiedlichkeit bzw. Variabilität in einer Verteilung charakterisiert werden? Wie groß ist in etwa der Fehler, wenn man statt der einzelnen Werte den Mittelwert als Orientierung verwendet?

3) Maße der Schiefe
Ist eine Datenverteilung eher symmetrisch oder asymmetrisch?

Die Berechnung solcher Koeffizienten kann man als eine Art Messung auffassen: Bei Berechnung des Koeffizienten wird einer Eigenschaft oder einem Merkmal einer Werteverteilung (empirisches Relativ) eine Zahl (numerisches Relativ) zugeordnet. Ein Maß der Streuung ist z.B. dann sinnvoll, wenn eine Verteilung mit einer höheren Variabilität auch einen höheren Wert erhält (Homomorphismus).

II.B.2.1 Maße der zentralen Tendenz

II.B.2.1.a Modus oder Modalwert (häufigster Wert)

Der Modus der Verteilung eines diskreten Merkmals X ist diejenige Merkmalsausprägung x_i, die am häufigsten gemessen wird.

$$h(x_{Mod}) = \max\ h(x_i)$$

Es können auch mehrere häufigste Werte (Modi) existieren. Bei multimodalen Verteilungen ist die Angabe des Modus bzw. der Modi wenig aussagekräftig.

Der Modus ist bereits für mindestens nominalskalierte Merkmale eine sinnvolle Maßzahl.

Handelt es sich um ein kategorisiertes stetiges Merkmal, so wird

- ▷ entweder die Kategorienmitte der Modalklasse als Modus angegeben,
- ▷ oder – sofern die Kategorien alle die gleiche Breite haben – die genaue Lage des Modus in der Modalklasse geschätzt:

$$x_{Mod} = x_u + (A \cdot b)/(A + B) .$$

x_u =	untere Grenze der Modalkategorie
A =	Differenz der relativen Häufigkeiten in der Modalkategorie und der nächst niedrigeren Kategorie
B =	Differenz der relativen Häufigkeiten in der Modalkategorie und der nächst höheren Kategorie
b =	Kategorienbreite

Beispiel: Ein kategorisiertes stetiges Merkmal sei wie folgt verteilt (relative Häufigkeiten):

h ([0-10[) = 0.2; h([10-20[) = 0.5; h([20-30[) = 0.3.

$x_{Mod} = 10 + (0.3 \cdot 10) / (0.3 + 0.2) = 16$ □

II.B.2.1.b Der Median (Zentral- oder 50%-Wert) und p-Quantile

Der Median (x_{Med}) einer Verteilung ist der Wert x_i für den gilt, dass 50% aller Werte kleiner oder gleich und 50% aller Werte größer oder gleich sind. Der Median halbiert die Stichprobenverteilung.

Liegt eine ungerade Anzahl von Einzelbeobachtungen vor, so ist der Median der ((N+1)/2)-te Wert der geordneten Reihe. Bei einer geraden Anzahl ist der Median gleich dem arithmetischen Mittel aus dem (N/2)-ten und dem ((N+2)/2)-ten Wert.

Sind einzelne Merkmalsausprägungen mehrfach besetzt, wird als Median der Wert x_i angegeben, bei dem die Verteilungsfunktion den Wert 0.5 überspringt (Medianklasse).
Nimmt die Verteilungsfunktion bei der Merkmalsausprägung x_i den Wert 0.5 selbst an, so gilt: $x_{Med} = 0.5\,(x_i + x_{i+1})$.

Bei klassifizierten, ursprünglich stetigen Merkmalen kann der ‚wahre' Median durch folgenden Näherungswert geschätzt werden:

$$x_{Med} = x_u + b(0.5 - F_{k-1})/h_k$$

wobei x_u = untere Kategoriengrenze der Medianklasse
b = Kategorienbreite

F_{k-1} = Wert der Verteilungsfunktion in der Kategorie unterhalb der Mediankasse
h_k = relative Häufigkeit in der Kategorie k

Beispiel: Gegeben seien die Daten aus dem Abschnitt II.B.1.3.

$x_{Med} = 84 + 13\ (0.5 - 0.28) / 0.24 = 95.92$ □

Der Median kann bei mindestens *ordinalskalierten Daten* angegeben werden.

Der Median hat die Eigenschaft, dass die Summe der absoluten Abweichungen (Betragsabweichungen) minimal wird (s. hierzu auch das Beispiel auf Seite 75-76).

$$\sum_{i=1}^{n} |x_i - a| = \min \Leftrightarrow a = x_{Med}$$

Als p-Quantil wird der kleinste Wert x_i bezeichnet, für den gilt: $F(x_i) \geq p$, d.h. $p \cdot 100\%$ der x-Werte sind kleiner oder gleich x_i.

Spezielle p-Quantile:

- ▷ Der *Median* ist das 0.5-Quantil.
- ▷ Die 0.25-, 0.5-, 0.75- bzw. 1-Quantile werden auch als erstes, zweites, drittes bzw. viertes Quartil bezeichnet.
- ▷ Die 0.1-, 0.2-,..,1-Quantile werden auch als erstes bis zehntes Dezil bezeichnet.
- ▷ Die 0.01-, 0.02-,..,0.99-,1-Quantile werden auch als erstes bis einhundertstes Perzentil bezeichnet.

II.B.2.1.c Das arithmetische Mittel ($\bar{x}$)

Das arithmetische Mittel ist gleich der Summe aller beobachteten Merkmalswerte dividiert durch die Anzahl der Beobachtungen:

$$\bar{x} = \frac{1}{n} \sum_{i=1}^{n} x_i$$

Liegen gruppierte oder künstlich kategorisierte Messwerte vor, so kann für die Berechnung das gewogene arithmetische Mittel angewendet werden:

$$\bar{x} = \frac{1}{n} \sum_{i=1}^{k} n_i \cdot x_i = \sum_{i=1}^{k} h_i \cdot x_i$$

h_i = relative Häufigkeit der Merkmalsausprägung x_i
k = Anzahl der Merkmalsausprägungen x_i

Das arithmetische Mittel ist das Maß, das im allgemeinen Sprachgebrauch als ‚Durchschnitt' bezeichnet wird. Es darf nur bei Daten, die zumindest *Intervallskalenqualität* besitzen, berechnet werden.

Beispiel: Für die Daten aus Abschnitt II.B.1.3 würde das arithmetische Mittel wie folgt berechnet:

Auf Ebene der Einzelwerte:

$$\bar{x} = \frac{1}{n}\sum_{i=1}^{n} x_i = (1/100)\cdot(81.8 + 99.2 + \ldots + 105.2) = 97.34$$

Auf Ebene der kategorisierten Werte wird jeder Einzelwert mit dem Mittelwert der Kategorie gleichgesetzt:

$$\bar{x} = \frac{1}{n}\sum_{i=1}^{k} n_i \cdot x_i = \frac{1}{100}((2\cdot 51.5) + (8\cdot 64.5) + \ldots + (1\cdot 142.5))$$

$$= 0.02\cdot 51.5 + 0.08\cdot 64.5 + \ldots + 0.01\cdot 142.5 = \sum_{i=1}^{k} h_i \cdot x_i = 96.74$$

□

Die drei wichtigsten Eigenschaften des arithmetischen Mittels:

1) Die Summe der Abweichungen der x_i vom arithmetischen Mittel ist gleich 0

$$\sum_{i=1}^{n}(x_i - \bar{x}) = 0$$

Das arithmetische Mittel ist am aussagekräftigsten bei symmetrischen, unimodalen Verteilungen. Insbesondere gilt dies, wenn die ‚wahre' Merkmalsausprägung μ_i jeder Person i additiv von einem unsystematischen, symmetrisch verteilten Zufallsfehler e überlagert wird.

$$x_{ij} = \mu_i + e_{ij}$$

Möchte man z.B. die Konzentrationsfähigkeit einer Person messen, so ist davon auszugehen, dass diese Person zu verschiedenen Zeitpunkten j aufgrund von unsystematischen situativen Bedingungen (Tageszeit, Lärm, körperliches Wohlbefinden usw.) unterschiedliche Werte in einem Konzentrationstest erhalten wird. Trotzdem glaubt man, dass es so etwas wie eine ‚wahre' Konzentrationsfähigkeit μ_i dieser Person gibt. Die Abweichung des zum Zeitpunkt j gemessenen Wertes x_{ij} von diesem Wert μ_i bezeichnet man dann als Fehler e_{ij}. Abweichungen vom ‚wahren' Wert sind auf unkontrollierte situative Einflüsse zurückzuführen. Wenn diese situativen Einflüsse gleich häufig zu ähnlich großen Verbesserungen und Verschlechterungen führen, kann man davon ausgehen, dass sich diese situativen Einflüsse bei sehr vielen Beobachtungen gegenseitig nivellieren.

> Gilt dieses Modell nicht, so wird die Aussagekraft des arithmetischen Mittels eingeschränkt. Dies ist insbesondere dann der Fall, wenn eine multimodale Verteilung vorliegt oder Ausreißerwerte in der Stichprobe vorhanden sind. (s. Beispiel auf Seite 78)

2) Die Summe der quadrierten Abweichungen der x_i vom arithmetischen Mittel ist minimal. D.h. für jeden anderen Wert ist die Summe der quadrierten Abweichungen größer als für das arithmetische Mittel.

$$\sum_{i=1}^{n}(x_i - a)^2 = \min \Leftrightarrow a = \bar{x}$$

Um dies zu beweisen, muss mit Hilfe einer Kurvendiskussion das Minimum der Funktion

$$QS(a) = \sum_{i=1}^{n}(x_i - a)^2$$

(QS = Quadratsumme) bestimmt werden. Ein Minimum liegt dann vor, wenn die erste Ableitung gleich 0 und die zweite Ableitung positiv ist.

$$\frac{\partial\, QS(a)}{\partial\, a} = \sum_{i=1}^{n} -2(x_i - a) = 0 \qquad \Leftrightarrow \sum_{i=1}^{n} x_i - \sum_{i=1}^{n} a = 0$$

$$\Leftrightarrow \sum_{i=1}^{n} x_i = n \cdot a \Leftrightarrow \frac{1}{n}\sum_{i=1}^{n} x_i = a \Leftrightarrow \quad a = \bar{x}$$

$$\frac{\partial\, ''QS(a)}{\partial\, a} = \sum_{i=1}^{n} 2 = 2 \cdot n > 0$$

3.) Werden die Einzelwerte x_i linear transformiert, so unterliegt das arithmetische Mittel der gleichen Transformation.

$$y_i = b_0 + b_1 \cdot x_i \Rightarrow \bar{y} = b_0 + b_1 \cdot \bar{x}$$

An einem sehr einfachen Beispiel sollen die wichtigsten Eigenschaften der Maße der zentralen Tendenz nochmals zusammenfassend beschrieben werden.

Angenommen, es liegen 5 Messwerte x_i vor.

x_i	$(x_i - 5.6)$	$(x_i - 6)$	$\|x_i - 5.6\|$	$\|x_i - 6\|$	$(x_i - 5.6)^2$	$(x_i - 6)^2$
3	-2.6	-3	2.6	3	6.76	9
6	+0.4	0	0.4	0	0.16	0
8	+2.4	+2	2.4	2	5.76	4
6	+ 0.4	0	0.4	0	0.16	0
5	-0.6	-1	0.6	1	0.36	1
$\bar{x} = 5.6$	**$\Sigma = 0$**	**$\Sigma = -2$**	**$\Sigma = 6.4$**	**$\Sigma = 6$**	**$\Sigma = 13.2$**	**$\Sigma = 14$**

Modus = 6 Median = 6 $\bar{x} = \frac{3+6+8+6+5}{5} = 5.6$

Für das arithmetische *Mittel* ist die *Summe der Abweichungen* der Rohwerte gleich 0 (2. Spalte). Für alle anderen Zahlen gilt dies nicht: Zum Beispiel ist diese Summe für den Median = -2 (3. Spalte).

Für den Median ist die *Summe der Betragsabweichungen* minimal (5. Spalte, $\Sigma = 6$): Berechnet man z.B. die Summe der Betragsabweichungen für das arithmetische Mittel (4. Spalte), so erhält man mit 6.4 einen höheren Wert.

Trotzdem ist die *Summe der quadrierten Abweichungen* vom arithmetischen Mittel (6. Spalte) geringer als die Summe der quadrierten Abweichungen vom Median (7. Spalte) [13.2 < 14].

In der folgenden Abbildung sind die Summe der quadrierten Abweichungen und die Summe der Absolutabweichungen von dem Wert a als Funktion von a abgetragen. Das Minimum der Funktion QS liegt genau bei $a = \bar{x} = 5.6$, das Minimum der Funktion der Summe der Betragsabweichungen liegt beim Median $a = 6.0$.

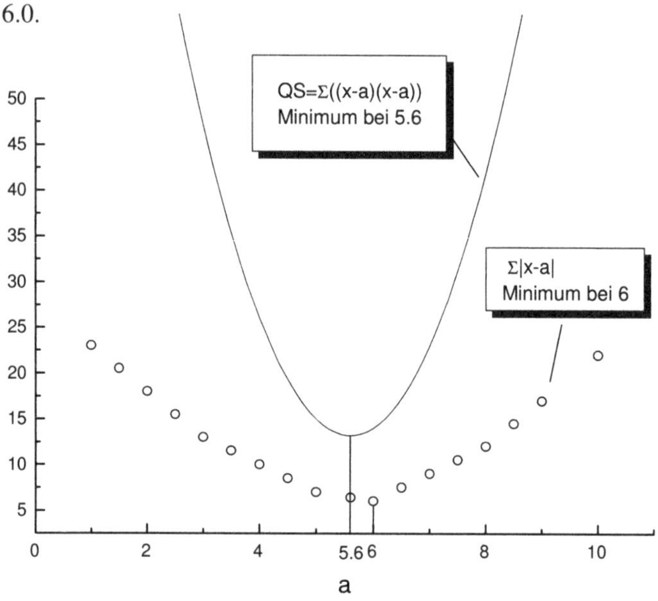

Angenommen, einer der 5 Einzelwerte 3, 5, 6, 6, 8 soll *zufällig* gezogen werden. Wenn man einen konstanten Wert als Schätzung dafür angeben soll, welche Zahl ausgewählt wird, so wird man den geringsten durchschnittlichen Fehler begehen, wenn man den Median ‚6' wählt. Nach dem *Kriterium der kleinsten Absolutabweichung* ist der Median der beste Schätzwert.

Quadriert man hingegen die Fehler, so wird man durchschnittlich den geringsten ‚quadrierten Fehler' begehen, wenn man das arithmetische Mittel ‚5.6' als Schätzung angibt. Deshalb bezeichnet man das arithmetische Mittel als optimalen Schätzer nach dem *Kriterium der kleinsten Quadrate*.

Kriterium der kleinsten Absolutabweichung: Der Median ist der optimale Schätzwert, wenn ein fester Wert gesucht wird, zu dem die x_i-Werte im Durchschnitt eine möglichst geringe Differenz aufweisen.

Kriterium der kleinsten Quadrate: Das arithmetische Mittel ist der optimale Schätzwert, wenn ein fester Wert gesucht wird, für den gelten soll, dass die quadrierte Differenz zu den x_i-Werten im Durchschnitt möglichst gering ist.

Beispiel: Das arithmetische Mittel führt zu nicht interpretierbaren Aussagen, wenn es bei eindeutig nur ordinalskalierten Merkmalen berechnet wird. Angenommen, wir wollen die Fachkompetenz zweier Politiker mit Hilfe einer Ordinalskala erheben, bei der die Äquidistanz der Skalenpunkte grob verletzt ist.

,Wie würden Sie die Fachkompetenz der folgenden Politiker einschätzen?'
1 – sehr niedrig 2 – eher hoch 3 – hoch 4 – sehr hoch

	1 **sehr niedrig**	**2** **eher hoch**	**3** **hoch**	**4** **sehr hoch**
Politiker A	16	3	6	6
Politiker B	2	26	3	0

Das arithmetische Mittel ist für A gleich 2.06 und für Politiker B gleich 2.03. Obwohl Politiker A von mehr als der Hälfte der Befragten als ,sehr niedrig' und nur von 6 als ,sehr hoch' fachkompetent eingeschätzt wird, liegt das arithmetische Mittel zwischen ,eher hoch' und ,hoch'. Obwohl B von fast allen als ,eher hoch' und ,hoch' kompetent angesehen wird, drückt sich diese allgemein bessere Einschätzung nicht im arithmetischen Mittel aus. Der Median und der Modus würden das tatsächliche Meinungsbild angemessener charakterisieren.

Politiker A: Modus = Median = 1 (,sehr niedrig')
Politiker B: Modus = Median = 2 (,eher hoch')

Läge eine Skala vor, bei der die Gleichabständigkeit (Äquidistanz) der Skalenpunkte nicht so sehr verletzt wäre, würde bei der gleichen Datenverteilung die Berechnung des arithmetischen Mittels nicht ganz so irreführend sein.

1 – sehr niedrig 2 – niedrig 3 – eher niedrig 4 – unentschieden
5 – eher hoch 6 – hoch 7 – sehr hoch

	1	**2**	**3**	**4**	**5**	**6**	**7**
A	16				3	6	6
B	2				26	3	0

A: arithmetisches Mittel = 3.52 (,eher niedrig' – ,unentschieden')
Modus = Median = 1 (,sehr niedrig')
B: arithmetisches Mittel = 4.84 (,eher hoch')
Modus = Median = 5 (,eher hoch')

Da die vorgenommene Transformation monoton steigend ist (die Rangreihe bleibt erhalten), wirkt sie sich nicht auf die Informationen aus, die die Maße für ordinalskalierte Werte liefern. Die Transformation ist aber nicht linear bzw. distanzerhaltend: Deshalb verändert sich die Interpretation des arithmetischen Mittels.

□

Beispiel: Zur mangelhaften Aussagekraft des arithmetischen Mittels bei Ausreißerwerten.

Angenommen, unter 30 Studenten befinden sich 29 Studenten mit einem monatlichen Finanzbudget zwischen 400 bis 700 €. Das Einkommen verteile sich in etwa symmetrisch um den Wert 550 €, so dass das arithmetische Mittel dieser 29 Personen ungefähr gleich diesem Wert ist und das Zentrum der Verteilung sehr gut kennzeichnet. Der dreißigsten Person sei jedoch ein sehr viel günstigeres Schicksal beschieden, so dass diese mit monatlich 5.000 € einen für die übrigen 29 Studenten reichlich unrepräsentativen Wert beisteuert. Der dann resultierende Mittelwert von ca. 700 € charakterisiert zwar die Werteverteilung nach dem Kriterium der kleinsten Quadrate optimal, aber als Orientierung zur Schätzung der Einzelwerte ist er fast nutzlos: Das Budget von 29 Studenten wird im Allgemeinen deutlich überschätzt und das der dreißigsten Person extrem unterschätzt. Der Median wäre hier aussagekräftiger, da dieser durch den einen Ausreißerwert, wie sich leicht nachvollziehen lässt, unbeeinflusst bleibt!

□

2. Aufgabenblock (Lösungen: www.statistik-fuer-psychologen.de)

Sie haben bei 50 Studenten die Merkmale ‚Studienfach‘ und ‚Abiturnote‘ erhoben. Bitte stellen Sie die Daten (für jedes einzelne Merkmal getrennt) tabellarisch (absolute, relative und kumulierte Häufigkeiten) und grafisch in geeigneter Weise dar. Fassen Sie dabei die Abiturnoten zu Kategorien mit günstiger Breite zusammen. Berechnen Sie für beide Merkmale auf Ebene der Kategorien geeignete Maße der zentralen Tendenz.

jura	2.5	lehr	2.5	phys	2.5	geog	2.7
phys	2.9	jura	3.6	lehr	2.7	lehr	1.5
psy	2.7	phys	2.3	bwl	1.8	poli	2.8
lehr	2.5	germ	2.1	germ	2.4	math	2.3
psy	1.1	lehr	3.3	jura	1.8	poli	2.6
psy	2.2	math	1.7	bwl	3.0	lehr	2.3
psy	1.3	bwl	3.2	lehr	2.0	lehr	2.5
psy	3.7	germ	2.6	bwl	2.4	phys	1.7
psy	2.5	psy	1.9	math	1.8	math	3.8
phys	2.5	psy	2.4	lehr	2.9	bwl	2.6
poli	2.3	phys	2.6	jura	1.4	math	2.1
psy	2.5	lehr	3.2	lehr	3.2	math	1.5
lehr	3.1	bwl	2.8				

Einschub: Logarithmus

$\log_b a$ ist die eindeutig bestimmte Zahl x mit der man b potenzieren muss, um a zu erhalten.

$\log_b a = x \Longleftrightarrow b^x = a$ (z.B.: $\log_2 8 = 3$, da $2^3 = 8$)

Dekadischer Logarithmus: $\log_{10} a := \lg a$

Natürlicher Logarithmus: $\log_e a := \ln a$ (e(Euler'sche Zahl)=2.71828...)

Zweierlogarithmus: $\log_2 a := \mathrm{ld}\, a$

Für den Logarithmus gelten folgende Rechengesetze:

$\log(u \cdot v) = \log u + \log v$

$\log(u/v) = \log u - \log v$

$\log u^z = z \log u$

II.B.2.1.d Vertiefung: Das geometrische Mittel

$$\overline{x}_{geo} = \sqrt[n]{x_1 \cdot \ldots \cdot x_n}$$

$$\log(\overline{x}_{geo}) = \frac{1}{n}\left(\log(x_1) + \ldots + \log(x_n)\right)$$

Das geometrische Mittel darf nur bei mindestens verhältnisskalierten Daten berechnet werden (alle $x_i > 0$).

Wächst oder zerfällt der Wert einer Variablen mit einer nur zufällig schwankenden Rate (exponentielles Wachstum oder exponentieller Zerfall), so lässt sich die durchschnittliche Veränderung am geeignetesten durch das geometrische Mittel schätzen. Bei solchen Prozessen hängen aufeinander folgende Merkmalsausprägungen multiplikativ zusammen.

Beispiel: Eine Bakterienkultur wächst in einer Zeiteinheit im Durchschnitt um 50%. Die Zuwachsrate schwankt zufällig. In fünf aufeinander folgenden Zeiteinheiten werden folgende Populationsbestände gemessen.

Bestand	1000	1800	2520	3276	4586
Veränderungsfaktor		1.8	1.4	1.3	1.4
Zuwachs		800	720	756	1305

Um den durchschnittlichen Veränderungsfaktor zu bestimmen, wollen wir zum Vergleich das arithmetische und das geometrische Mittel berechnen.

$$\overline{x}_{AM} = \frac{1.8 + 1.4 + 1.3 + 1.4}{4} = 1.4750 \text{ bzw. } \overline{x}_{geo} = \sqrt[4]{1.8 \cdot 1.4 \cdot 1.3 \cdot 1.4} = 1.4634$$

Multipliziert man den Bestand der Ausgangspopulation (n_0) viermal mit diesen Mittelwerten, so sollte sich der Bestand der Population nach dem vierten Zeitabschnitt ergeben.

$$n_0 \cdot \bar{x}_{AM}{}^4 = 1000 \cdot 1.475^4 = 4733$$

$$n_0 \cdot \bar{x}_{geo}{}^4 = 1000 \cdot 1.4634^4 = 4586$$

Man sieht, dass bei Verwendung des geometrischen Mittels der Wert vorhergesagt wird, der tatsächlich aus den gemittelten Wachstumsraten resultiert.

□

Exkurs: Ein Beispiel aus der Psychophysik

Das geometrische Mittel wird außerdem angewendet, wenn es durch ein spezifisches Messmodell begründet werden kann. Beispielsweise gilt nach dem Weber-Fechner-Gesetz, dass in der menschlichen Wahrnehmung die Empfindungsstärke ψ (psi) nicht linear mit der Reizintensität φ (phi) zunimmt. Gustav Fechner (1860) stellte fest, dass die Empfindungsstärke $\psi(\varphi)$ [psi (phi)] recht gut als logarithmische Funktion der Reizstärke φ beschreibbar ist:

$$\psi(\varphi) = a \cdot \log\left(\frac{\varphi}{b}\right)$$

Angenommen, es gelte bei der Wahrnehmung von Druckempfindungen durch die Haut ($\psi(\varphi)$, wobei φ die physikalische Druckstärke des Reizes in einer willkürlichen Einheit repräsentiert) folgende Beziehung:

$$\psi(\varphi) = 0.3 \cdot \log\left(\frac{\varphi}{0.1}\right)$$

In der folgenden Grafik ist der Verlauf der Funktion abgebildet.

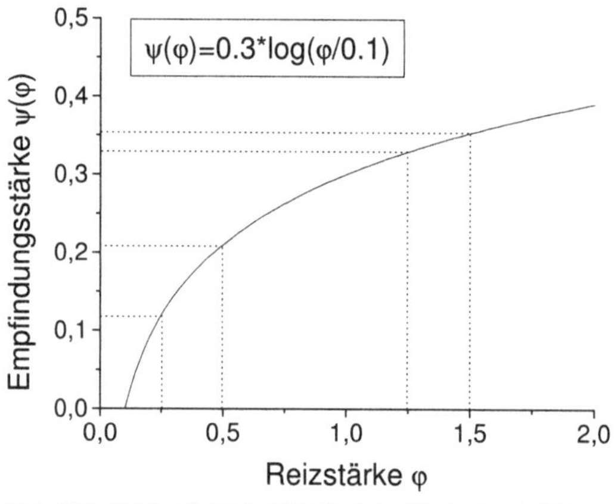

Für schwache Reize gilt, dass kleine Veränderungen der Reizstärke (Abszisse) einen deutlicheren Empfindungsunterschied (Ordinate) auslösen als dies bei starken Reizen der Fall ist. Zum Beispiel gilt für die Wahrnehmung der physikalisch gleichen Reizdifferenzen 0.25 und 0.5 sowie 1.25 und 1.5:

$[(\psi(.5)=.21)-(\psi(.25)=.12)]=.09 > [(\psi(1.5)=.35)-(\psi(1.25)=.33)] = .02$

Dies entspricht anschaulich der Erfahrung, dass zwei Trompeten sich deutlich lauter anhören als eine Trompete. Hingegen ist der Unterschied zwischen 49 und 50 Trompeten kaum hörbar, obwohl die Differenz der Reizstärken gleich bleibt. Der Unterschied zwischen einem 10 Gramm Gewicht und einem 100 Gramm Gewicht ist deutlich wahrnehmbar. In der Wahrnehmung macht es jedoch keinen Unterschied, ob man ein 30 kg schweres Gewicht oder ein 30.09 kg schweres Gewicht anheben soll.

Fragt man sich nun, welche Reizstärke eine Empfindung auslöst, die genau der mittleren Empfindung entspricht, die zwei Reize der Stärke $\varphi = 0.5$ und $\varphi = 5$ auslösen, so wäre es falsch, das arithmetische Mittel der Reizstärken $\varphi = 2.75$ als Lösung anzugeben.

$\psi(0.5) = 0.21 \qquad \psi(5) = 0.51$

$$\psi(2.75) = 0.43 \qquad \psi(?) = \frac{0.21 + 0.51}{2} = 0.36$$

Wir suchen also die Reizstärke, die eine Empfindung von 0.36 auslöst.

Allgemein lässt sich zeigen, dass das arithmetische Mittel der Empfindungsstärken genau durch das geometrische Mittel der Reizstärken erzeugt wird.

$$\overline{\psi} = \frac{\psi_1 + \psi_2}{2} = \frac{1}{2}\left(a \cdot \log\left(\frac{\varphi_1}{b}\right) + a \cdot \log\left(\frac{\varphi_2}{b}\right)\right)$$

$$= \frac{a}{2} \cdot (\log(\varphi_1) - \log(b) + \log(\varphi_2) - \log(b))$$

$$= \frac{a}{2} \cdot (\log(\varphi_1) + \log(\varphi_2) - 2 \cdot \log(b))$$

$$= \frac{a}{2} \cdot (\log(\varphi_1 \cdot \varphi_2) - 2 \cdot \log(b)) = a \cdot \left(\frac{1}{2} \cdot \log(\varphi_1 \cdot \varphi_2) - \frac{1}{2} \cdot 2 \cdot \log(b)\right)$$

$$= a \cdot \left(\log(\varphi_1 \cdot \varphi_2)^{1/2} - \log(b)\right) = a \cdot \log\left(\frac{(\varphi_1 \cdot \varphi_2)^{1/2}}{b}\right)$$

In unserem Beispiel gilt also:

$$\overline{\psi} = 0.36 = \frac{0.21 + 0.51}{2} = 0.3 \cdot \log\left(\frac{1.58}{0.1}\right) = 0.3 \cdot \log\left(\frac{(0.5 \cdot 5)^{1/2}}{0.1}\right) = \psi(\overline{\varphi}_{geo})$$

Die Abbildung verdeutlicht nochmals grafisch die Lösung des Problems:

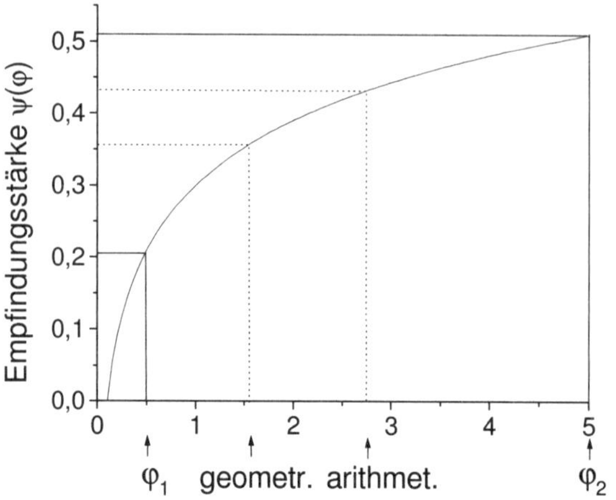

Durchführung mit SPSS: Analysieren – Deskriptive Statistiken – Häufigkeiten. Berechnung von Modus, Median, AM sowie Perzentilen und Quartilen (s. Diehl & Staufenbiehl, 2001, S.102).

II.B.2.2 Maße der Streuung

Gemeinhin glaubt man, dass die Maße der zentralen Tendenz ausreichend sind, wenn man Statistiken interpretiert. Ein Beispiel: '60-jährige haben eine geringere Konzentrationsfähigkeit als 40-jährige'. Dabei beachtet man häufig nicht den Aspekt, dass solche Aussagen eine mehr oder weniger große Bedeutsamkeit oder Zuverlässigkeit besitzen, je nachdem wie stark die Ausprägung in einem Merkmal variiert.

Es ist ja nicht so, dass in der Gruppe der 40-jährigen bzw. in der Gruppe der 60-jährigen alle dieselbe Konzentrationsfähigkeit besitzen: In der Tat wird man, wenn man jeweils eine 40- mit einer 60-jährigen Person vergleicht, manchmal feststellen können, dass die 60-jährige Person in einem Konzentrationstest besser abschneidet als die 40-jährige Person. Hat man einen Unterschied zwischen Gruppen festgestellt, wird sich diese Tendenz nicht immer zeigen, wenn man einzelne Repräsentanten dieser Gruppen miteinander vergleicht. Wäre die Gruppe der 40-jährigen hinsichtlich ihrer Konzentrationsfähigkeit sehr ähnlich und würden sich die 60-jährigen ebenfalls wenig voneinander unterscheiden, dann wäre ein gefundener Unterschied zwischen den beiden Gruppen bedeutsamer als wenn die beiden Gruppen in sich sehr heterogene Ausprägungen besäßen. Im besten Falle sollten sich die Werteverteilungen der beiden Gruppen nicht überlappen, denn dann würde der behauptete Unterschied auch für alle Einzelvergleiche gelten.

Wissen Sie von einem 10-jährigen Kind, dass es in einem Test zur Sprachentwicklung einen Wert von 40 erzielt hat, sagt dieser Wert an sich überhaupt nichts aus. Wissen Sie, dass der Mittelwert aller 10-jährigen bei 50 liegt, können Sie daraus nur schließen, dass der Testwert des Kindes unterdurchschnittlich ist. Wenn Ihnen nun noch die Information gegeben wird, dass ‚normal' entwickelte Kinder Werte zwischen 20 und 80 besitzen, werden Sie sich weniger Sorgen um das Kind machen, als wenn sie wüssten, dass die Werte ‚normal' entwickelter Kinder zwischen 45 und 55 streuen.

Wenn jemand an einer Therapie teilnimmt, ist es für ihn nicht nur wichtig zu wissen, dass es Patienten nach der Therapie im Durchschnitt besser geht: Eine Therapie kann um so eher empfohlen werden, je zuverlässiger diese Besserung eintritt. Von hoher Zuverlässigkeit würde man sprechen, wenn für *alle* Patienten eine *ähnliche* Besserung beobachtet werden könnte. Von einer durchschnittlichen Besserung könnte man auch dann ausgehen, wenn sich lediglich die Befindlichkeit einzelner Patienten bessern würde. Wirkt eine Therapie bei 3 von 10 Patienten wird sich der Mittelwert der Befindlichkeit in dieser Gruppe erhöhen. Diese Verbesserung wäre jedoch nicht zuverlässig, da die Variabilität des Therapieerfolges zu hoch ist.

Bevor wir Lösungsansätze für die geschilderten Probleme (relative Lage von Einzelwerte in einer Merkmalsverteilung sowie Stärke eines Mittelwertsunterschiedes im Verhältnis zur Merkmalsstreuung) in den Abschnitten II.B.3 und 4 behandeln, wollen wir uns zunächst allgemein mit der mit der Frage beschäftigen, wie sich die Unterschiedlichkeit oder Variabilität von Merkmalsausprägungen messen lässt.

Dies geschieht durch die Definition von Maßen der Streuung. Diese

- charakterisieren die Variabilität eines Merkmals. Sie lassen eine Aussage darüber zu, wie homogen eine Stichprobe ist bzw. wie ähnlich die Mitglieder hinsichtlich des gemessenen Merkmals sind.
- erlauben es, die Güte einer Schätzung bzw. die Zuverlässigkeit einer Prognose zu beurteilen.

II.B.2.2.a Streuungsmaße für mindestens ordinalskalierte Messwerte: Spannweite (Range) und Quartilsabstand (Interquartilbereich)

Die Spannweite R ist als Differenz des größten und des kleinsten beobachteten Wertes definiert:

$$R = x_{max} - x_{min}$$

Die Spannweite verliert insbesondere dann an Aussagekraft, wenn Ausreißerwerte in der Stichprobe vorhanden sind.

Der Quartilsabstand gibt die Differenz zwischen dem dritten und dem ersten Quartil der Verteilung an:

$$Q_{dif} = Q_3 - Q_1 = P_{75} - P_{25}$$

In einem sogenannten 'Box-and-Whisker-Plot' werden der Median (mittlere vertikale Linie innerhalb der 'Box'), der Interquartilbereich (Bereich innerhalb der 'Box') und die Spannweite (Bereich zwischen den Enden der horizontalen Linie) zusammengefasst dargestellt.

Ausreißerwerte werden in der Darstellung separat als Punkte abgebildet und auch bei der Berechnung der Streuungsmaße nicht berücksichtigt. Als Ausreißerwerte werden solche Werte bezeichnet, die sehr untypisch für die Verteilung des Merkmals sind, weil sie außergewöhnlich weit vom Mittelwert entfernt liegen (z.B. mehr als eine Box-Breite (Interquartilabstand) unter- oder oberhalb der Box (Interquartilbereich)). Die folgende Abbildung stellt die Datenverteilung des Beispiels aus Abschnitt II.B.1.3 als Box-Plot dar.

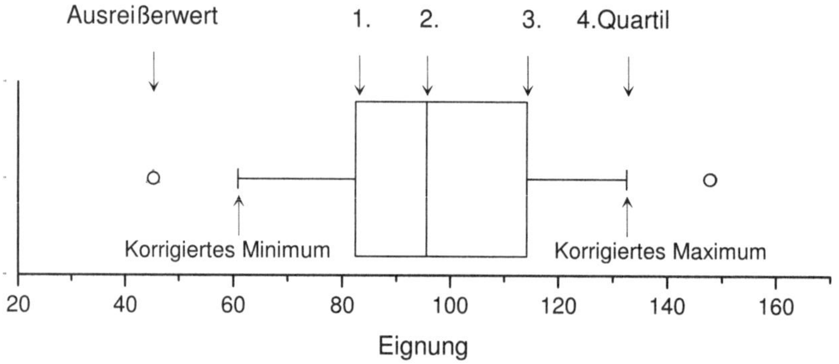

II.B.2.2.b Streuungsmaße für mindestens intervallskalierte Messwerte: Die mittlere absolute Abweichung, die Varianz und die Streuung

Die mittlere absolute Abweichung und die Varianz sind definiert als:

$$\overline{x}_{MAD} = \frac{1}{n}\sum_{i=1}^{n}(|x_i - \overline{x}|) \qquad \overline{x}_{MAD} = \sum_{i=1}^{k}(h_i \cdot |x_i - \overline{x}|)$$

Die mittlere absolute Abweichung gibt an, wie weit die Elemente einer Verteilung im Durchschnitt vom arithmetischen Mittel der Verteilung abweichen. Dabei wird der Absolutbetrag der Abweichung verwendet, da die Summe der Abweichungen vom arithmetischen Mittel stets gleich 0 ist (s. II.B.2.1.c).

Die Stichprobenvarianz einer Merkmalsverteilung (s^2) ist definiert als durchschnittliche quadrierte Abweichung der Einzelwerte vom arithmetischen Mittel.

$$s^2 = \frac{1}{n}\sum_{i=1}^{n}(x_i - \overline{x})^2$$

Eine äquivalente Berechnungsformel, die mit weniger Rechenaufwand verbunden ist, lautet:

$$s^2 = \frac{1}{n}\left(\sum_{i=1}^{n} x_i^2\right) - \overline{x}^2$$

Möchte man aufgrund einer Stichprobe des Umfangs n, die wahre Varianz der Population (σ^2) schätzen, so muss die Berechnungsformel korrigiert werden:

$$\hat{\sigma}^2 = \frac{1}{n-1}\sum_{i=1}^{n}(x_i - \overline{x})^2$$

Diese Korrektur muss erfolgen, da die beste Schätzung der Populationsvarianz $\hat{\sigma}^2$ definiert ist als die durchschnittliche quadrierte Abweichung der Einzelwerte vom Populationsmittelwert μ (s. hierzu auch Band 2 – Abschnitt II.A.1.4):

$$\sigma^2 = \frac{1}{n}\sum_{i=1}^{n}(x_i - \mu)^2$$

Da die Summe der quadrierten Abweichungen von $\overline{x}$ minimal ist und $\overline{x}$ von μ zufallsbedingt abweicht, würde die Populationsvarianz durch die Stichprobenvarianz folglich systematisch unterschätzt: Dieser Fehler wird durch das Dividieren durch n-1 anstatt durch n korrigiert.

Es gilt: $s^2 = \frac{n-1}{n}\hat{\sigma}^2$ $\qquad$ $\hat{\sigma}^2 = \frac{n}{n-1}s^2$

Kommen einzelne Werte x_i mehrfach vor, so vereinfacht sich die Berechnung:

$$s^2 = \sum_{i=1}^{k} h_i (x_i - \overline{x})^2 \quad \text{bzw.} \quad \hat{\sigma}^2 = \frac{1}{n-1}\sum_{i=1}^{k} n_i (x_i - \overline{x})^2$$

Die *Streuung oder Standardabweichung (s)* ist definiert als die positive Quadratwurzel aus der Varianz:

$$s = |\sqrt{s^2}\,|$$

Beispiel: Gegeben seien die Daten aus dem Beispiel auf Seite 75.

$\mathbf{X_i}$	$\mathbf{\lvert x_i - 5.6 \rvert}$	$\mathbf{(x_i - 5.6)^2}$
3	2.6	6.76
6	0.4	0.16
8	2.4	5.76
6	0.4	0.16
5	0.6	0.36
$\mathbf{\overline{x} = 5.6}$	$\mathbf{\Sigma = 6.4}$	$\mathbf{\Sigma = 13.2}$

Spannweite = 8 - 3 = 5

Die durchschnittliche Abweichung von $\overline{x}$ ergibt sich als arithmetisches Mittel der zweiten Spalte:

$$\overline{x}_{MAD} = \frac{1}{n}\sum_{i=1}^{n}(|x_i - \overline{x}|) = 6.4/5 = 1.28$$

Die mittlere durchschnittliche Abweichung $\bar{x}_{MAD}$ gibt an, um wie viele Einheiten die Einzelwerte im Durchschnitt vom arithmetischen Mittel abweichen.

Die Varianz erhält man, wenn man die dritte Spalte mittelt:

$s^2 = 13.2/5 = 2.64$

Die Streuung ist dann: $s = \sqrt{2.64} = 1.62$ □

Die Streuung und $\bar{x}_{MAD}$ sollen beide ein Maß für die Stärke der Variabilität der Rohwerte sein, wobei die Streuung das gebräuchlichere und $\bar{x}_{MAD}$ das anschaulichere Maß ist.
Angenommen, wir wissen, dass bei den Teilnehmern eines Seminars das arithmetische Mittel der Körpergröße 176 cm beträgt und $\bar{x}_{MAD}$ = 9 cm ist. Wenn nun ein Seminarteilnehmer den Seminarraum betritt und wir im Voraus schätzen sollen, wie groß diese Person sein wird, so werden wir mit 176 cm die beste Prognose nach dem Kriterium der kleinsten Quadrate erhalten. Jedoch werden wir mit 176 cm fast immer falsch liegen: Vielleicht ist kein einziger Teilnehmer genau 176 cm groß. Im Durchschnitt werden wir uns mit 176 cm um genau 9 cm verschätzen.

Die Streuung kann *mit Vorbehalt*[5] ähnlich wie die $\bar{x}_{MAD}$ interpretiert werden. Hierbei muss man jedoch darauf achten, dass durch die Quadrierung der Differenzen bei der Berechnung der Varianz große Abweichungen stärker gewichtet werden als kleine. Die Interpretation der Streuung als durchschnittliche Abweichung ist durch diese Verzerrung im mathematischen Sinne nicht korrekt.

Die Streuung oder Standardabweichung gibt *in etwa* an, wie weit die einzelnen Werte im Durchschnitt vom Mittelwert abweichen.
Bei der konkreten Berechnung und der Interpretation muss jedoch beachtet werden, dass die Streuung als Wurzel aus der durchschnittlichen quadrierten Abweichung vom Mittelwert die Abweichungen gewichtet verrechnet.

Denn bei der Berechnung der Varianz wird jede Abweichung mit sich selbst gewichtet ($a^2 = a \cdot a$). Der Unterschied zwischen der Streuung und der durchschnittlichen absoluten Abweichung wird mit wachsender Variabilität des Merkmals bedeutsamer.

In der folgenden Grafik sind die Körpergrößen von 12 Personen durch ein Stabdiagramm angedeutet: Das arithmetische Mittel und die Werte 'arithmetisches Mittel +/- eine Streuung' sind als horizontale Linien eingezeichnet.

---

[5] Wir geben diese formal nicht ganz korrekte Charakterisierung der Streuung hier trotz des genannten Vorbehalts an, da wir in der Lehre oft die Erfahrung gemacht haben, dass es Studierenden gerade am Anfang erhebliche Probleme bereitet, die Bedeutung der Streuung zu verstehen, wenn keine (vergleichsweise) anschauliche Interpretation als Orientierung angegeben wird.

Die Streuung gibt uns ein Maß dafür, wie verschieden die Werte in der Stichprobe sind.

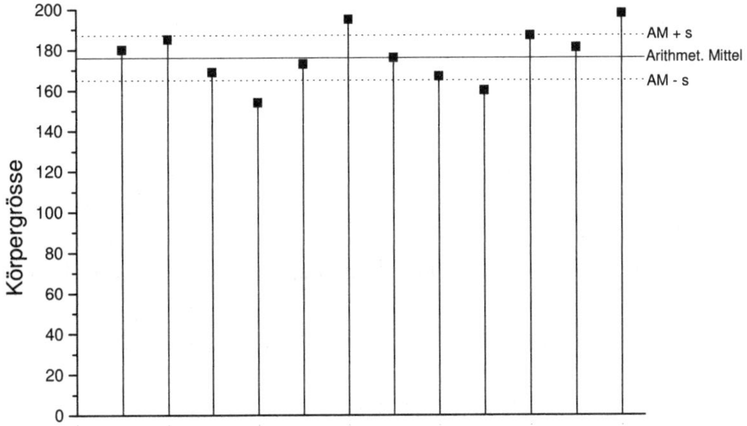

Bei linearen Transformationen gelten für die Streuung und die Varianz folgende Beziehungen:

Werden die x_i gemäß der Funktion y = ax + b linear transformiert, so gilt:

$$s^2(y) = a^2\, s^2(x) \text{ bzw. } s(y) = a\, s(x)$$

Beispiel: Gegeben seien wieder die Daten aus dem Beispiel auf Seite 76. Angenommen, wir transformieren die Rohwerte gemäß der Funktion y = 10 + 2 x. Dann gilt:

x_i	$y_i=2x_i+10$
3	16
6	22
8	26
6	22
5	20
$\bar{x} = 5.6$	$\bar{y} = 21.2$
s = 1.62	s = 3.24

$$\bar{y} = 10 + 2 \cdot \bar{x} = 21.2$$
$$s^2(y) = 2^2 \cdot s^2(x) = 4 \cdot 2.64 = 10.56$$
$$s(y) = 2 \cdot s(x) = 2 \cdot 1.62 = 3.24$$

□

Durchführung mit SPSS: Analysieren – Deskriptive Statistiken – Häufigkeiten. Berechnung von Spannweite, Quartilen, Streuung, Varianz (s. Diehl & Staufenbiehl, 2001, S.102). Boxplot: Grafiken – Boxplot.

II.B.3 Die z-Standardisierung

Der Wert z_i gibt an, *wie viele Standardabweichungen und in welche Richtung ein Messwert x_i in einer Stichprobe vom arithmetischen Mittel abweicht.*

$$z_i = \frac{1}{s} x_i - \frac{\bar{x}}{s} = \frac{x_i - \bar{x}}{s}$$

Durch diese Transformation werden Werte aus Verteilungen mit unterschiedlichem Mittelwert und Streuung in Bezug auf ihre relative Abweichung vom Mittelwert vergleichbar gemacht.

Durch die z-Transformation wird die Form der Verteilung nicht beeinflusst.

Die Messwerte x_i werden hierbei linear transformiert, so dass gilt

$$\bar{z} = \frac{1}{s}\bar{x} - \frac{\bar{x}}{s} = 0 \quad \text{und} \quad s(z) = \frac{1}{s} \cdot s = 1 .$$

Die z-Werte ermöglichen es also, verschiedene Merkmale direkt miteinander zu vergleichen, wenn man für jede Merkmalsausprägung angibt, *wie sie relativ zu den übrigen gemessenen Werten in der Gesamtheit liegt*, der sie entstammt. Dabei verwendet man *die Standardabweichung als neue Maßeinheit und den Mittelwert als neuen Nullpunkt*. Angenommen, Äpfel wiegen im Mittel 150 g und Birnen im Mittel 180 g, und die Gewichte beider Obstsorten besitzen jeweils eine Streuung von 10 g. Dann ist ein Apfel von 160 g ($z = +1$) als relativ schwerer Apfel und eine Birne von 170 g ($z = -1$) als relativ leichte Birne anzusehen, obwohl der Apfel absolut gesehen natürlich leichter ist.

Kennt man den z_i-Wert einer statistischen Einheit sowie den Mittelwert und die Streuung der Rohwerteverteilung der x_i, so lässt sich der Wert x_i wie folgt berechnen:

$$x_i = z_i \, s(x) + \bar{x}$$

Beispiel: Angenommen, wir wissen, dass die Körpergröße in einer Stichprobe von 1000 Männern mit den Werten $\bar{x}_M = 178, s_M = 10$ verteilt ist. In einer Stichprobe von 1000 Frauen haben wir die Werte $\bar{x}_F = 173, s_F = 8$ gemessen.

In der Abbildung auf der folgenden Seite sind die Polygonzüge der empirischen Häufigkeitsverteilungen abgetragen. (Die Daten sind zufällig erzeugt, hierdurch sind Männer im Bereich um und über 2m etwas überrepräsentiert.) Auf der rechten Seite sind in der Grafik die Transformationsvorschriften dafür angegeben, wie man bei den beiden Stichprobenverteilungen von den Rohwerten x_i zu den z-standardisierten Werten bzw. von den z-standardisierten Werten zu den Rohwerten gelangt.

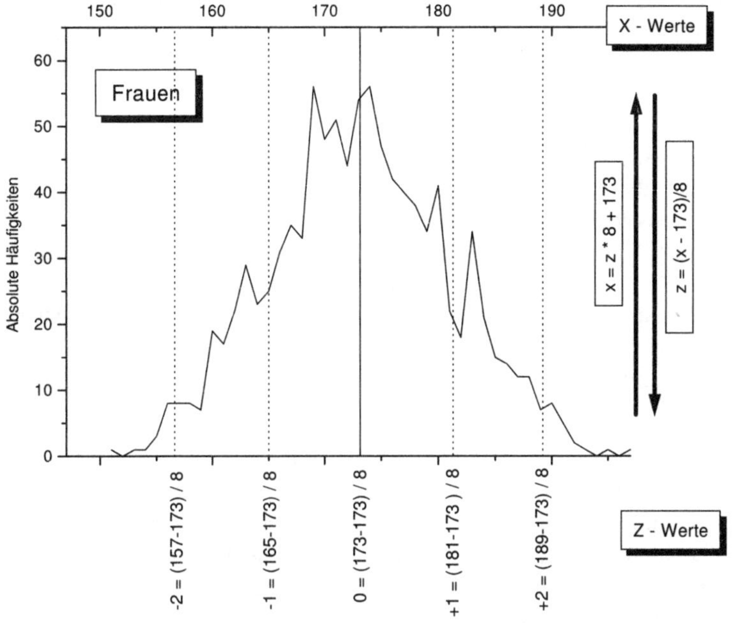

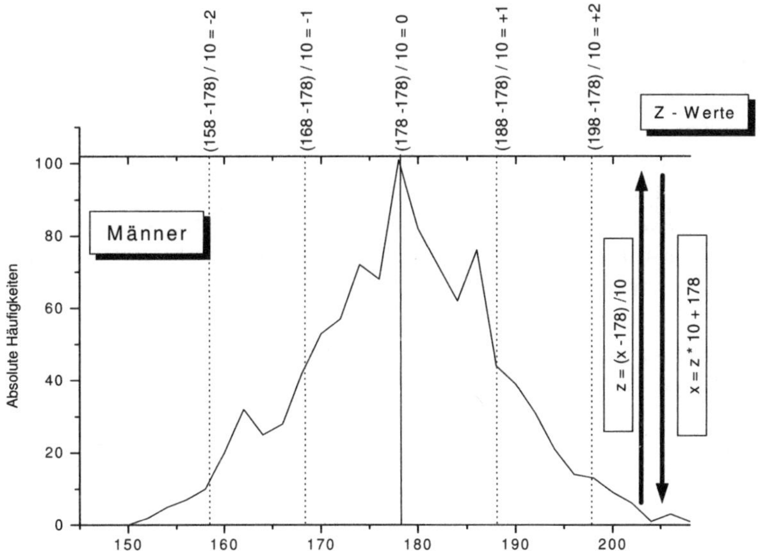

Die vertikalen Linien geben in dieser Grafik die Lage der jeweiligen Mittelwerte, sowie der Werte, die eine oder zwei Standardabweichungen (gestrichelte Linien) vom Mittelwert abweichen, an. Bezieht man sich auf die z-Werte, so ist ein Mann der Größe 178 cm hinsichtlich der Stärke der Abweichung vom Mittelwert direkt vergleichbar mit einer Frau der Größe 173 cm. Das gleiche gilt für eine 181 cm große Frau und einen 188 cm großen Mann (z = +1), da beide in der jeweiligen Merkmalsverteilung eine Standardabweichung vom Mittelwert abweichen. □

Ein Kind, das mit 9 Jahren 100 m in 14 sec läuft, ist absolut gesehen natürlich langsamer als ein Kind, das mit 12 Jahren 100 m in 13.5 sec läuft. Weiß man jedoch, dass 9-Jährige im Durchschnitt 14.5 sec für die 100-m-Distanz brauchen und 12-Jährige im Durchschnitt 13 sec brauchen, so ist die Leistung des 9-jährigen Kindes als relativ besser anzusehen. Denn im Gegensatz zu dem 12-jährigen Kind ist das 9-Jährige besser als der Durchschnitt seiner Altersklasse. Der z-Wert wäre im Falle des 9-jährigen Kindes positiv und im Falle des 12-jährigen negativ: Der z-Wert würde den Unterschied im Entwicklungsstand implizit berücksichtigen.

Die z_i-Werte schaffen einen Maßstab, der die relative Lage der Werte in einer geeigneten Referenzgruppe angibt – unabhängig von den ursprünglich verwendeten Maßeinheiten sowie dem stichprobenspezifischen Mittelwert und der Streuung. Die z-Transformation ermöglicht es somit, die relative Lage von Objekten, die unterschiedlichen Vergleichsgruppen entstammen, hinsichtlich ihrer statistischen ‚Anomalität' miteinander zu vergleichen.

Wie sich insbesondere in Zusammenhang mit der Korrelations- und Regressionsrechnung (Abschnitt II.C) zeigen wird, ist die z-Transformation von ganz zentraler Bedeutung in der Statistik. Beurteilen wir z.B. den Zusammenhang zweier Variablen (z.B. Wie stark hängt der Therapieerfolg mit der Motivation des Klienten zusammen?), so wäre es unsinnig, wenn sich der geschätzte Zusammenhang je nach verwendeter Maßeinheit in der wir diese beide Variablen messen (z.B. Prozentskala mit 101 Stufen (0-100%) oder 5-stufige Skala (s. Abschnitt II.A.2.3)) ändern würde. Durch Verwendung der z-standardisierten Werte werden wir weitestgehend unabhängig davon, in welchen Maßeinheiten Merkmalsausprägungen operationalisiert sind. Im Aufgabenblock am Ende dieses Kapitels wird zudem demonstriert, wie es durch die Anwendung der z-Standardisierung gelingen kann, Werte, die durch unterschiedliche Messinstrumente erhoben wurden, direkt ineinander zu überführen.

Einschränkend muss jedoch bemerkt werden, dass der Vergleich von z-Werten aus verschiedenen Verteilungen nur dann voll aussagekräftig ist, wenn man weiß, dass die Formen der Merkmalsverteilungen identisch sind. Hiermit werden wir uns intensiver im Kapitel über Wahrscheinlichkeitsverteilungen in Band 2 beschäftigen.

Durchführung mit SPSS: Analysieren – Deskriptive Statistiken – Standardisierte Werte als Variable speichern (s. Diehl & Staufenbiehl, 2001, S. 117).

II.B.4 Die standardisierte Mittelwertsdifferenz d als Maß der Effektstärke

Bisher galten alle Aussagen zur Analyse einer Merkmalsverteilung für den Fall, dass wir *eine* Stichprobe untersuchen. Wie insbesondere in der Einleitung zu Abschnitt II.B.2.2 bereits beschrieben wurde, geht es in der psychologischen Forschung jedoch meist darum, nachzuweisen, in welchem Maße sich Werteverteilungen verschiedener Gruppen (z.B. therapierte vs. nicht therapierte Klienten) voneinander unterscheiden oder in welchem Maße sich der Mittelwert einer Gruppe von einem Messzeitpunkt zum nächsten verändert (z.B. Klienten vor und nach einer Therapie).[6]

Um einen einheitlichen Maßstab zu haben, mit dem Mittelwertsdifferenzen aus unterschiedlichen Untersuchungen mit unterschiedlichen Stichproben und Messinstrumenten verglichen werden können, kann das sogenannte Effektstärkemaß d berechnet werden:

> Die Effektstärke d ist beim Vergleich der Mittelwerte der Gruppen A und B definiert als:
>
> $$d = \frac{\bar{x}_A - \bar{x}_B}{\hat{\sigma}_{pooled}}$$
>
> Hier ist $\hat{\sigma}_{pooled}$ gleich der Wurzel aus den durchschnittlichen geschätzten Populationsvarianzen in den beiden Gruppen[7]
>
> $$\hat{\sigma}_{pooled} = \sqrt{\frac{(n_A - 1) \cdot \hat{\sigma}_A^2 + (n_B - 1) \cdot \hat{\sigma}_B^2}{(n_A - 1) + (n_B - 1)}}$$
>
> Die Effektstärke d gibt also an, um wie viele Standardabweichungen $\hat{\sigma}_{pooled}$ sich die beiden Mittelwerte unterscheiden.

Nehmen wir an, in einer Untersuchung werde der Frage nachgegangen, ob sich Klienten mit einer Angststörung im Durchschnitt hinsichtlich ihrer sozialen Kompetenz von Menschen ohne Angststörung unterscheiden. Um die Frage zu beantworten, erheben wir in einer Stichprobe von 51 Menschen, die an einer Angststörung leiden, Daten mit einem Mittelwert auf der Skala ‚Soziale Kompetenz' von $\bar{x}_A = 37$ und einer geschätzten Populationsvarianz von $\hat{\sigma}_A^2 = 144$. In einer Stichprobe von 71 Menschen ohne Angststörung liege der Mittelwert bei $\bar{x}_B = 33$ und die geschätzte Populationsvarianz betrage $\hat{\sigma}_B^2 = 121$. Dann gilt:

---

[6] In der Literatur werden inzwischen unterschiedliche Formeln der Effektstärke bei Mittelwertsvergleichen verwendet. Hier soll nur auf die klassische Form von d Bezug genommen werden.

[7] Hier wird die geschätzte Populationsstreuung $\hat{\sigma}$ (s. Abschnitt II.B.2.2.b) für die Standardisierung verwendet, da bei der Angabe der Effektstärke in der Literatur in der Regel immer eine Schätzung des Effekts in der Population vorgenommen wird.

$$\hat{\sigma}_{pooled} = \sqrt{\frac{(n_A - 1) \cdot \hat{\sigma}_A^2 + (n_B - 1) \cdot \hat{\sigma}_B^2}{(n_A - 1) + (n_B - 1)}} = \sqrt{\frac{50 \cdot 144 + 70 \cdot 121}{120}} = 11.43$$

$$d = \frac{37 - 33}{11.43} = 0.35$$

Nach der Klassifikation von Cohen (1988) gilt folgende Vereinbarung zur groben Orientierung bei der Beurteilung der Effektstärke d:

$|d| \approx 0.2$: Es liegt ein schwacher Effekt vor.
$|d| \approx 0.5$: Es liegt ein mittlerer Effekt vor.
$|d| \approx 0.8$: Es liegt ein starker Effekt vor.

Allgemein gilt: Je größer die Mittelwertsdifferenz ist und je homogener die Werte in den beiden Vergleichsgruppen jeweils verteilt sind, desto größer ist die Effektstärke.

Nach dieser Klassifikation könnten wir annehmen, dass in unserem Beispiel mit d = 0.35 ein schwacher bis mittlerer Effekt vorliegt. Im Beispiel auf Seite 89 würde ein mittlerer Effekt vorliegen, da

$$d = \frac{178 - 173}{9.1} = 0.55 \text{ gilt.}$$

$\hat{\sigma}_{pooled}$ ist eine Schätzung der Merkmalsstreuungen in den Populationen, denen die zu vergleichenden Stichproben entstammen. Dabei wird implizit vorausgesetzt, dass sich die Streuungen $\hat{\sigma}_A$ und $\hat{\sigma}_B$ nicht systematisch unterscheiden (s. Band 2 – Abschnitt II.B.2.3). Ist diese Annahme verletzt, verliert die Effektstärke d an Aussagekraft.[8] Dies gilt ebenfalls, wenn das Merkmal nicht in beiden Gruppen jeweils symmetrisch und glockenförmig (s. Normalverteilung in Band 2 – Abschnitt II.C.1.2.3.2) verteilt ist.

Wenn Mittelwertsunterschiede statistisch analysiert werden, sollten stets zwei Auswertungsschritte durchgeführt werden:

1. Inferenzstatistisch sollte abgesichert werden, dass ein Mittelwertsunterschied zweier Stichproben nicht auf Zufall beruht, sondern dass dieser sich auch beim Vergleich anderer Stichproben in ähnlicher Weise zeigen würde (Signifikanzkriterium, s. hierzu: Band 2 – Abschnitt II.B, sowie Kapitel 1 des vorliegenden Band 1).
2. Konnte der Mittelwertseffekt inferenzstatistisch abgesichert werden, so kann das deskriptive Effektstärkemaß d als beste Schätzung des allgemein gültigen Mittelwertseffekts herangezogen werden.

[8] Cooper und Hedges (1994) stellen für diesen Fall alternative Lösungsansätze dar.

II.B.5 Die Schiefe einer Verteilung

Die Differenz von arithmetischem Mittel und Median (dif = $\overline{x}$ - x_{Med}) gibt einen ersten Aufschluss über die Schiefe der Verteilung. Es gilt:

dif > 0 $\Rightarrow$ Die Verteilung ist tendenziell linkssteil bzw. rechtschief
dif < 0 $\Rightarrow$ Die Verteilung ist tendenziell rechtssteil bzw. linksschief
dif ≈ 0 $\Rightarrow$ Die Verteilung ist eher symmetrisch

Die Schiefe a einer Verteilung ist ähnlich wie die Varianz definiert, lediglich der Exponent der Summanden ist hier gleich 3. Zudem wird der Wert durch die Merkmalsstreuung dividiert, um eine standardisierte Maßzahl zu erhalten, die – ähnlich wie bei der z-Standardisierung (Abschnitt II.B.3) – Werte für unterschiedliche Merkmalsverteilungen besser vergleichbar macht:

$$a = \frac{1}{n}\sum_{i=1}^{n}\frac{(x_i - \overline{x})^3}{s(x)}$$

a < 0 $\Rightarrow$ rechtssteil (negative Schiefe)
a > 0 $\Rightarrow$ linkssteil (positive Schiefe)

Bei rechtssteilen Verteilungen gilt: $\overline{x}$ < Median < Modus
Bei linkssteilen Verteilungen gilt: $\overline{x}$ > Median > Modus
Bei symmetrischen Verteilungen gilt: $\overline{x}$ ≈ Median ≈ Modus

Beispiel: Das Bruttoeinkommen ist in der Bevölkerung linkssteil und rechtsschief verteilt. Menschen sind relativ selten Spitzenverdiener und dem Einkommen sind nach oben hin keine Grenzen gesetzt. Hingegen gehören die meisten Menschen der unteren und mittleren Schicht mit niedrigem bis moderatem Einkommen an und es existiert eine natürliche Einkommensgrenze nach unten hin.

Möchte man nun das ‚durchschnittliche Einkommen' ermitteln, so kann man je nach Auswertungsinteresse unterschiedliche Maßzahlen berichten, die die eigenen Ziele tendenziell unterstützen. Ein Politiker, der sich als Anwalt der unteren sozialen Schicht versteht, würde am günstigsten den Modus heranziehen: Das häufigste Einkommen liege unter 2000 € (fiktive Daten) und er schließt hieraus, dass im Sinne der sozialen Gerechtigkeit eine Umverteilung in der Gesellschaft stattfinden solle. Hingegen könnte einer Partei, die die Interessen der Besserverdienenden vertritt, argumentieren, das arithmetische Mittel liege deutlich über 2000 €, sodass der durchschnittliche Bürger ein recht komfortables Leben führen könne. Beide statistischen Aussagen wären korrekt (es gilt: linkssteile Verteilung $\Rightarrow$ $\overline{x}$ > Median > Modus), es wird jedoch jeweils ein unterschiedliches Bild suggeriert. Dies gelingt dadurch, dass man gemeinhin keine systematischen Unterschiede der Maße der zentralen Tendenz bei gleicher Verteilungsform vermutet.

Es sei an das Beispiel auf Seite 78 erinnert, wonach der ‚durchschnittliche Student' mit ca. 700 € ein recht luxuriöses Leben zu führen scheint. Tatsächlich trifft dies nur für einen übermässig zu, ohne dass dies die Situation der Übrigen verbessert. Der angebliche Durchschnittsstudent ist ein methodisches Konstrukt. Diese Einkommensbeispiele verdeutlichen, dass man schon bei sehr einfachen statistischen Koeffizienten ein Modell der Datenverteilung annehmen muss, da auch der Rezipient von Statistiken diese stets vor dem Hintergrund eines impliziten Modells (zumeist: Der Mittelwert ist derjenige, der die Eigenschaften aller recht gut widerspiegelt) interpretiert. □

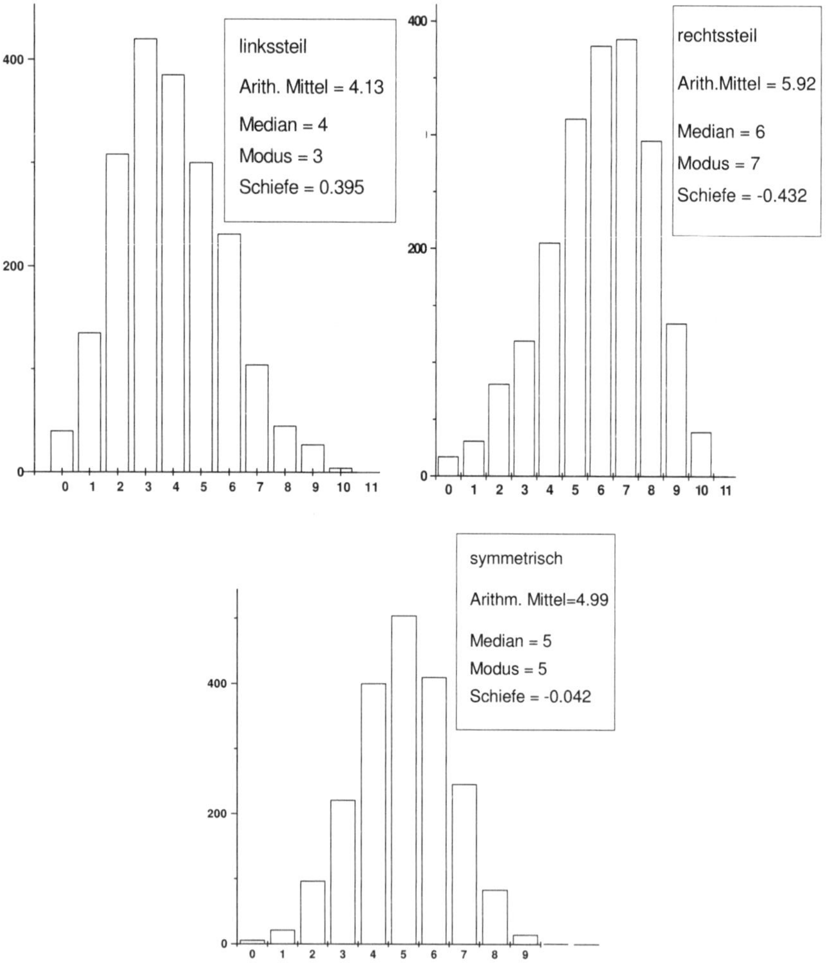

Durchführung mit SPSS: Analysieren – Häufigkeiten – Schiefe (s. Diehl & Staufenbiehl, 2001, S. 104).

Leseempfehlungen

Die in diesem Kapitel beschriebenen grafischen Darstellungen und statistischen Kenngrößen sind grundlegend für alle weiterführenden statistischen Techniken. Wie leicht und häufig aber schon auf der Ebene vergleichsweise einfacher Darstellungsformen und Maßzahlen Missverständnisse und systematische Fehlinterpretationen entstehen können wird beispielsweise von Krämer (2000 und 2001) sowie Beck-Bornholt und Dubben (2001) eindrücklich gezeigt. Diese leicht verständlichen und gut geschriebenen Einführungen geben plakative und einprägsame Beispiele, die einem später im Kontext wissenschaftlicher Studien meist in etwas abstrakterer Form häufig wieder begegnen.

✍ *3. Aufgabenblock (Lösungen: www.statistik-fuer-psychologen.de)*

10 Bewerber haben in einem Test zur sozialen Kompetenz folgende intervallskalierte Werte erhalten:

96	131	121	101	85	113	91	73	128	107

a) Zeigen Sie für diesen Datensatz, dass der Median nach dem Kriterium der kleinsten Absolutabweichungen ein besserer Schätzwert ist als das arithmetische Mittel, und dass nach dem Kriterium der kleinsten Quadrate die umgekehrte Beziehung gilt!

b) Wie lauten die z-standardisierten Werte in der Merkmalsverteilung dieser Stichprobe?

c) Angenommen, man weiß, dass das oben verwendete Messinstrument so konstruiert ist, dass bei sehr großen Stichproben bzw. in der Population aller möglichen Bewerber das arithmetische Mittel 100 und die Streuung 15 beträgt. Wie lauten dann die z-standardisierten Werte in bezug auf die Population?

d) Wie groß ist die Effektstärke des Stichprobenmittelwertes in Bezug auf eine Stichprobe mit N = 20 und einem arithmetische Mittel von 98.4 und $\hat{\sigma} = 11$?

Nun wissen Sie, dass ein anderes Messinstrument existiert, das die gleiche Art von sozialer Kompetenz misst. Hier liegt der Mittelwert der Population aber bei 50 und die Streuung bei 10. Welche Werte hätten die Bewerber dann bei gleicher Leistung in diesem Testverfahren erhalten? Wie lauten der Mittelwert und die Streuung der Stichprobe auf diesem Messinstrument? Da dieser Teil der Aufgabe etwas Transfer erfordert, soll hier der Lösungsansatz kurz skizziert werden:

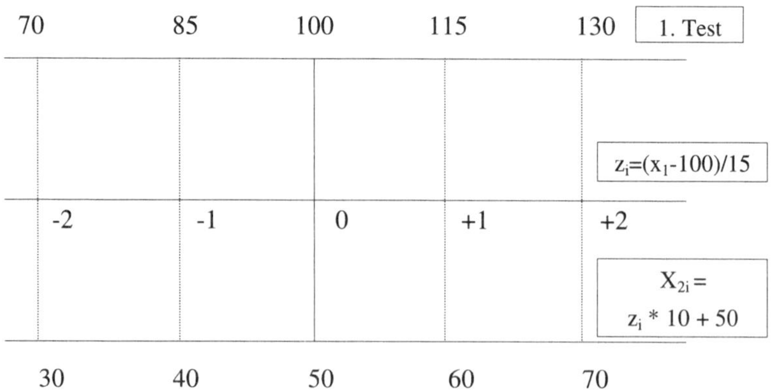

II.C Lineare Korrelations- und Regressionsanalyse bei zwei intervallskalierten Merkmalen

Fast alle Fragen in der psychologischen Forschung lassen sich als Zusammenhangsaussagen zwischen Merkmalen formulieren. Zusammenhänge können immer in ‚wenn ⇒ dann' oder ‚je ⇒ desto'-Aussagen übersetzt werden:

‚Eine Therapie ist für einen Klienten sinnvoll.'

- ⇨ Wenn der Klient an der Therapie teilnimmt, dann wird sich seine Befindlichkeit bessern. (Merkmal A: Teilnahme vs. keine Teilnahme an der Therapie; Merkmal B: Befindlichkeit).
- ⇨ Wenn der Klient an einer bestimmten Therapie teilnimmt, dann wird sich seine Befindlichkeit deutlicher bessern als wenn er an einer anderen Therapie teilnimmt. (Merkmal A: verschiedene Therapieformen; Merkmal B: Befindlichkeit)

‚Schulnoten geben Aufschluss über die kognitiven Fähigkeiten von Schülern.'

- ⇨ Je besser die Schulnoten sind, desto höher sind die kognitiven Fähigkeiten.

‚Bei der Erziehung von Kindern sollte darauf geachtet werden, dass sie im Umgang mit anderen Kindern soziale Verantwortung entwickeln.'

- ⇨ Je mehr auf das sozial verantwortliche Verhalten von Kindern geachtet wird, desto eher wird sich diese Fähigkeit auch im Erwachsenenalter überdauernd zeigen.

‚Ein Lehrtext sollte verständliche Beispiele enthalten.'

- ⇨ Je verständlicher die gegebenen Beispiele sind, desto größer wird der Lernerfolg sein.

In allen angeführten Beispielen werden zwei Merkmale in Beziehung gesetzt. Die Merkmale unterscheiden sich lediglich hinsichtlich der inhaltlichen Bedeutung und ihres Skalenniveaus. Im ersten Beispiel ist das Merkmal ‚Therapie: ja/nein' bzw. ‚verschiedene Therapieformen' nur nominalskaliert: Es werden verschiedene Gruppen definiert für die das Merkmal ‚Befindlichkeit am Ende der Therapie' (ordinal- oder intervallskaliert) im Allgemeinen unterschiedliche Werte annehmen soll. Verfahren, die es ermöglichen, die Unterschiedlichkeit der durchschnittlichen Ausprägung eines ordinal- oder intervallskalierten Merkmals zwischen verschiedenen Gruppen zu testen, werden wir in Band 2 – in den Abschnitten II.B und II.C kennen lernen.

Alle anderen Beispiele postulieren zwei Merkmale, die mehr oder weniger kontinuierlich gestuft sind, wobei es nicht festgelegt ist, ob diese nur ordinal- oder aber intervallskaliert gemessen werden können. Obwohl man Mittelwertsvergleiche auch als Zusammenhangsanalyse eines dichotomen Merkmals (Gruppenzugehörigkeit) mit einem abhängigen Merkmal auffassen kann, ist folgende Unterscheidung für das weitere Vorgehen zur Strukturierung nützlich:

Mittelwertsvergleiche: Unterscheiden sich Gruppen hinsichtlich der durchschnittlichen Ausprägung eines ordinal- oder intervallskalierten Merkmals?

Zusammenhangsanalyse: Gehen hohe (niedrige) Werte in einem ordinal- oder intervallskalierten Merkmal mit eher hohen (niedrigen) Werten in einem anderen ordinal- oder intervallskalierten Merkmal einher?

In diesem Kapitel wollen wir uns mit den Fragen und Lösungen beschäftigen, die sich ergeben, wenn *zwei* Merkmale gemessen wurden (bivariate Analyse) und wir davon ausgehen können, dass *beide Merkmale intervallskaliert* sind. Wir beginnen mit diesem Skalenniveau, da sich hier die grundlegenden Eigenschaften der Zusammenhangsanalyse am besten verdeutlichen lassen und die Methoden systematisch auf die Betrachtungen für das arithmetische Mittel, das wir im vorangegangen Abschnitt behandelt haben, aufbauen.

Zudem ist die lineare Korrelationsanalyse das am häufigsten angewendete Verfahren zur Analyse von Zusammenhängen. In Abschnitt II.D werden Verfahren für niedrigere Skalenniveaus dargestellt, für die nachgewiesen werden kann, dass diese zumeist lediglich Spezialfälle der linearen Korrelationsanalyse darstellen.

Bei der gemeinsamen Analyse zweier intervallskalierter Merkmale lassen sich zwei Unterfragestellungen identifizieren, die im Folgenden behandelt werden:

Korrelationsanalyse (Zusammenhangsanalyse):

Besteht ein Zusammenhang zwischen zwei oder mehreren Merkmalen? Wie ausgeprägt ist dieser Zusammenhang?

Regressionsanalyse (Vorhersageanalyse):

Wie lässt sich ein Merkmal Y aus einem korrelierten Merkmal X am günstigsten vorhersagen? Welche Transformation der x-Werte liefert eine möglichst präzise Schätzung der Ausprägung der y-Werte?

Die Existenz einer Korrelation (eines Zusammenhangs) ist eine notwendige Bedingung, damit eine aussagekräftige Vorhersage- oder Regressionsgleichung aufgestellt werden kann.

⇨ Je stärker der Zusammenhang ist, desto präziser wird auch die Vorhersage sein können.

Einschub: Lineare Zusammenhänge

(s. hierzu auch Abschnitt II.A.2.3 – 'Intervallskala')

Ein linearer Zusammenhang zwischen X und Y liegt dann vor, wenn die gemessenen Punkte im Streudiagramm von X und Y auf einer Gerade liegen. Die Grafik zeigt ein Beispiel für eine lineare Beziehung.

Bei einem linearen Zusammenhang ($y = b_0 + b_1 \cdot x$) gibt der Wert b_1 die Steigung der Geraden an, auf der die Punkte liegen, und der Wert b_0 gibt den Wert von Y an der Stelle x = 0 an.

Für alle Ausprägungen von X gilt, dass gleiche Veränderungen in X (x_i+k) mit gleichen Veränderungen in Y (y_i+b_1 k) einhergehen.

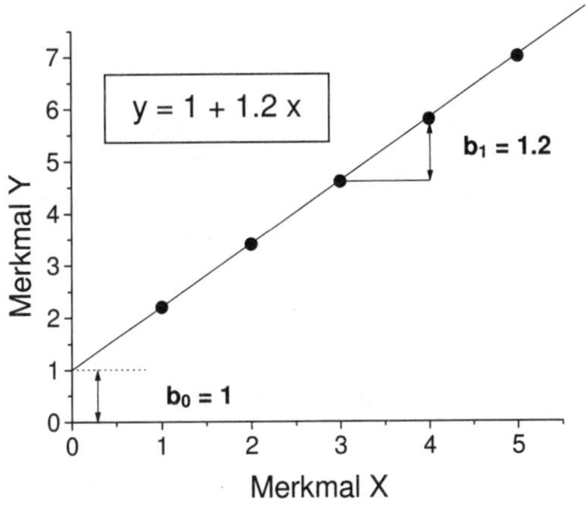

Man unterscheidet deterministische und stochastische Zusammenhänge:

Deterministischer oder funktionaler Zusammenhang:

Y lässt sich genau aus X vorhersagen: Unterschiede in Y korrespondieren perfekt mit Unterschieden in X.
Bei linearen Zusammenhängen gilt: $y_i = b_0 + b_1 \cdot x_i$

Beispiele: *Telefonrechnungsbetrag = Grundgebühr + 0.06 · Einheiten*

Taxirechnung = 1.90 + 1.3 · km

Zinsen = 0.03 · Vermögen (bei 3% Zinsen)

Verzinstes Vermögen = 1.03 · Vermögen □

Stochastischer oder probabilistischer Zusammenhang:

Y lässt sich zwar mehr oder weniger präzise aus X vorhersagen, jedoch ist die Ausprägung von Y noch von anderen Variablen außer X abhängig.

Unterschiede in Y korrespondieren zwar mit Unterschieden in X, aber es treten im Einzelfall Ungenauigkeiten bei der Vorhersage auf.
Bei linearen Zusammenhängen soll also gelten: $y_{ij} = b_0 + b_1 \cdot x_i + e_{ij}$

In einem Streudiagramm (s. folgende Seite) von X und Y zeigt sich ein stochastischer linearer Zusammenhang dadurch, dass die Punkte unsystematisch von einer Geraden abweichen.

Beispiel: Angenommen, die Zeit, die Studenten morgens benötigen, um mit dem Fahrrad zur Uni zu kommen, ist eine lineare Funktion der Distanz des Wohnortes zur Uni. Obwohl diese Beziehung recht gut gilt, ist die Dauer für dieselbe Strecke jedoch von Beobachtung zu Beobachtung verschieden. Das, was diese Unterschiedlichkeit verursacht, bezeichnet man als stochastische Komponente oder als Fehler.
Anreisezeit $= b_1 \cdot$ *Distanz + Fehler*
Als Fehlerquellen können hier z.B. gelten: Anzahl der Ampeln auf dem Weg, Befahrenheit der Strecke, Fahrradtyp, Müdigkeit, Zeitdruck usw.. □

Wir wollen testen, ob die Befindlichkeit eines Klienten nach einer Therapie als lineare Funktion der Therapiedauer beschreibbar ist. Dann soll gelten:
Befindlichkeit = Anfangsbefindlichkeit + $b_1 \cdot$ *Therapiedauer + Fehler*
Fehlerquellen: familiäre, berufliche, körperliche Einflüsse, Störungsart, Motivation usw.. □

Als Fehler werden bei der Regressionsrechnung

- die Effekte aller Variablen (Störvariablen), die in der Vorhersagegleichung nicht explizit berücksichtigt werden (also alle Merkmale außer X), betrachtet: Möchte man z.B. die Intelligenz aus einem Intelligenztestergebnis vorhersagen, so könnte z.B. die Müdigkeit als Störvariable das Testergebnis systematisch beeinflussen.
- die Messungenauigkeiten (Messfehler), die bei der Bestimmung der Ausprägung von X und Y entstehen, betrachtet: Kann man nicht genau messen, wie intelligent ein Mensch ist, so kann man die Intelligenz auch niemals genau vorhersagen.

Je stärker der lineare Zusammenhang zwischen zwei Variablen X und Y ist,

⇨ desto präzisere Vorhersagen sind möglich,
⇨ desto ähnlicher wird die Beziehung einem deterministischen Zusammenhang,
⇨ desto geringer wird der Einfluss von Störvariablen,
⇨ desto kleiner wird in der Strukturgleichung der Term e_{ij} im Allgemeinen sein
⇨ und desto ellipsenförmiger wird die Punktwolke im Streudiagramm. Diese Form entsteht, weil sich die Punktwolke immer mehr einer Geraden annähert.

In den folgenden vier Abbildungen sind einige Streudiagramme abgetragen. Jedes Objekt ist durch einen Punkt repräsentiert, dessen Position durch die Ausprägung in Merkmal X und Merkmal Y definiert ist.

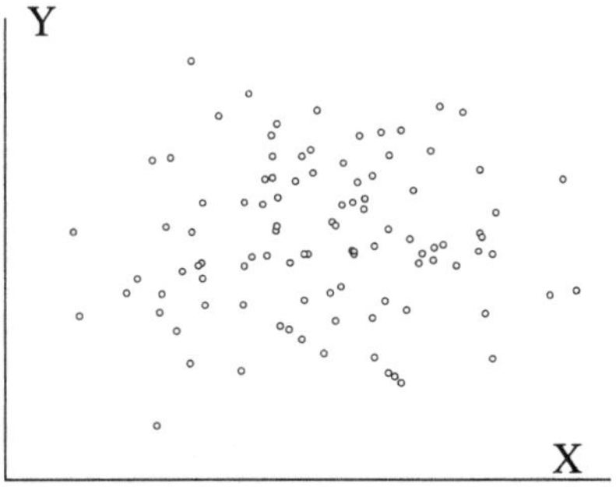

(1) Es besteht kein Zusammenhang zwischen X und Y: Hohe (niedrige) Ausprägungen in X geben keinen Hinweis darauf, ob die Ausprägung in X bzw. Y eher hoch oder niedrig sein wird. Es ist keine Aussage der Art 'Je größer X ist, desto größer (kleiner) ist Y' möglich.
(Beispiel: X = Körpergröße und Y = Haarlänge; X = Distanz des Wohnortes zur Uni und Y = Klausurergebnis)

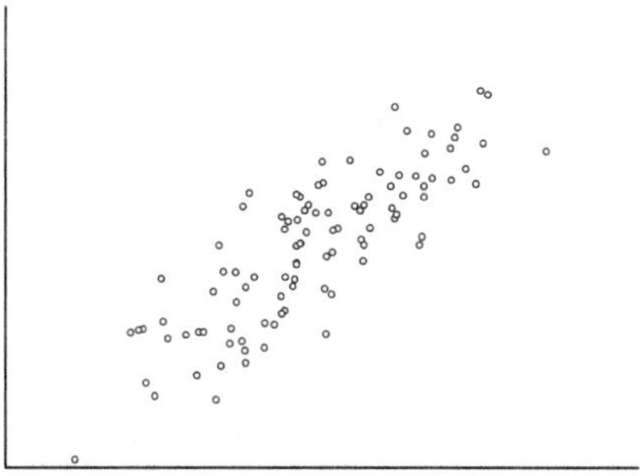

(2) Es besteht eine positive lineare, stochastische Beziehung zwischen X und Y: Je größer X ist, desto größer ist Y im Allgemeinen. Die positive stochastische Beziehung erkennt man daran, dass die Punkte nicht kreisförmig, sondern in Form einer Ellipse mit positiver Orientierung angeordnet sind.
(Beispiel: X = Körpergröße und Y = Schuhgröße; X = Mathematisches Verständnis und Y = Klausurergebnis (hoffentlich!))

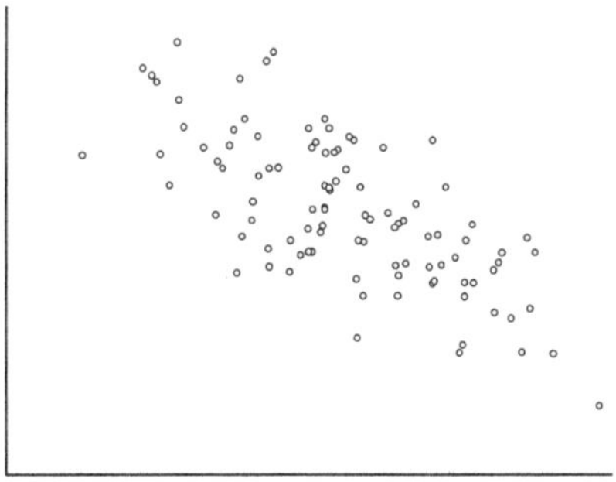

(3) Es besteht eine negative lineare, stochastische Beziehung zwischen X und Y: Je größer X, desto kleiner Y im Allgemeinen.
(Beispiel: X = Länge einer Liste auswendig zu lernender Wörter und Y = Prozentsatz der behaltenen Wörter; X = Anzahl anschaulicher Beispiele, die man bereits erzeugt hat, und Y = Anzahl der verfügbaren noch nicht verwendeten Beispiele)

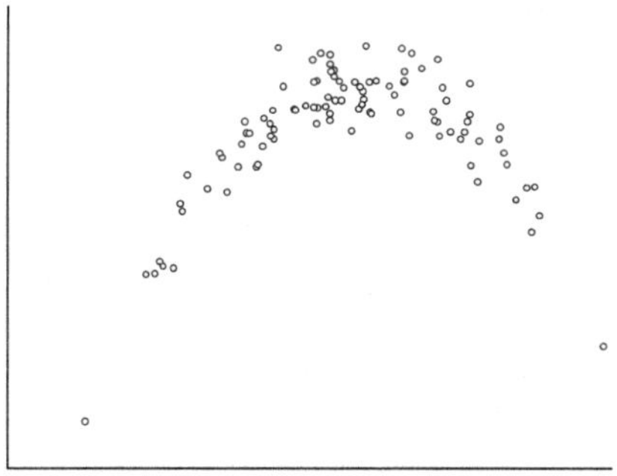

(4) Es liegt ein nicht linearer, umgekehrt u-förmiger Zusammenhang von X und Y vor: Nur extreme Werte in X gehen mit niedrigen Werten in Y einher.
(Beispiel: X = körperliches Erregungsniveau und Y = Konzentrationsfähigkeit; X = Entspanntheit im Bewerbungsgespräch und Y = Wahrscheinlichkeit, angenommen zu werden; nur wenn man nicht zu unmotiviert und nicht zu nervös auftritt, hat man gute Chancen)

II.C.1 Korrelationsrechnung: Wie lässt sich die Stärke des linearen Zusammenhangs zwischen zwei Variablen in einem Index abbilden?

Für n Objekte wurde die Ausprägung zweier Merkmale X und Y erhoben. Wir wollen nun die Frage beantworten, wie der Zusammenhang zwischen diesen beiden Merkmalen in einer Kennziffer oder einem Koeffizienten abgebildet werden kann. Diese Maßzahl soll – anders als das arithmetische Mittel oder die Varianz – nicht die Eigenschaften der Verteilung eines Merkmals quantifizieren, sondern angeben, wie stark sich Veränderungen in einem Merkmal in der Ausprägung des anderen Merkmals widerspiegeln.

Besteht ein linearer oder annähernd linearer positiver Zusammenhang, so wird gelten: Je größer (kleiner) x_i ist, desto größer (kleiner) ist y_i.

Für das Produkt der kombinierten Abweichungen vom Mittelwert gilt allgemein:

$$
\begin{aligned}
(x_i - \overline{x})(y_i - \overline{y}) > 0 \;&\Leftrightarrow\; 1)\; x_i > \overline{x} \text{ und } y_i > \overline{y} \text{ oder} \\
&\; 2)\; x_i < \overline{x} \text{ und } y_i < \overline{y} \\
(x_i - \overline{x})(y_i - \overline{y}) < 0 \;&\Leftrightarrow\; 1)\; x_i > \overline{x} \text{ und } y_i < \overline{y} \text{ oder} \\
&\; 2)\; x_i < \overline{x} \text{ und } y_i > \overline{y}
\end{aligned}
$$

Weicht ein Objekt bei den beiden Merkmalen in gleicher (entgegengesetzter) Richtung vom Mittelwert ab, so hat das Abweichungsprodukt ein positives (negatives) Vorzeichen.

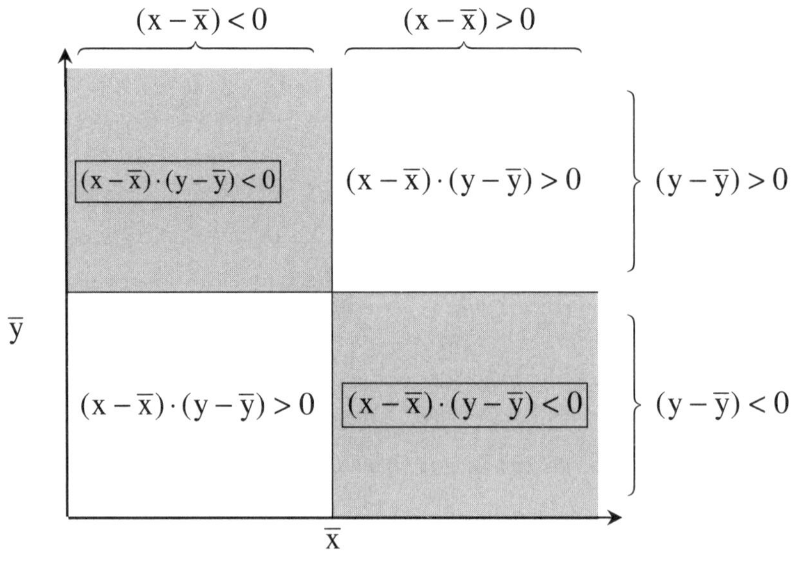

II.C.1.1 Fechners Korrelationsindex

Fechners Korrelationsindex r_F ist ein sehr einfaches und anschauliches Maß, das die Anzahl gleichgerichteter Abweichungen vom arithmetischen Mittelwert in X und Y [$(x_i - \bar{x})(y_i - \bar{y}) > 0$] ins Verhältnis zu der Anzahl nicht gleichgerichteter Abweichungen von den beiden arithmetischen Mittelwerten setzt.

$n_k =$ Anzahl der Objekte, bei denen das Abweichungsprodukt positiv ist

$n_d =$ Anzahl der Objekte, bei denen das Abweichungsprodukt negativ ist

$$r_F = \frac{n_k - n_d}{n_k + n_d}$$

Beispiel:

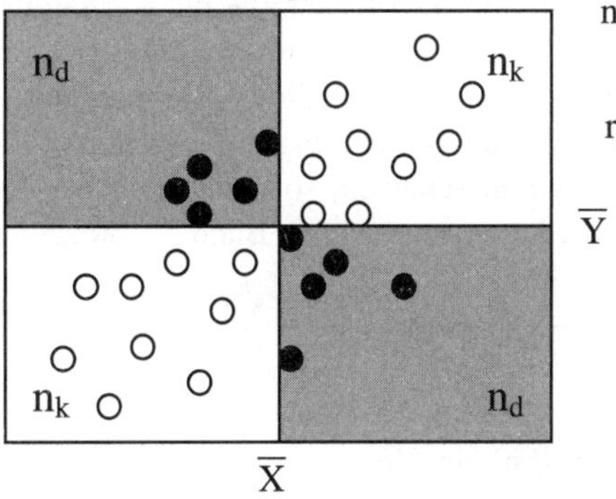

$n_k = 18 \qquad n_d = 10$

$$r_F = \frac{18-10}{18+10} = +\frac{8}{28} = .29$$

□

Wertebereich von r_F: $-1 \le r_F \le +1$

$r_F = -1$: Immer wenn ein Objekt in Y negativ (positiv) von $\bar{Y}$ abweicht, weicht es in X in entgegen gesetzter Richtung [positiv (negativ)] von $\bar{X}$ ab. (In der Grafik im Beispiel: nur die grauen Quadranten sind besetzt.)

$r_F = 0$: Gleichgerichtete und entgegen gesetzte Abweichungen kommen gleich häufig vor. (Im Beispiel: Weiße und graue Quadranten sind gleich häufig besetzt.)

$r_F = +1$: Immer wenn ein Objekt in Y negativ (positiv) von $\bar{Y}$ abweicht, weicht es in X in gleicher Richtung [negativ (positiv)] von $\bar{X}$ ab. (Im Beispiel: nur die weißen Quadranten sind besetzt.)

II.C.1.2 Die Kovarianz (zentrales Produktmoment)

Fechners Korrelationsindex wurde nur einführend dargestellt, da er ähnliche Information wie die im folgenden behandelten sehr wichtigen Maße berücksichtigt und sehr anschaulich interpretiert werden kann. Von ganz zentraler Bedeutung ist in der Statistik das durchschnittliche Abweichungsprodukt, das als Kovarianz bezeichnet wird:

$$COV(x,y) = s_{xy} = \frac{1}{n}\sum_{i=1}^{n}(x_i - \bar{x})(y_i - \bar{y}) = \left(\frac{1}{n}\sum_{i=1}^{n} x_i y_i\right) - \bar{x}\cdot\bar{y}$$

Die Kovarianz verrechnet – anders als der Fechner'sche Index – für jedes Objekt i nicht nur, ob das Abweichungsprodukt positiv oder negativ ist, sondern sie berücksichtigt auch die Stärke der Abweichung vom Mittelwert: Je stärker x und y vom Mittelwert abweichen, desto stärker wird dieses Objekt in der Kovarianz gewichtet.

Bei der Varianz (Abschnitt II.B.2.2.b) haben wir zwischen einer Definition von Varianz unterschieden, die die Verhältnisse in der Stichprobe kennzeichnet (s^2 = Stichprobenvarianz), und einer Definition, die die Verhältnisse in der Population schätzt ($\hat{\sigma}^2$ = geschätzte Populationsvarianz). Bei der vorgestellten Definition der Kovarianz wird – genau bei der Stichprobenvarianz – durch n geteilt: Es handelt sich bei s_{xy} also um die Stichprobenkovarianz. Möchten wir die Kovarianz $\hat{\sigma}_{xy}$ in der Population schätzen, so muss auch bei der Kovarianzformel durch (n-1) geteilt werden (s. hierzu auch Band 2 – Abschnitt I.D):

$$\hat{\sigma}_{xy} = \frac{1}{n-1}\sum_{i=1}^{n}(x_i - \bar{x})(y_i - \bar{y}) = \frac{1}{n-1}\left(\sum_{i=1}^{n} x_i y_i\right) - \frac{n}{n-1}\bar{x}\cdot\bar{y}$$

Liegen gruppierte Daten vor, d.h. einzelne x_i und y_j treten mit einer Häufigkeit von $n_i > 1$ auf, vereinfacht sich die Berechnung der Kovarianz in der Stichprobe folgendermaßen:

$$COV(x,y) = \frac{1}{n}\sum_{i=1}^{k} n_i (x_i - \bar{x})(y_i - \bar{y}) = \sum_{i=1}^{k} h_i (x_i - \bar{x})(y_i - \bar{y})$$

Wertebereich der Kovarianz:

$COV(x,y) > 0$: Es besteht ein positiver linearer Zusammenhang zwischen X und Y.

$COV(x,y) \approx 0$: Es besteht kein linearer Zusammenhang zwischen X und Y.

$COV(x,y) < 0$: Es besteht ein negativer linearer Zusammenhang zwischen X und Y.

Der Wertebereich der Kovarianz ist systematisch eingeschränkt. Nach der Schwarz'schen Ungleichung gilt:

$$0 \le \left[\frac{1}{n}\sum_{i=1}^{n}(x_i - \bar{x})(y_i - \bar{y})\right]^2 \le \frac{1}{n}\sum_{i=1}^{n}(x_i - \bar{x})^2 \frac{1}{n}\sum_{i=1}^{n}(y_i - \bar{y})^2$$

$$0 \le [COV(x,y)]^2 \le s_x^2 s_y^2 \qquad -s_x s_y \le COV(x,y) \le s_x s_y$$

Die Kovarianz kann im Betrag maximal so groß werden wie das Produkt der Einzelstreuungen von X und Y.

Die Kovarianz ist genau dann gleich dem Produkt der Streuungen, wenn zwischen X und Y ein perfekter, deterministischer linearer Zusammenhang besteht (also $y = b_0 + b_1 x$).

Die Kovarianz bildet die Grundlage für das wichtigste Korrelationsmaß Pearsons Produkt-Moment-Korrelation r, das im folgenden Abschnitt dargestellt wird. Dass nicht die Kovarianz selbst als Korrelationsmaß verwendet wird, liegt an einer wesentlichen Eigenschaft der Kovarianz, die diese als isolierte Maßzahl kaum interpretierbar macht.

Die Kovarianz ist nicht invariant gegenüber Lineartransformationen. Verändert man die Maßeinheit einer Variablen, so verändert sich die Ausprägung der Kovarianz.

Somit ist die Kovarianz kein eindeutiges Zusammenhangsmaß, da sie nicht ausschließlich die Stärke des Zusammenhangs abbildet, sondern auch indirekt davon abhängt, in welchen Maßeinheiten die Merkmale gemessen wurden. Das folgende Beispiel verdeutlicht dieses Problem.

Beispiel: *Fall 1:* Gewicht (X) in kg, Größe (Y) in m

x_i	65	75	91
y_i	1.70	1.77	1.93

$$\mathrm{COV}(x,y) = \frac{1}{3}\left[(65-77)\cdot(1.70-1.80)+(75-77)\cdot(1.77-1.80)+\right.$$
$$\left.(91-77)\cdot(1.93-1.80)\right] = \frac{1}{3}(1.20+0.06+1.82) = 1.0267$$

Fall 2: Gewicht (X) in kg, Größe (Y) in cm

x_i	65	75	91
y_i	170	177	193

$$\mathrm{COV}(x,y) = \frac{1}{3}\left[(65-77)\cdot(170-180)+(75-77)\cdot(177-180)+\right.$$
$$\left.(91-77)\cdot(193-180)\right] = \frac{1}{3}(120+6+182) = 102.67$$

Auf der folgenden Seite sind die Daten in einem Streudiagramm abgetragen. Auf der Ordinate ist die Größe sowohl in cm als auch in m angegeben: Das Streudiagramm verändert sich durch die Transformation nicht; lediglich die Skalierung wird beeinflusst. Obwohl die Stärke des Zusammenhangs gleich geblieben ist, ist die Kovarianz um den Faktor 100 größer geworden!

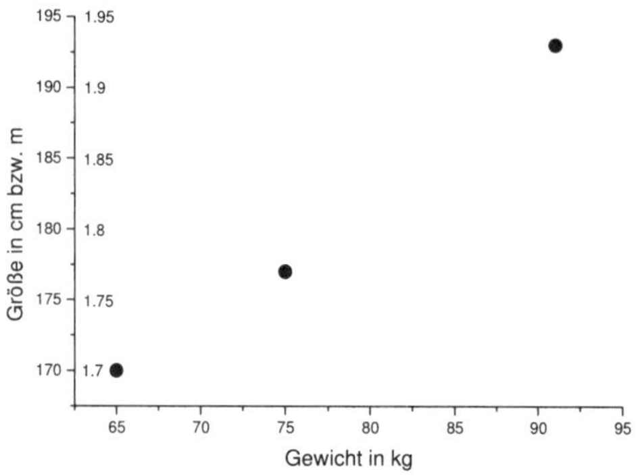

□

Allgemein gilt bei linearer Transformation der Merkmale X und Y in die Variablen p und q:

$$p = b_{01} + b_{11} \cdot x \text{ ; } q = b_{02} + b_{12} \cdot x \Rightarrow s(p) = b_{11} \cdot s(x); \; s(q) = b_{12} \cdot s(y);$$

$$COV(p,q) = b_{11} \cdot b_{12} \cdot COV(x,y)$$

In dem obigen Beispiel liegt folgende Transformation vor:
cm = 100·m => COV(kg, cm) = 102.67 = 100 · 1.0267 = 100 · COV(kg, m)

II.C.1.3 Pearsons Produkt-Moment-Korrelation r

Ein Korrelationsmaß, dessen Ausprägung lediglich von der Stärke des linearen Zusammenhangs abhängt und nicht – wie die Kovarianz – von der Wahl der Maßeinheiten mitbestimmt wird, erhält man, wenn die Kovarianz durch das Produkt der beiden Streuungen geteilt wird:

Die standardisierte Kovarianz – Pearsons Produkt-Moment-Korrelation r:

$$r_{x,y} = \frac{\frac{1}{n}\sum_{i=1}^{n}(x_i - \bar{x})(y_i - \bar{y})}{\sqrt{\frac{1}{n}\sum_{i=1}^{n}(x_i - \bar{x})^2}\sqrt{\frac{1}{n}\sum_{i=1}^{n}(y_i - \bar{y})^2}} = \frac{COV(x,y)}{s_x s_y}$$

Werden X und Y linear in die Variablen P ($p = b_{01} + b_{11}x$) und Q ($q = b_{02} + b_{12}x$) transformiert, so gilt:

$$r_{pq} = \frac{COV(p,q)}{s_p s_q} = \frac{COV(b_{01} + b_{11} \cdot x, b_{02} + b_{12} \cdot y)}{s_{b01+b11 \cdot x} \cdot s_{b02+b12 \cdot y}}$$

$$= \frac{b_{11} \cdot b_{12} \cdot COV(x,y)}{b_{11} \cdot b_{12} \cdot s_x \cdot s_y} = \frac{COV(x,y)}{s_x s_y} = r_{xy}$$

(Überprüfen Sie diesen Zusammenhang bitte für das letzte Beispiel!)

Die Produkt-Moment-Korrelation entspricht der Kovarianz der z-standardisierten Werte (Abschnitt II.B.3):

$$r_{x,y} = \frac{\frac{1}{n}\sum_{i=1}^{n}(x_i - \bar{x})(y_i - \bar{y})}{s_x s_y} = \frac{1}{n}\frac{1}{s_x s_y}\sum_{i=1}^{n}(x_i - \bar{x})(y_i - \bar{y})$$

$$= \frac{1}{n}\sum_{i=1}^{n}\frac{(x_i - \bar{x})(y_i - \bar{y})}{s_x s_y} = \frac{1}{n}\sum_{i=1}^{n}\frac{(x_i - \bar{x})}{s_x}\frac{(y_i - \bar{y})}{s_y} = \frac{1}{n}\sum_{i=1}^{n} z_x z_y$$

Wertebereich der Produkt-Moment-Korrelation (r):

Nach der Schwarz'schen Ungleichung (s. Abschnitt II.C.1.2) gilt:

$$-s_x s_y \le COV(x,y) \le s_x s_y \quad \Leftrightarrow \quad -1 \le \frac{COV(x,y)}{s_x s_y} = r_{xy} \le +1 \quad .$$

$r = +1$: Der Zusammenhang zwischen X und Y ist perfekt positiv linear: Je größer X ist, desto größer ist Y. Veränderungen in X gehen mit proportionalen Veränderungen in Y einher.

$r \approx 0$: Es besteht kein linearer Zusammenhang. Es kann jedoch nicht geschlossen werden, dass X und Y unabhängig voneinander sind (z.B. kann trotz $r = 0$ ein perfekter u-förmiger Zusammenhang bestehen).

$r = -1$: Der Zusammenhang zwischen X und Y ist perfekt negativ linear: Je kleiner X ist, desto größer ist Y.

In Abschnitt II.B.4 haben wir das Effektstärkemaß d zur Charakterisierung der Unterschiedlichkeit von Mittelwerten in zwei Gruppen kennengelernt. Bei Zusammenhangsanalysen ist das vereinbarte Effektstärkemaß gleich r.

Nach Cohen (1988) gilt zur Beurteilung der Stärke des Zusammenhangs bei zwei intervallskalierten Merkmale auf Basis des Effektstärkemaßes r folgende Vereinbarung:

$|r| \approx .1$: schwacher Effekt

$|r| \approx .3$: mittlerer Effekt

$|r| \approx .5$: starker Effekt

Dies kann jedoch nur als grobe Orientierung angesehen werden: Was als eine ‚gute' Korrelation anzusehen ist, muss meist aufgabenspezifisch entschieden werden. Die Güte einer Korrelation ist daran zu messen, welche alternativen Zusammenhänge in dem betreffenden Forschungsbereich gemessen wurden. Wenn das Ergebnis eines Bewerbungsgespräches zu .1 mit der tatsächlichen Berufseignung korreliert, so ist ein alternatives Verfahren, das zu .3 mit der Berufseignung korreliert, als sehr gut zu betrachten. Andererseits kann bei bestimmten Fragestellungen eine Korrelation von .99 sehr schlecht sein: Korreliert man die Ankunftszeiten der Züge der Deutschen Bahn AG mit den Zeiten, die auf dem Fahrplan angegeben werden, so würde eine Korrelation von .99 auf z.T. große Unpünktlichkeiten hinweisen. Sollen drei Züge um 1 Uhr, 10 Uhr und 22 Uhr abfahren und der erste fährt eine Stunde zu früh, der zweite 1.5 Stunden zu spät und der dritte 1.5 Stunden zu früh ab, so ergibt sich eine Korrelation von r = .99![9]

Wie bei dem Effektstärkemaß d (Abschnitt II.B.4) betont wurde, sollte vor einer weitergehenden Interpretation der Effektstärke zunächst sichergestellt werden, dass auch der gemessene Effekt r in der Stichprobe nicht zufallsbedingt zustande gekommen sein kann. In Band 2 – Abschnitt II.B.3 werden wir darstellen, wie diese Bedingung überprüft werden kann. Allgemein kann man als grobe Richtlinie formulieren, dass ab einer Stichprobengröße von 20 eine Korrelation von $|r|$ = .3 als bedeutsam oder nicht zufällig angesehen werden kann. In Band 2 – Abschnitt II.B.3 wird gezeigt, worauf man bei einer solchen Interpretation achten muss und welche Voraussetzungen hierzu erfüllt sein müssen.

Abschließend zu diesem Abschnitt sei noch angemerkt, dass sich die Aussagekraft der Produkt-Moment-Korrelation verringert, wenn ‚Ausreißerwerte' in der Stichprobe vorkommen (s. Beispiel auf Seite 109). Insbesondere bei schiefen Rohwerteverteilungen von X und Y sollte man prüfen, ob nicht einzelne extreme Werte dafür verantwortlich sind, dass der Zusammenhang als zu klein oder zu groß erscheint (Zur Identifikation und dem Umgang mit Ausreißerwerten s. Hair et al., 1996).

Beispiel: Folgende Werte erreichten 10 Vpn in einem Intelligenztest (X) und in einem Konzentrationstest (Y).

x_i	y_i	$(x_i - \bar{x})$	$(y_i - \bar{y})$	$(x_i - \bar{x})^2$	$(y_i - \bar{y})^2$	$(x_i - \bar{x})(y_i - \bar{y})$
85	43	-15	-7	225	49	105
116	55	+16	+5	256	25	80
119	54	+19	+4	361	16	76
101	48	+1	-2	1	4	-2
72	41	-28	-9	784	81	252
93	53	-7	+3	49	9	-21
107	49	+7	-1	49	1	-7
98	51	-2	+1	4	1	-2
89	47	-11	-3	121	9	33
120	59	+20	+9	400	81	180
Σ=1000	**Σ=500**	**$\bar{x}$ = 100**	**$\bar{y}$ = 50**	**Σ=2250**	**Σ=276**	**Σ=694**

[9] Bei der Frage nach der Pünktlichkeit wäre ein Zusammenhangsmaß ohnehin wenig sinnvoll: Auch wenn alle Züge sich um einen konstanten Betrag verspäten, ist die Korrelation r = 1. Hier müsste man ein geeignetes Übereinstimmungsmaß finden (s. Wirtz & Caspar, 2002)

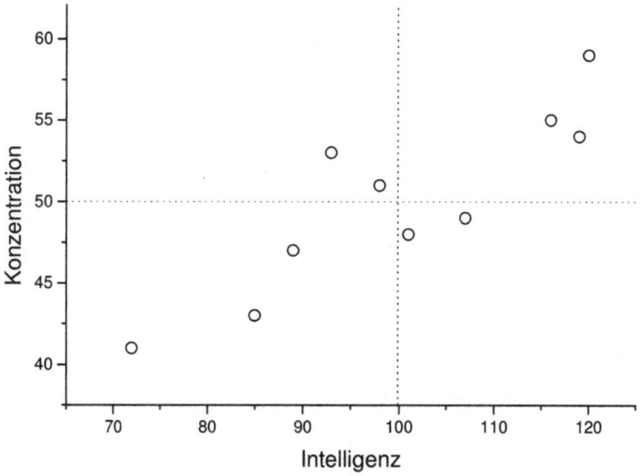

Die Varianzen, die Kovarianz und die Korrelation r lauten dann:

$$s_x^2 = \frac{2250}{10} = 225 \qquad s_x = 15 \qquad s_y^2 = \frac{276}{10} = 27.6 \qquad s_y = 5.25$$

$$COV_{xy} = \frac{694}{10} = 69.4 \qquad r_{xy} = \frac{69.4}{5.25 \cdot 15} = .88$$

□

Beispiel: Im folgenden Diagramm sind die Daten von 21 Personen dargestellt.

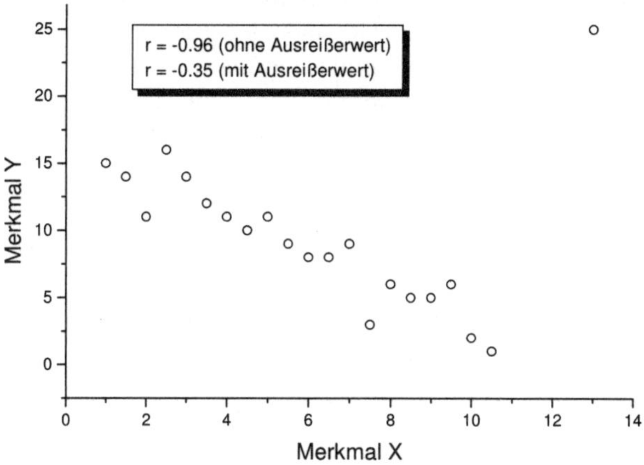

Für 20 der 21 Personen besteht ein stark negativer Zusammenhang zwischen X und Y (r = -.96). Dass die Korrelation mit r = -.35 nur mäßig negativ ausfällt, ist ausschließlich auf die Person zurückzuführen, die in X den Wert 13 und in Y den Wert 25 besitzt. Die Korrelation ist mit -.35 eigentlich nicht sinnvoll zu interpretieren, da für die Stichprobe ein stark negativer Zusammenhang besteht, der nur durch ein Objekt verletzt wird. Ist es möglich, begründet nachzuweisen, dass sich diese Person durch ein anderes Merkmal systematisch von den anderen Personen unterscheidet (z.B.: wenn eines der beiden Merkmale ein Leistungstest ist: Die Person war völlig unmotiviert in der Testsituation oder alkoholisiert), so kann man diese Person u.U. aus dem Datensatz entfernen. Dies sollte jedoch die Ausnahme sein, da man oft die Gestalt einer Punktwolke durch geschickte Auswahl der zu löschenden Punkte beliebig verändern kann. Nur wenn die gesonderte Behandlung eines Ausreißerwertes gut begründet werden kann, ist ein solches Vorgehen sinnvoll. Auf jeden Fall müsste dies bei der Darstellung der Ergebnisse dokumentiert werden.

Um eine Interpretation weniger von der Theorie als von den tatsächlichen Datenstrukturen abhängig zu machen, sollte man – wenn irgendwie möglich – die Daten neu erheben und darauf achten, dass Störeinflüsse, die man für das Zustandekommen des Ausreißerwertes verantwortlich hält, kontrolliert werden.

□

Durchführung mit SPSS: Die beiden zu korrelierenden Merkmale bilden jeweils eine Spalte. Befehl: Analysieren – Korrelation – Bivariat – Pearson (s. Diehl & Staufenbiehl, 2001, S. 123).

II.C.2 Einfache Lineare Regression

Nachdem wir mit der Produkt-Moment-Korrelation ein Maß gefunden haben, das uns Auskunft darüber gibt, wie stark der Zusammenhang zwischen zwei Merkmalen ist, stellt sich bei der einfachen linearen Regression die Frage, wie X (der Prädiktor) transformiert werden soll, damit die Ausprägung in Y (dem Kriterium) möglichst präzise geschätzt werden kann.

Allgemein gilt:

⇨ Eine lineare Regressionsanalyse ist nur dann sinnvoll, wenn der Prädiktor X und das Kriterium Y korreliert sind.

⇨ Bei der einfachen linearen Regression soll die Kriteriumsvariable Y nur durch *eine* Prädiktorvariable X vorhergesagt werden.

⇨ Es soll eine lineare Funktion (Geradengleichung $\hat{y}_i = b_0 + b_1 \cdot x_i$) gefunden werden, die den Zusammenhang zwischen X und Y optimal beschreibt.

Nach dem linearen Modell gilt:

Beobachtete Werte: $y_i = b_0 + b_1 \cdot x_i + e_i$

$y_i = \hat{y}_i + e_i$

Geschätzte Werte: $\hat{y}_i = b_0 + b_1 \cdot x_i$

Schätzfehler: $e_i = y_i - \hat{y}_i = y_i - (b_0 + b_1 \cdot x_i)$

⇨ Bei der linearen Regressionsanalyse kann nur eine lineare Beziehung zwischen zwei Variablen gefunden werden: Ob die Beziehung tatsächlich linear ist, kann nicht gefolgert werden (Linearität als implizite Modellannahme).

⇨ Als Entscheidungshilfe, welche Regressionsgleichung $\hat{y}_i = b_0 + b_1 \cdot x_i$) eine möglichst präzise Schätzung erlaubt bzw. welche Vorhersage möglichst fehlerfrei ist, muss ein explizites Kriterium formuliert werden.

Es ergibt sich eine eindeutige und mathematisch vielseitige Lösung, wenn als Kriterium für die Passung der Gerade gefordert wird, dass die Summe über die quadrierten Abweichungen der vorhergesagten von den beobachteten Werten minimal werden soll (Methode der kleinsten Quadrate, s. auch II.B.2.1.c).

II.C.2.1 Vertiefung: Bestimmung der Regressionsgleichung

Dieser Abschnitt ist zur Vertiefung gedacht. Es wird gezeigt, wie die Parameter b_0 und b_1 der Regressionsgleichung hergeleitet werden können. Im nachfolgenden Abschnitt wird dann die typische Anwendung des resultierenden Ergebnis demonstriert. Unsere Zielsetzung bei der Herleitung kann folgendermaßen geschrieben werden:

$$QS_{Fehler}(b_0, b_1) = \sum_{i=1}^{n} e_i^{\,2} = \sum_{i=1}^{n} (y_i - \hat{y}_i)^2 = \sum_{i=1}^{n} \left[y_i - (b_0 + b_1 \cdot x_i)\right]^2 \overset{!}{=} \min$$

Anschaulicher ausgedrückt: Es werden die Regressionsparameter b_0 und b_1 gesucht, für die gilt, dass die Summe der quadrierten Abweichungen der Datenpunkte (x_i, y_i) von der Geraden, die durch b_0 und b_1 definiert wird, möglichst klein ist. Eine Umformung der obigen Gleichung ergibt dann:

$$\begin{aligned} QS_{Fehler}(b_0, b_1) &= \sum_{i=1}^{n} \left[y_i - (b_0 + b_1 \cdot x_i)\right]^2 \\ &= \sum_{i=1}^{n} \left[y_i^2 - 2y_i(b_0 + b_1 \cdot x_i) + (b_0 + b_1 \cdot x_i)^2\right] \\ &= \sum_{i=1}^{n} \left[y_i^2 - 2b_1 x_i y_i - 2b_0 y_i + b_1^2 x_i^2 + 2b_0 b_1 x_i + b_0^2\right] \end{aligned}$$

In einer Kurvendiskussion muss nun bestimmt werden, für welche Werte b_0 und b_1 diese Funktion ein Minimum annimmt bzw. die Summe der quadrierten Abweichungen von der Geraden minimal ist. Dies ist der Fall, wenn die erste Ableitung der Funktion gleich 0 und die zweite Ableitung positiv ist. Wir müssen die Funktion hierfür partiell nach b_0 und b_1 ableiten und gleich 0 setzen.

$$\frac{\partial\, QS_{Fehler}(b_0, b_1)}{\partial\, b_1} = \sum_{i=1}^{n}(-2x_i y_i + 2b_1 x_i^2 + 2b_0 x_i) = 2\sum_{i=1}^{n} x_i(b_0 + b_1 \cdot x_i - y_i) = 0 \quad (1)$$

$$\frac{\partial\, QS_{Fehler}(b_0, b_1)}{\partial\, b_0} = \sum_{i=1}^{n}(-2y_i + 2b_1 x_i + 2b_0) = 2\sum_{i=1}^{n}(b_0 + b_1 \cdot x_i - y_i) = 0 \quad (2)$$

Die Auflösung von (2) ergibt dann:

$$2\sum_{i=1}^{n} b_1 X_i + 2\sum_{i=1}^{n} b_0 - 2\sum_{i=1}^{n} Y_i = 0 \Leftrightarrow 2nb_0 = 2\sum_{i=1}^{n} Y_i - 2\sum_{i=1}^{n} b_1 X_i$$

$$\Leftrightarrow b_0 = \frac{1}{n}\sum_{i=1}^{n} Y_i - b_1 \frac{1}{n}\sum_{i=1}^{n} X_i \Leftrightarrow b_0 = \overline{Y} - b_1 \overline{X}$$

Setzen wir dieses Ergebnis in (1) ein, so erhalten wir:

$$2\sum_{i=1}^{n} x_i(b_1 x_i + [\overline{y} - b_1 \overline{x}] - y_i) = 0 \Leftrightarrow \sum_{i=1}^{n}\left[(b_1 x_i^2 - b_1 x_i \overline{x}) - x_i y_i + x_i \overline{y}\right] = 0$$

$$\Leftrightarrow \sum_{i=1}^{n}(b_1 x_i^2 - b_1 x_i \overline{x}) - \sum_{i=1}^{n} x_i y_i + \sum_{i=1}^{n} x_i \overline{y} = 0$$

$$\Leftrightarrow \sum_{i=1}^{n}(b_1 x_i^2 - b_1 x_i \overline{x}) = \sum_{i=1}^{n} x_i y_i - \sum_{i=1}^{n} x_i \overline{y}$$

$$\Leftrightarrow b_1 \sum_{i=1}^{n}(x_i^2 - x_i \overline{x}) = \sum_{i=1}^{n} x_i y_i - \overline{y}\sum_{i=1}^{n} x_i$$

$$\Leftrightarrow b_1 = \frac{\sum_{i=1}^{n} x_i y_i - \overline{y}\sum_{i=1}^{n} x_i}{\sum_{i=1}^{n}(x_i^2 - x_i \overline{x})} = \frac{\sum_{i=1}^{n} x_i y_i - \overline{y} n \overline{x}}{\sum_{i=1}^{n} x_i^2 - \overline{x}\sum_{i=1}^{n} x_i}$$

$$\Leftrightarrow b_1 = \frac{\sum_{i=1}^{n} x_i y_i - n\overline{y}\,\overline{x}}{\sum_{i=1}^{n} x_i^2 - n\overline{x}^2} = \frac{n \cdot COV(x, y)}{n \cdot VAR(x)} = \frac{COV(x, y)}{VAR(x)}$$

Auf den Beweis, dass für diese Regressionsparameter die 2. Ableitung größer Null ist, soll hier verzichtet werden.

II.C.2.2 Berechnung und Eigenschaften der Regressionsgeraden

Wir haben also gezeigt, dass die Regressionsgleichung nach dem Kriterium der kleinsten Quadrate eine optimale Schätzung liefert, wenn sie folgendermaßen berechnet wird:

$$\hat{y}_i = b_0 + b_1 \cdot x_i = \left(\bar{y} - \frac{COV(x,y)}{VAR(x)}\bar{x}\right) + \frac{COV(x,y)}{VAR(x)} x_i$$

Soll X aus Y vorhergesagt werden ($\hat{x}_i = b_{0(xy)} + b_{1(xy)} \cdot y_i$), gilt

$$b_{1(xy)} = \frac{COV(x,y)}{VAR(y)} \qquad b_{0(xy)} = \bar{x} - b_{1(xy)}\bar{y}\,.$$

Für diese Gleichung gelten folgende Aussagen:

1.) $\sum_{i=1}^{n}(y_i - \hat{y}_i)^2 = \min$, d.h. es existiert keine Gerade, von der die y_i insgesamt bzw. im Durchschnitt weniger abweichen

2.) $\sum_{i=1}^{n}(y_i - \hat{y}_i) = 0$, d.h. die Summe der Abweichungen der y_i von der Gerade ist exakt gleich 0

3.) $\sum_{i=1}^{n}[x_i(y_i - \hat{y}_i)] = \sum_{i=1}^{n} x_i e_i = 0 \Rightarrow$ r(Prädiktor, Fehler) = 0,
d.h. es besteht keine Korrelation von Fehler und x_i und dem vorhergesagten Wert $\hat{y}_i$.

4.) Die Gerade führt durch den Schwerpunkt der Verteilung, der durch die Mittelwerte $\bar{x}$ und $\bar{y}$ definiert wird.

Besteht kein Zusammenhang zwischen X und Y, so ist die Kovarianz ungefähr gleich 0 bzw. im Verhältnis zu den Varianzen relativ klein:

$$b_{1(yx)} \approx \frac{0}{VAR(x)} = 0 = \frac{0}{VAR(y)} \approx b_{1(xy)}\,; \quad b_{0(yx)} \approx \bar{y} - 0\,\bar{x} = \bar{y} \text{ und } b_{0(xy)} = \bar{x}$$

Bei Unabhängigkeit weist die Gerade also keine Steigung auf und der Wert der Regressionsgerade ist stets gleich dem Mittelwert der Kriteriumsvariable Y: Dies stimmt mit der Eigenschaft des arithmetischen Mittels als bester Schätzung der y_i nach der Methode der kleinsten Quadrate in univariaten Verteilungen überein (s. hierzu auch Abschnitt II.B.2.1.c).

Allgemein gilt:

$$r = \frac{COV(x,y)}{s_x s_y} = \frac{COV(x,y)}{s^2_x}\frac{s_x}{s_y} = b_{1(yx)}\frac{s_x}{s_y} = \frac{COV(x,y)}{s^2_y}\frac{s_y}{s_x} = b_{1(xy)}\frac{s_y}{s_x}$$

Die Korrelation und die Regressionsgeradensteigung unterscheiden sich also genau um das Verhältnis der Standardabweichungen.

$$|r| = \left|\frac{COV(x,y)}{s_x s_y}\right| = \sqrt{\frac{COV^2(x,y)}{s^2_x s^2_y}} = \sqrt{\frac{COV(x,y)\cdot COV(x,y)}{s^2_x \cdot s^2_y}} = \sqrt{b_{1(yx)} b_{1(xy)}}$$

Die Korrelation ist gleich dem geometrischen Mittel der beiden Geradensteigungen, wenn Y bzw. X vorgesagt werden soll.

> Liegen z-standardisierte Variablen X und Y vor oder besitzen beide Variablen gleiche Streuungen, so ist die Korrelation identisch mit den Werten der Geradensteigungen.
>
> $$r = b_{1(yx)}\frac{k}{k} \Rightarrow r_{xy} = b_{1(xy)} = b_{1(yx)} \quad (k = s_x = s_y\text{, insbesondere } k = 1)$$

Beispiel: In einer Therapie soll geprüft werden, wie sich bei einem Klienten die Beeinträchtigung durch psychische Probleme im Verlaufe der ersten 10 Sitzungen verändert.

Der Klient gibt dazu auf einer intervallskalierten Skala von '1 – keine Beeinträchtigung' bis '9 – sehr starke Beeinträchtigung' an, welcher Wert für ihn seit der letzten Sitzung am ehesten zutrifft.

X = Anzahl der Sitzungen Y = Ausmaß der Beeinträchtigung

Beob.-Nr.	**x**	**y**	**(x-5.5)**	**(y-4.8)**	**$(x-5.5)^2$**	**$(y-4.8)^2$**	**(x-5.5)(y-4.8)**
1	1	7	-4.50	2.20	20.25	4.84	-9.90
2	2	9	-3.50	4.20	12.25	17.64	-14.70
3	3	5	-2.50	0.20	6.25	0.04	-0.50
4	4	6	-1.50	1.20	2.25	1.44	-1.80
5	5	4	-0.50	-0.80	0.25	0.64	0.40
6	6	7	0.50	2.20	0.25	4.84	1.10
7	7	1	1.50	-3.80	2.25	14.44	-5.70
8	8	4	2.50	-0.80	6.25	0.64	-2.00
9	9	2	3.50	-2.80	12.25	7.84	-9.80
10	10	3	4.50	-1.80	20.25	3.24	-8.10
Summe	**55**	**48**	**0**	**0**	**82.5**	**55.6**	**-51**
Mittelw.	**5.5**	**4.8**	**0**	**0**	**8.25**	**5.56**	**-5.1**

$s^2(x) = 8.25 \Rightarrow s(x) = 2.87$; $s^2(y) = 5.56 \Rightarrow s(y) = 2.36$; $COV(x,y) = -5.1$

Stärke des Zusammenhangs: $r = \frac{COV(x,y)}{s_x \cdot s_y} = \frac{-5.1}{2.87 \cdot 2.36} = -.75$

Die Produkt-Moment-Korrelation sagt also aus, dass bei dieser Person mit wachsender Anzahl der Therapiesitzungen die Beeinträchtigung durch psychische Probleme abnimmt.

Vorhersage der Beeinträchtigung Y aufgrund der Sitzungsanzahl X:

$$b_{1(yx)} = \frac{COV(x,y)}{s_x^2} = \frac{-5.1}{8.25} = -0.62$$

$$b_{0(yx)} = \bar{y} - b_{1(yx)}\bar{x} = 4.8 + 0.62 \cdot 5.5 = 8.21$$

$$\hat{y}_i = -0.62 \cdot x_i + 8.21$$

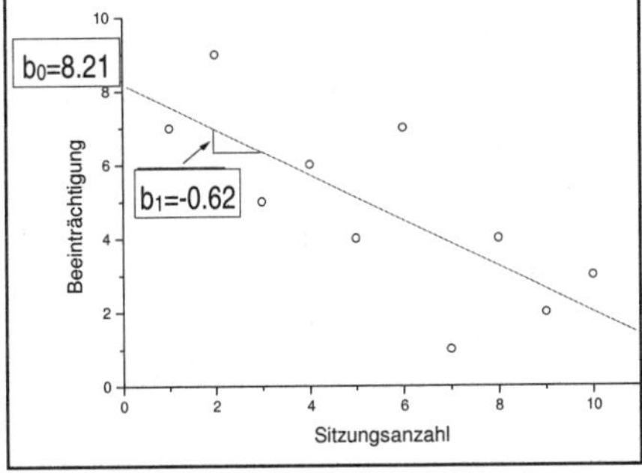

Vorhersage der Sitzungsanzahl X aufgrund der Beeinträchtigung Y:

$$b_{1(xy)} = \frac{COV(x,y)}{s_y^2} = \frac{-5.1}{5.56} = -0.92$$

$$b_{0(xy)} = 5.5 + 0.92 \cdot 4.8 = 9.86$$

$$\hat{x}_i = -0.92 \cdot y_i + 9.86$$

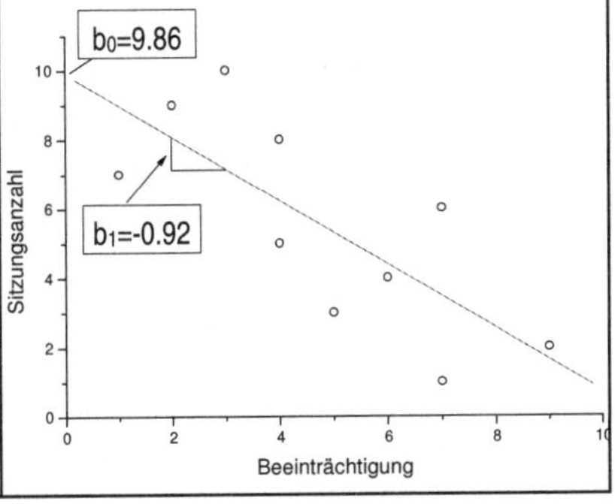

Insbesondere gilt: $|r| = \sqrt{b_{1(yx)} b_{1(xy)}} = \sqrt{-0.92 \cdot -0.62} = .75$

Wie wir auf S. 111 gezeigt haben, ist die Kovarianz der z-standardisierten Werte gleich der Korrelation von x und y. In der unten stehenden Tabelle ist dies für unser Beispiel dargestellt: Statt der Rohdaten x_i und y_i werden hier die z-standardisierten Werte verwendet ($z(x_i)$ und $z(y_i)$). In der Tabelle sind rechts die geschätzten Werte für x und für y angegeben, die man nach Einsetzen in die Regressionsgleichungen erhält.

x	**y**	**z(x)= (x-5.5)/2.87**	**z(y)= (y-4.8)/2.36**	**z(x) · z(y)**	**$\hat{y}_i$=-0.62·x_i +8.21**	**$\hat{x}_i$=-0.92·y_i +9.92**
1	7	-1.57	0.93	-1.46	7.58	3.48
2	9	-1.22	1.78	-2.17	6.96	1.65
3	5	-0.87	0.08	-0.07	6.35	5.32
4	6	-0.52	0.51	-0.27	5.73	4.40
5	4	-0.17	-0.34	0.06	5.11	6.23
6	7	0.17	0.93	0.16	4.49	3.48
7	1	0.52	-1.61	-0.84	3.87	8.99
8	4	0.87	-0.34	-0.30	3.25	6.23
9	2	1.22	-1.19	-1.45	2.64	8.07
10	3	1.57	-0.76	-1.20	2.02	7.15
Mittelw.		**0**	**0**	**-0.75**		

□

Durchführung mit SPSS: Die beiden Merkmale bilden jeweils eine Spalte. Befehl: Analysieren – Regression – Linear (s. Diehl & Staufenbiehl, 2001, S. 419).

II.C.2.3 Das Prinzip der Varianzzerlegung und die Varianzaufklärung

Der Anteil der aufgeklärten oder vorhersagbaren Varianz ist bei allen statistischen Analysemethoden, die Intervallskalenniveau voraussetzen (z.B. Faktorenanalyse (Abschnitt II.F), Varianzanalyse (Band 2 – Abschnitt II.B.2.1)), eines der zentralen Gütekriterien. An dieser Stelle soll es wegen seiner grundlegenden Bedeutung in Bezug auf die Regressionsanalyse detaillierter behandelt werden.

Obwohl die folgenden Betrachtungen zunächst etwas formal und abstrakt ausfallen, so ist eine Beschäftigung damit lohnend: Das Grundprinzip der Varianzaufklärung kann bei der Regressionsanalyse – wie in den Beispielen dargestellt werden wird – an konkreten Datensätzen prototypisch nachvollzogen werden. Bei allen anderen, zumeist komplexeren statistischen Verfahren (z.B. Band 2 – Abschnitt II.B.2.1) ist die Varianzaufklärung in exakt gleicher Weise definiert und es können prinzipiell die gleichen Betrachtungen zum Verständnis der Gütemaße angestellt werden. Obwohl der Weg zu einer Lösung zunächst etwas beschwerlich erscheint, so werden wir in Abschnitt II.C.2.4 sehen, dass das Ergebnis überraschend einfach ermittelt werden kann.

Ausgehen wollen wir von folgender Betrachtung: In einer Stichprobe, in der wir das Merkmal Y erhoben haben, weicht jede Beobachtung y_i zunächst unsystematisch vom Mittelwert ab.

Besteht ein Zusammenhang zwischen den Variablen X und Y, so können wir bei Kenntnis der x_i-Werte $\hat{y}_i$-Werte vorhersagen, die sich systematisch von $\overline{y}$ unterscheiden:

$$(y_i - \overline{y}) = (y_i - \hat{y}_i + \hat{y}_i - \overline{y}) = (y_i - \hat{y}_i) + (\hat{y}_i - \overline{y})$$

Die tatsächliche Abweichung der y_i vom Mittelwert Wert $\overline{y}$ lässt sich somit als Summe der Abweichung der tatsächlichen Werte vom vorhergesagten Wert $(y_i - \hat{y}_i)$ und der Abweichung der vorhergesagten Werte vom Mittelwert $(\hat{y}_i - \overline{y})$ beschreiben.[10]

Ausgehend von dieser Beziehung, lassen sich drei wichtige Quadratsummen (QS), Varianz- und Streuungsmaße definieren:

---

[10] Dies haben wir einfach dadurch erreicht, daß wir $\hat{y}_i$ einmal subtrahiert und einmal addiert haben: Dieses Vorgehen ermöglicht uns – wie wir im Folgenden sehen werden – einige neue Beschreibungsmöglichkeiten, obwohl wir mit $(\hat{y}_i - \hat{y}_i)$ lediglich den Wert 0 eingefügt haben. Man spricht in einem solchen Fall von einer nahrhaften 0 oder einem Jesus-Faktor: er hilft, obwohl man nicht genau weiß, wie er dies tut, und ohne eine substantiell nachweisbare Information mit einfließen zu lassen.

Definition:

$$QS_y = \sum_{i=1}^{n}(y_i - \bar{y})^2 \qquad s^2{}_y = \frac{1}{n}\cdot QS_y \qquad s_y = \sqrt{s^2{}_y}$$

$$QS_{\hat{y}} = \sum_{i=1}^{n}(\hat{y}_i - \bar{y}_i)^2 \qquad s^2{}_{\hat{y}} = \frac{1}{n}\cdot QS_{\hat{y}} \qquad s_{\hat{y}} = \sqrt{s^2{}_{\hat{y}}}$$

$$QS_{fehler} = \sum_{i=1}^{n}(y_i - \hat{y}_i)^2 \qquad s^2{}_{fehler} = \frac{1}{n}\cdot QS_{fehler} \qquad s_{fehler} = \sqrt{s^2{}_{fehler}}$$

Diese Maße können wie folgt veranschaulicht werden:
(Man beachte hierbei, dass die Streuung nicht gleich der durchschnittlichen absoluten Abweichung vom Mittelwert ist (s. hierzu: Abschnitt II.B.2.2.b)).

s_y ist ein Maß dafür, wie weit die y_i-Werte im Durchschnitt vom Mittelwert $\bar{y}$ abweichen. Wie groß ist in etwa der absolute durchschnittliche Fehler, wenn Y vorhergesagt wird, wenn die Ausprägung von X nicht berücksichtigt wird?

s_y = Streuung der y_i-Werte in Bezug auf den Mittelwert der y_i; s_y repräsentiert die Abweichungen, die durch den Prädiktor erklärt werden sollen.

s_y^2 = *Gesamtvarianz oder zu erklärende Varianz*

$s_{\hat{y}}$ ist ein Maß dafür, wie weit die $\hat{y}_i$-Werte im Durchschnitt absolut vom Mittelwert $\bar{y}$ abweichen. $s_{\hat{y}}$ kann als Maß für den Informationsgewinn interpretiert werden, wenn bei der Vorhersage von Y die Ausprägung von X berücksichtigt wird?

$s_{\hat{y}}$ = Streuung der vorhergesagten $\hat{y}_i$-Werte in Bezug den Mittelwert der y_i; $s_{\hat{y}}$ repräsentiert die Abweichungsanteile (vom Mittelwert), die durch den Prädiktor vorhergesagt werden können.

$s_{\hat{y}}^2$ = *erklärte Varianz*

s_{fehler} ist ein Maß dafür, wie weit die y_i-Werte im Durchschnitt absolut von den aufgrund von X vorhergesagten Werte $\hat{y}_i$ abweichen. Wie groß ist also ungefähr der durchschnittliche Fehler, den man trotz der Berücksichtigung des Merkmals X bei der Vorhersage von Y macht?

s_{fehler} = Streuung der tatsächlichen y_i-Werte in Bezug auf die vorhergesagten $\hat{y}_i$-Werten (Standardschätzfehler, s. Abschnitt II.C.2.5); diese repräsentiert die Abweichungsanteile, die durch den Prädiktor nicht vorhergesagt werden können.

s_{fehler}^2 = *nicht erklärte oder nicht vorhersagbare Varianz*

Beispiel: Gegeben seien nochmals die Daten des Beispiels auf Seite 114.

x	y	$\hat{y}_i$	$y_i - \hat{y}_i$	$\hat{y}_i - \bar{y}_i$	$y_i - \bar{y}_i$	$(y_i - \hat{y}_i)^2$	$(\hat{y}_i - \bar{y}_i)^2$	$(y_i - \bar{y}_i)^2$
1	7	7.58	-0.58	2.78	2.20	0.34	7.73	4.84
2	9	6.96	2.04	2.16	4.20	4.16	4.67	17.64
3	5	6.35	-1.35	1.55	0.20	1.82	2.40	0.04
4	6	5.73	0.27	0.93	1.20	0.07	0.86	1.44
5	4	5.11	-1.11	0.31	-0.80	1.23	0.10	0.64
6	7	4.49	2.51	-0.31	2.20	6.30	0.10	4.84
7	1	3.87	-2.87	-0.93	-3.80	8.24	0.86	14.44
8	4	3.25	0.75	-1.55	-0.80	0.56	2.40	0.64
9	2	2.64	-0.64	-2.16	-2.80	0.41	4.67	7.84
10	3	2.02	0.98	-2.78	-1.80	0.96	7.73	3.24
Summe (QS)			**0**	**0**	**0**	**24.1**	**31.5**	**55.6**
Mittelwert (s^2)			**0**	**0**	**0**	**2.41**	**3.15**	**5.56**

$s^2_y = 5.56$ entspricht in der Graphik unten der Varianz der tatsächlich beobachteten Werte (offene Punkte) in y-Richtung.

$s_{\hat{y}}^2 = 3.15$ entspricht der Varianz der vorhergesagten Werte (ausgefüllte Punkte) in y-Richtung.

$s^2_{fehler} = 2.41$ entspricht der Varianz der tatsächlich beobachteten Werte in Bezug auf die vorhergesagten Werte auf der Regressionsgeraden.

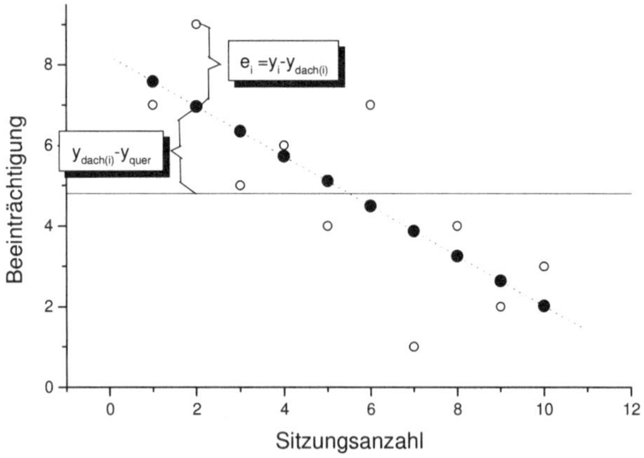

□

Auf Seite 116 haben wir gezeigt, dass die Abweichung jedes einzelnen beobachteten Wertes vom Mittelwert der Summe der Abweichung vom vorhergesagten Wert und der Abweichung des vorhergesagten Wertes vom Mittelwert entspricht $[(y_i - \bar{y}) = (y_i - \hat{y}_i) + (\hat{y}_i - \bar{y})]$. Jetzt wollen wir daraus herleiten, welche Beziehung zwischen den drei Varianzmaßen $s^2(y)$, $s^2(\hat{y})$ und s^2_{fehler} besteht:

$$(y_i - \bar{y}) = (y_i - \hat{y}_i) + (\hat{y}_i - \bar{y})$$

$$(y_i - \bar{y})^2 = [(y_i - \hat{y}_i) + (\hat{y}_i - \bar{y})]^2$$

$$\sum_{i=1}^{n}(y_i - \bar{y})^2 = \sum_{i=1}^{n}[(y_i - \hat{y}_i) + (\hat{y}_i - \bar{y})]^2$$

$$= \sum_{i=1}^{n}[(y_i - \hat{y}_i)^2 + 2(y_i - \hat{y}_i)(\hat{y}_i - \bar{y}) + (\hat{y}_i - \bar{y})^2]$$

$$= \sum_{i=1}^{n}[(y_i - \hat{y}_i)^2 + 2\sum_{i=1}^{n}(y_i - \hat{y}_i)(\hat{y}_i - \bar{y}) + \sum_{i=1}^{n}(\hat{y}_i - \bar{y})^2]$$

$$= \sum_{i=1}^{n}[(y_i - \hat{y}_i)^2 + 2\sum_{i=1}^{n}e_i(\hat{y}_i - \bar{y}) + \sum_{i=1}^{n}(\hat{y}_i - \bar{y})^2]$$

Der mittlere Term entspricht der n·2-fachen Kovarianz des Vorhersagefehlers und der geschätzten Werte: Da die geschätzten Werte und die Fehler – wie wir bereits in Abschnitt II.C.2.2 festgestellt haben – unkorreliert sind, ist diese Kovarianz genau gleich 0.

$$\sum_{i=1}^{n}(y_i - \bar{y})^2 = \sum_{i=1}^{n}(y_i - \hat{y}_i)^2 + \sum_{i=1}^{n}(\hat{y}_i - \bar{y})^2 \Leftrightarrow QS_y = QS_{\hat{y}} + QS_{Fehler} \qquad \Big| \cdot \frac{1}{n}$$

$$\Leftrightarrow \quad s_y^2 = s_{\hat{y}}^2 + s_{fehler}^2 \qquad \Big| \cdot \frac{1}{s_y^2}$$

$$\Leftrightarrow \quad 1 = \frac{s_{\hat{y}}^2}{s_y^2} + \frac{s_{fehler}^2}{s_y^2} \quad \Leftrightarrow \quad \frac{s_{\hat{y}}^2}{s_y^2} = 1 - \frac{s_{fehler}^2}{s_y^2}$$

Die Gesamtvarianz der y-Werte ist also genau gleich der Summe der vorhergesagten Varianz und der Fehlervarianz. Der Anteil der vorhergesagten Varianz an der Gesamtvarianz und der Anteil der Fehlervarianz an der Gesamtvarianz ergeben in der Summe stets 1.

In unserem Beispiel auf Seite 114 gilt entsprechend:

$$QS_y = 55.6 = 31.5 + 24.1 = QS_{\hat{y}} + QS_{Fehler}$$

$$s_y^2 = 5.56 = 3.15 + 2.41 = s_{\hat{y}}^2 + s_{fehler}^2$$

$$1 = \frac{s_{\hat{y}}^2}{s_y^2} + \frac{s_{fehler}^2}{s_y^2} = \frac{3.15}{5.56} + \frac{2.41}{5.56} \quad \text{und} \quad \frac{s_{\hat{y}}^2}{s_y^2} = \frac{3.15}{5.56} = 1 - \frac{2.41}{5.56} = 1 - \frac{s_{fehler}^2}{s_y^2}$$

II.C.2.4 Der Determinationskoeffizient r^2

Es konnte also gezeigt werden, dass sich die Gesamtvarianz in Y als Summe der aus X vorhersagbaren Varianz und der aus X nicht vorhersagbaren Varianz ergibt.

$$s_y^2 = s_{\hat{y}}^2 + s_{\text{fehler}}^2 \qquad 1 = \frac{s_{\hat{y}}^2}{s_y^2} + \frac{s_{\text{fehler}}^2}{s_y^2}$$

Je größer der Anteil der durch das Merkmal X vorhersagbaren Unterschiede an den Unterschieden in Y insgesamt ist, desto präziser kann Y aus X geschätzt werden. Oder: Je stärker die vorhergesagten Werte $\hat{y}_i$ auf der Gerade im Verhältnis zu den Unterschieden zwischen den beobachteten und den vorhergesagten Werten $(\hat{y}_i - y_i)$ streuen, desto besser ist die Vorhersage.

Die Regressionsgerade sollte also eine möglichst große Steigung aufweisen, und die beobachteten Werte sollten möglichst nahe an der Geraden liegen. (vgl. Abbildungen auf S. 122)

Die Berechnung des aufgeklärten Varianzanteils vereinfacht sich durch folgende Betrachtung. Für den Anteil der vorhersagbaren oder aufgeklärten Varianz gilt folgende Beziehung:

$$\frac{s_{\hat{y}}^2}{s_y^2} = \frac{\frac{1}{n}\sum_{i=1}^{n}(\hat{y}_i - \overline{y})^2}{s_y^2} = \frac{\frac{1}{n}\sum_{i=1}^{n}(b_0 + b_1x_i - b_0 - b_1\overline{x})^2}{s_y^2} = \frac{b_1^2\frac{1}{n}\sum_{i=1}^{n}(x_i - \overline{x})^2}{s_y^2}$$

$$= \frac{b_1^2 s_x^2}{s_y^2} = \frac{\frac{Cov(x,y)^2}{s_x^4}s_x^2}{s_y^2} = \frac{Cov(x,y)^2}{s_x^2 s_y^2} = \left(\frac{Cov(x,y)}{s_x s_y}\right)^2 = r^2.$$

Die quadrierte Korrelation wird als Bestimmtheitsmaß oder Determinationskoeffizient bezeichnet. Multipliziert man r^2 mit 100%, so erhält man den prozentualen Anteil der durch X aufgeklärten Varianz in Y.

Es erübrigt sich also die einzelnen Varianzmaße zu berechnen, da bequemerweise der Anteil der vorhersagbaren Varianz gleich der quadrierten Produkt-Moment-Korrelation ist.

In dem Beispiel auf Seite 114 lautete die Produkt-Moment Korrelation r = .75:

$$\frac{s_{\hat{y}}^2}{s_y^2} = \frac{3.15}{5.56} = .57 = .75^2 = r^2$$

Der Wertebereich von r^2

r^2 ist im Unterschied zu r immer positiv: $0 \le r^2 \le 1$

r^2 ist ein Maß, das die Güte der Schätzung bzw. die Schätzgenauigkeit repräsentiert. Je weiter r^2 von 0 abweicht, desto höher ist die Schätzgenauigkeit.

Das Unbestimmtheitsmaß (1-r^2) gibt mit 100 multipliziert den prozentualen Varianzanteil an, der nicht aufgrund von X vorhersagbar ist.

$0 \leq 1 - r^2 \leq 1 \qquad r^2 + (1 - r^2) = 1$

In der folgenden Graphik ist die Größe des Determinationskoeffizienten und des Unbestimmtheitsmaßes in Abhängigkeit von der Korrelation abgetragen.

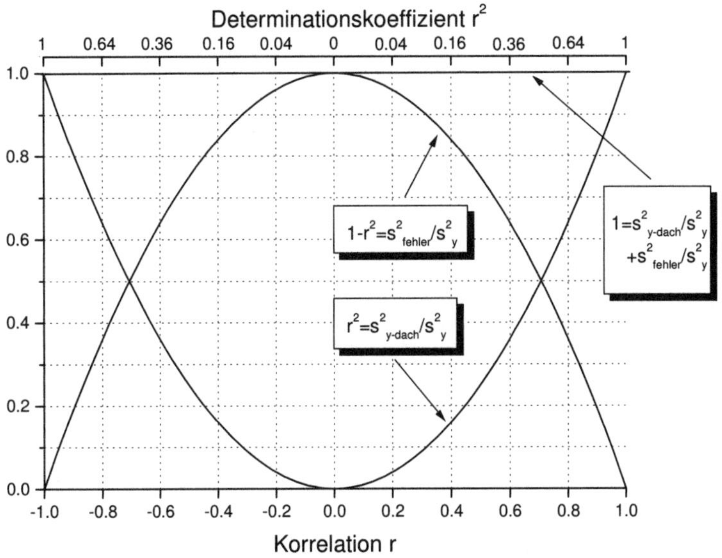

Man erkennt, dass im Bereich um 0 ein Zuwachs der Korrelation um z.B. 0.1 einen wesentlich geringeren Zuwachs an Varianzaufklärung (r^2) bewirkt als in den Bereichen, die sowohl positiv als auch negativ deutlich von 0 abweichen. Ein Sprung von $|r| = .75$ auf $|r| = 1.0$ bedeutet einen Varianzaufklärungszuwachs von etwa 43%, wohingegen dem Unterschied zwischen $|r| = .00$ auf $|r| = .25$ lediglich etwa 6% zusätzlicher Varianzaufklärung entspricht. In Band 2 – Abschnitt II.B.3 wird nochmals diskutiert werden, das gleiche Korrelationsunterschiede umso bedeutsamer sind, je näher die Werte der Korrelationen im Betrag bei 1 liegen.

In der Graphik wird weiterhin deutlich, dass sich – wie wir oben theoretisch hergeleitet haben – die Gesamtvarianz von Y als Summe des vorhersagbaren Varianzanteils und des Fehlervarianzanteils ergibt: Bei Addition der beiden parabolischen Funktionen ergibt sich für jeden Wert von r der Funktionswert 1.

Die folgenden Graphiken sollen zusammenfassend nochmals einen Eindruck davon vermitteln, in welcher Beziehung graphische Eigenschaften des Streudiagramms und die Ausprägungen von r und r^2 stehen: Hohe Korrelationen und Varianzaufklärungen ergeben sich, wenn die Abweichungen der Werte von der Regressionsgeraden im Verhältnis zur Geradensteigung relativ klein sind.

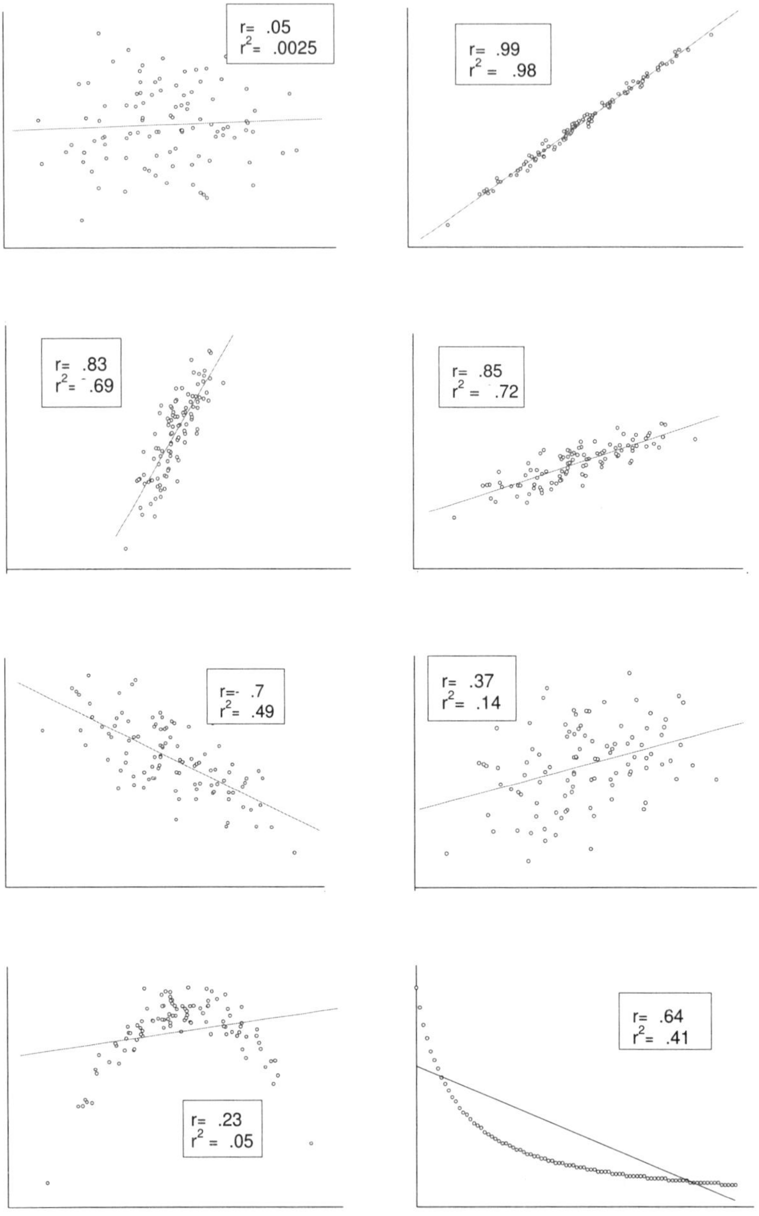

In den letzten beiden Graphiken kann man nochmals deutlich erkennen, dass vergleichsweise niedrige Korrelationen auch dann gemessen werden können, wenn die beiden Merkmale in sehr gutem, jedoch nicht linearem Zusammenhang stehen.

II.C.2.5 Der Standardschätzfehler

Der Standardschätzfehler ist gleich der Wurzel aus der Fehlervarianz (s. hierzu auch II.C.2.3)

$$s_{fehler} = \sqrt{\frac{1}{n} \cdot QS_{fehler}} = \sqrt{\frac{1}{n} \sum_{i=1}^{n} \cdot (y_i - \hat{y}_i)^2} = s_y \sqrt{1-r^2}$$

Der Standardschätzfehler s_{fehler} ist ein Maß für die Variabilität der tatsächlichen Werte y_i in Bezug auf die $\hat{y}_i$-Werte auf der Geraden. Je kleiner s_{fehler} im Vergleich zu s_y ist, desto größer ist die Schätzgenauigkeit.

Teilt man den Standardschätzfehler durch die Streuung von Y (s_y), so darf dieser Bruch (s_{fehler}/s_y) nicht als Anteil der Fehlerstreuung an der Gesamtstreuung interpretiert werden, da die Summe von s_{fehler} und $s(\hat{y})$ größer als s_y ist. Wie wir im Folgenden zeigen werden, muss man allgemein bei der Interpretation von Streuungs‚anteilen' vorsichtiger sein als bei der Interpretation von Varianzanteilen.

Im Unterschied zur Varianz lässt sich die Streuung von Y (s(y)) nicht – wie die Varianz – additiv in aufgeklärte und nicht aufgeklärte Komponenten zerlegen.

$$s_y^2 = s_{\hat{y}}^2 + s_{fehler}^2 \Rightarrow s_y = \sqrt{s_{\hat{y}}^2 + s_{fehler}^2}$$

Im vorherigen Abschnitt haben wir bewiesen, dass die folgenden Beziehungen gelten:

r= $s_{\hat{y}}/s_y$ und $\sqrt{1-r^2} = s_{fehler}/s_y \Rightarrow s_{\hat{y}} = r \cdot s_y$ und $s_{fehler} = s_y \sqrt{1-r^2}$

Daraus folgt: $s_{\hat{y}} + s_{fehler} = s_y \cdot (r + \sqrt{1-r^2}) \neq s_y$, für $r \neq 0$ und $|r| \neq 1$.

Dieser Sachverhalt ist in der Graphik auf der folgenden Seite abgebildet. Sie entspricht der Graphik auf Seite 121: Hier sind anstelle der Varianzanteile jedoch die Streuungs‚anteile' abgetragen. Die Funktionen zeigen das Verhältnis der Fehlerstreuung (Standardschätzfehler) und der Gesamtstreuung von Y, das Verhältnis der aufgeklärten Streuung und der Gesamtstreuung sowie die Summe dieser beiden Verhältnisse. Nur an den Stellen r = 0 und |r|=1 ist diese Summe gleich 1. Im Vergleich dazu ist die Summe der Varianzanteile immer gleich 1.

An dieser Stelle wird deutlich, dass die Varianz angenehmere mathematische Eigenschaften besitzt als die Streuung, da die Varianzanteile sich immer zu 1 aufsummieren. Dies ist der wichtigste Grund dafür, dass man bei der Beschreibung von statistischen Ergebnissen meist Varianz- oder Varianzaufklärungsmaße und nicht Streuungsmaße angibt, obwohl die Bedeutung der Varianz nur sehr schwer zu veranschaulichen ist und die Varianz eine andere Maßeinheit besitzt als das Merkmal selbst (Die Varianz eines Merkmals in cm hat die Maßeinheit cm^2). Hätten wir uns in II.C.2.1 für die durchschnittliche Abweichung von der Regressionsgerade als Gütemaß entschieden, so wäre dieses zwar anschaulicher, aber diesen Vorteil würden wir nur durch sehr unangenehme mathematische Folgeprobleme erkaufen können.

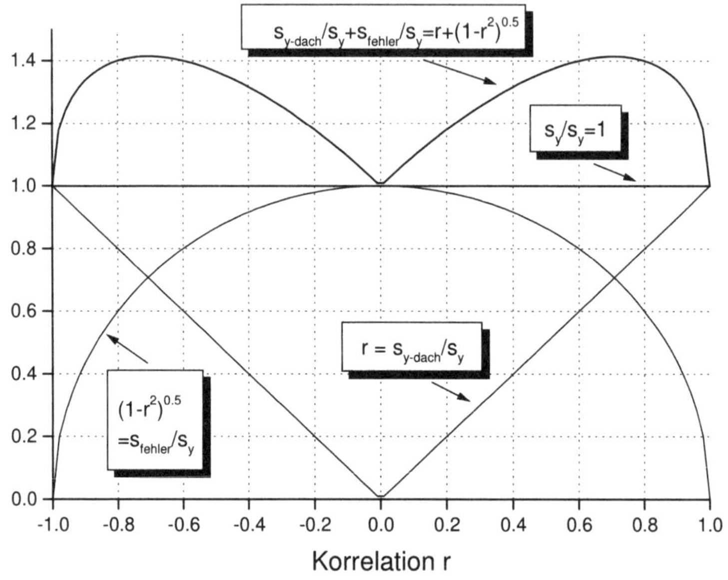

Beispiel: Zum Standardschätzfehler. Die Werte in einem Intelligenztest sollen aus der Konzentrationsleistung vorhergesagt werden.
($\bar{y} = 100; s_y = 15$)

Fall 1: Die beiden Merkmale korrelieren zu r = .6.

Der Standardschätzfehler, den man begeht, wenn aus der Konzentrationsleistung die Intelligenz geschätzt wird, beträgt

$s_{\text{fehler}} = s_y \sqrt{1-r^2} = 15\sqrt{1-.6^2} = 12$.

Fall 2: Die beiden Merkmale korrelieren zu r = .8.

Der Standardschätzfehler beträgt dann:

$s_{\text{fehler}} = s_y \sqrt{1-r^2} = 15\sqrt{1-.8^2} = 9$. □

In der Graphik auf der folgenden Seite ist in Abhängigkeit von r^2 und r allgemein das Verhältnis des Standardschätzfehlers in Bezug auf die Streuung abgetragen (anteilige Größe = s_{fehler}/s_y). Für die Werte von z.B. $r^2 = .36$ ($|r| = .6$) und $r^2 = .64$ ($|r| = .8$) erkennt man, dass der Standardschätzfehler um den Faktor .8 bzw. .6 gegenüber der Streuung von y reduziert ist. Auf der rechten Ordinate lässt sich ablesen, wie groß der Standardschätzfehler bei einer Merkmalsstreuung von 15 (s. letztes Beispiel) ist. In der Reduktion von s_{fehler} gegenüber s_y drückt sich indirekt die Stärke des Zusammenhangs aus.

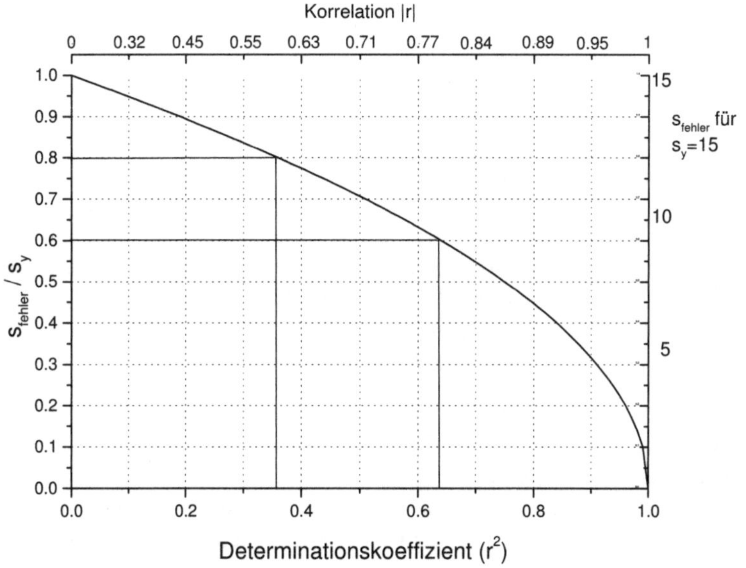

Bemerkenswert ist, dass man eine Korrelation von |r| = .87 (=> r^2 = .75) benötigt, damit sich der Standardschätzfehler gegenüber der Streuung halbiert: Normalerweise findet man in der psychologischen Forschung – außer bei der Konstruktion von psychometrischen Tests – selten Korrelationen, die höher sind als |r| = .4 (=> r^2 = .16). Die derzeit als beste Einstellungstests angesehenen so genannten ‚Assessment Center' korrelieren etwa zu .4 mit der tatsächlichen Bewährung im Beruf (Schuler, 1995). Wie man in der Graphik sehen kann, verbessert sich die Vorhersage nur eher bescheiden, da der Standardschätzfehler immer noch über 90% der Merkmalsstreuung beträgt.

Möchte man für eine bestimmte Person die Berufseignung aufgrund des Ergebnisses eines Assessment Centers vorhersagen, hat man die Unsicherheit bei der Entscheidung durch dieses Verfahren nur wenig reduziert. Wer also glaubt, bei Korrelationen unter .6 (r^2 = .36) die Ausprägung des einen Merkmals aus der Ausprägung des anderen Merkmals in der analysierten Stichprobe recht exakt vorhersagen zu können, irrt: Im Einzelfall ist die Vorhersage nicht viel besser als wenn man ahnungslos rät. Erst wenn das Verfahren bei sehr vielen Bewerbern angewendet wird, wird man im Durchschnitt deutlich besser urteilen, als wenn man dieses Verfahren nicht anwenden würde. Wenn jemand meint, aufgrund eines Bewerbungsgespräches eindeutig die Spreu vom Weizen trennen zu können, so sagt das mehr über seine Selbstsicherheit als über die Güte seines Urteils aus: Empirisch lässt sich nachweisen, dass Urteile aus Bewerbungsgesprächen lediglich zu ca. .1-.2 (!!) mit der tatsächlichen Berufseignung korrelieren.

Es gilt grundsätzlich: Obwohl man Fehlentscheidungen trifft, ist das Verfahren zu wählen, bei dem man die geringsten Fehler begeht. Erst wenn ein alternatives Verfahren eine geringere Fehlerhaftigkeit aufweist, hat man die Möglichkeit eines besseren Urteils. Trotzdem sollte man sich immer bewusst sein, dass man bei Weitem nicht immer richtig oder genau urteilt.

Dass durch die Regressionsanalyse nur selten hohe Varianzaufklärungen erzielt werden und man sich mit großen Unsicherheiten zufrieden geben muss, könnte man auf den ersten Blick als Argument gegen statistische Analysemethoden verwenden. Vermitteln nicht Experten mit sehr viel Erfahrung und Menschenkenntnis das Gefühl, einen ‚sicheren Blick' für den einzelnen Menschen zu haben? Können solche Experten nicht mit wenigen gezielten Fragen die Persönlichkeit von Menschen und ihre Fähigkeiten sehr genau erkennen? Dies ist aber kein Problem der Statistik, sondern ein Problem der empirischen Forschung, die die Güte ihrer Prognosen an definierten Kriterien festmacht.

An Beispiel des Bewerbungsgesprächs soll dies nochmals verdeutlicht werden. Ein Mitarbeiter eines Betriebs, der durch persönliche Gespräche neue Angestellte auswählt, wird u.U. das sichere Gefühl haben, sich immer für genau die richtigen Personen zu entscheiden. Um zu prüfen, ob diese Sicherheit tatsächlich berechtigt ist, könnte ein empirisch arbeitender Psychologe z.B. auf die Idee kommen, eine Untersuchung in einen Betrieb durchzuführen, in dem so viele Bewerber eingestellt werden wie sich auf die zu besetzenden Stellen beworben haben. Es besteht hier also nicht die Notwendigkeit oder Möglichkeit, Personen auszuwählen.

Lässt man nun denjenigen, der normalerweise für die Personalselektion zuständig ist, in dem Glauben, dass z.B. nur 50 der 100 Bewerber eingestellt werden sollen, so kann man die tatsächliche Güte des Auswahlgespräches testen. Die Bewerbungsgespräche werden dann durchgeführt, und für jeden Bewerber kann eine Prognose für die zukünftige Tätigkeit abgegeben werden. Anschließend schaut man dann, wie gut sich die 100 Personen tatsächlich in ihrem neuen Beruf bewähren. Das Urteil über die Güte der Bewährung im Beruf könnte z.B. durch einen Vorgesetzten nach einem Jahr im Betrieb abgegeben werden. Wenn sich dann nur eine schwache oder keine Korrelation zwischen dem Ergebnis des Bewerbungsgespräch und der tatsächlichen Eignung zeigt, scheint die subjektive Sicherheit bei der Auswahl wenig über die tatsächliche Güte der Auswahl auszusagen. Wichtig ist hierbei noch, dass die Einschätzung über die Bewährung im Beruf nicht durch denjenigen vorgenommen wird, der die Auswahlgespräche geführt hat. Sonst könnte es natürlich dazu kommen, dass die prognostische Güte dadurch überschätzt wird, dass sich der Urteiler bei der Einschätzung der tatsächlichen Bewährung an das Ergebnis des Einstellungsgespräches mehr oder weniger bewusst erinnert (s. Greve & Wentura, 1997).

Weshalb subjektive Überzeugungen und empirisch nachweisbare Tatsachen oft deutlich voneinander abweichen, ist dann wieder auf anderer Ebene Gegenstand psychologischer Forschung: Hierdurch werden Theorien darüber gewonnen, wie Menschen Informationen verarbeiten und bewerten (z.B. Jungermann, Pfister & Fischer, 1998). Diese Theorien können dann genutzt werden, um z.B. Auswahlgespräche objektiver zu gestalten, damit sich deren prognostische Qualität systematisch erhöht. Dies könnte dann z.B. dadurch erreicht werden, dass allen Bewerbern dieselben Fragen im Auswahlgespräch gestellt werden, um eine bessere Vergleichbarkeit in der Bewerbungssituation zu gewährleisten. Oder vielleicht wäre es sinnvoll, dass jeweils zwei Urteiler anwesend sind, um die Subjektivität des Urteils zu verringern. Diese Maßnahmen sollten sich dann in einer Erhöhung der empirisch nachweisbaren Korrelation des Ergebnisses des Bewerbungsgesprächs und der Bewährung im Beruf widerspiegeln.

Zum Abschluss dieses Kapitels zum Zusammenhang zwischen zwei intervallskalierten Merkmalen sollen die wichtigsten Maße der einfachen Regressions- und Korrelationsanalyse in zwei Beispielen nochmals zusammengefasst dargestellt und berechnet werden. Wie immer in der deskriptiven Statistik gelten alle Aussagen, die wir in diesen Beispielen treffen, nur für den erhobenen Datensatz. Sie können nicht ohne weiteres verallgemeinert werden. Insbesondere deshalb, weil es sich jeweils um kleine Stichproben handelt (Zur Lösung dieses Problems s. Band 2 – Abschnitt II.B.3).

Beispiele: In einer explorativen Studie soll geprüft werden, ob die Ergebnisse in einem Testverfahren zur Bestimmung der psychischen Befindlichkeit zu ähnlichen Einschätzungen führen wie die Beurteilung der psychischen Befindlichkeit durch einen Experten.

Es sollen zwei Fragestellungen beantwortet werden:

(a) Korrelationsanalyse: Gibt es einen systematischen Zusammenhang zwischen den Testergebnissen (X) und den Expertenurteilen (Y)?

(b) Regressionsanalyse: Wie lässt sich das Expertenurteil (Y) optimal aus den Testergebnissen vorhersagen?

Person	**Test (x)**	**Experte (y)**	$(x-\bar{x})$	$(x-\bar{x})^2$	$(y-\bar{y})$	$(y-\bar{y})^2$	$(x-\bar{x})(y-\bar{y})$
1	4	3	-1.50	2.25	-3.00	9.00	4.50
2	6	6	0.50	0.25	0.00	0.00	0.00
3	7	9	1.50	2.25	3.00	9.00	4.50
4	10	11	4.50	20.25	5.00	25.00	22.50
5	4	5	-1.50	2.25	-1.00	1.00	1.50
6	1	2	-4.50	20.25	-4.00	16.00	18.00
7	5	6	-0.50	0.25	0.00	0.00	0.00
8	9	9	3.50	12.25	3.00	9.00	10.50
9	7	6	1.50	2.25	0.00	0.00	0.00
10	2	3	-3.50	12.25	-3.00	9.00	10.50
Summe	**55**	**60**	**0**	**74.50**	**0**	**78.00**	**72.00**
MW	**5.5**	**6**	**0**	**7.45**	**0**	**7.80**	**7.20**

Es gilt: $s(x) = \sqrt{7.45} = 2.73$ $\quad s(y) = \sqrt{7.8} = 2.79$ $\quad COV(x,y) = 7.2$

Die Korrelation, die die Stärke des Zusammenhangs angibt, lautet dann:

$$r_{xy} = \frac{COV(x,y)}{s_x \cdot s_y} = \frac{7.2}{2.73 \cdot 2.79} = .95 \qquad r_{xy}^2 = .90$$

Mit 90% Varianzaufklärung wurde in dieser Stichprobe eine sehr gute Vorhersagbarkeit beobachtet: Test- und Expertenurteil können wechselseitig sehr gut auseinander vorhergesagt werden. Die Regressionsgleichung, die y aus x nach dem Kriterium der kleinsten quadratischen Abweichungen optimal schätzt, lautet:

$\hat{y} = b_0 + b_1 \cdot x = 0.97 \cdot x + 0.67$ (genaue Werte s. Tabelle u. Grafik unten)

$$b_1 = \frac{COV(x,y)}{s_x^2} = \frac{7.2}{7.45} = 0.97 \qquad b_0 = \bar{y} - b_1 \cdot \bar{x} = 6 - 0.97 \cdot 5.5 = 0.67$$

Standardschätzfehler: $s_{fehler} = s_y \sqrt{1-r^2} = 2.79\sqrt{1-.9} = .88$

x	**y**	$\hat{y} = 0.67 + 0.97 \cdot x$
4	3	4.55
6	6	6.49
7	9	7.46
10	11	10.37
4	5	4.55
1	2	1.64
5	6	5.52
9	9	9.40
7	6	7.46
2	3	2.61

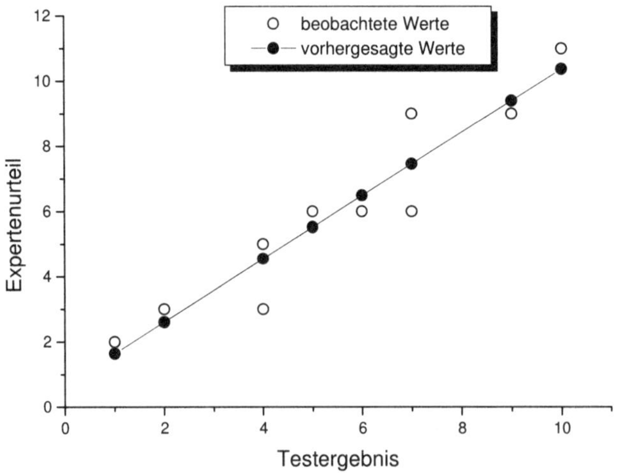

□

Es soll untersucht werden, ob in einer Gruppe von 10 Personen das Merkmal Nervosität (X) und das Ausmaß an depressiven Symptomen (Y) korreliert sind.

Person	**Nerv. (x)**	**Depr. (y)**	$(x-\bar{x})$	$(x-\bar{x})^2$	$(y-\bar{y})$	$(y-\bar{y})^2$	$(x-\bar{x})\cdot(y-\bar{y})$
1	7	3	1.30	1.69	-2.90	8.41	-3.77
2	3	6	-2.70	7.29	0.10	0.01	-0.27
3	6	8	0.30	0.09	2.10	4.41	0.63
4	9	4	3.30	10.89	-1.90	3.61	-6.27
5	2	3	-3.70	13.69	-2.90	8.41	10.73
6	4	9	-1.70	2.89	3.10	9.61	-5.27
7	3	5	-2.70	7.29	-0.90	0.81	2.43
8	10	7	4.30	18.49	1.10	1.21	4.73
9	8	5	2.30	5.29	-0.90	0.81	-2.07
10	5	9	-0.70	0.49	3.10	9.61	-2.17
Summe	**57**	**59**	**0**	**68.1**	**0**	**46.90**	**-1.3**
MW	**5.7**	**5.9**	**0**	**6.81**	**0**	**4.69**	**-0.13**

$s(x) = \sqrt{6.81} = 2.61$ $\quad s(y) = \sqrt{4.69} = 2.17$ $\quad COV(x,y) = -0.13$

Die Korrelation, die die Stärke des Zusammenhangs angibt, lautet dann:

$$r_{xy} = \frac{COV(x,y)}{s_x \cdot s_y} = \frac{-0.13}{2.61 \cdot 2.17} = -.02 \qquad r_{xy}^2 = .0004$$

Mit 0.04% Varianzaufklärung haben wir hier eine extrem schlechte bzw. keine Vorhersagemöglichkeit. Die vorhergesagten Werte (s. Tabelle unten) sind ungefähr gleich dem Mittelwert. Die Regressionsgleichung, die y aus x nach dem Kriterium der kleinsten quadratischen Abweichungen optimal schätzt, lautet:

$$\hat{y} = b_0 + b_1 \cdot x = 6.01\text{-}0.019 \cdot x$$

$$b_1 = \frac{COV(x,y)}{s_x^{\,2}} = \frac{-0.13}{6.81} = -0.019; \quad b_0\ \bar{y} - b_1 \cdot \bar{x} = 5.9 + 0.019 \cdot 5.7 = 6.01$$

x	**y**	$\hat{y}$ **=6.01-0.019 · x**
7	3	5.88
3	6	5.95
6	8	5.90
9	4	5.84
2	3	5.97
4	9	5.93
3	5	5.95
10	7	5.82
8	5	5.86
5	9	5.92

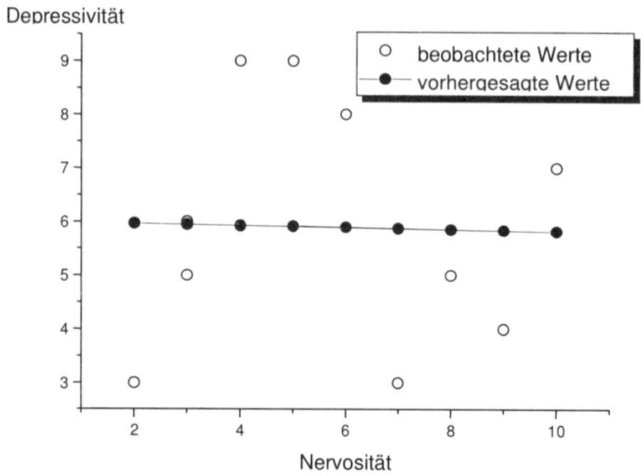

Standardschätzfehler: $s_{fehler} = s_y \sqrt{1-r^2} = 2.17\sqrt{1-.0004} = 2.1695$.

Der Standardschätzfehler ist fast identisch mit der Streuung in Y ($s_y = 2.17$) und folglich gilt $\hat{y}_i \approx \bar{y}$.

□

II.C.2.6 *Der Regressionseffekt*

Wir haben bereits festgestellt, dass die Varianz und die Streuung der vorhergesagten Werte immer kleiner sein muss als die Varianz bzw. die Streuung der tatsächlichen Werte.

Auf S. 124 haben wir gezeigt, dass die Streuung der geschätzten $\hat{y}_i$ um den Faktor r (die Korrelation) geringer ist als die Streuung der gemessenen y_i:

$$s_{\hat{y}} = |r| \cdot s_y$$

Betrachtet man die z-standardisierten Werte, so gilt insbesondere

$$\hat{z}_{y_i} = |r| \cdot z_{x_i}$$

Je schwächer die Korrelation zwischen Prädiktor und Kriterium ist, desto geringer ist die Variabilität der vorhergesagten Kriteriumswerte $\hat{y}_i$ im Vergleich zur Variabilität der gemessenen Kriteriumswerte y_i.

Bei $|r| < 1$ besitzen die vorhergesagten $\hat{z}_{y_i}$-Werte eine um den Faktor r (Produkt-Moment-Korrelation) geringere Abweichung vom Mittelwert 0 als die Prädiktorwerte z_{x_i}. Hierbei soll $\hat{z}_{y_i}$ den standardisierten Wert von $\hat{y}_i$ in der Verteilung der y-Werte bezeichnen.

Besteht z.B. eine Korrelation von r = .5 und eine Person hat im Prädiktor den z_x-Wert 2, so wird der vorhergesagte $\hat{z}_{y_i}$-Wert gleich 1 sein.

Beispiel: Gegeben seien die x- und y-Werte in den ersten beiden Spalten in der Tabelle. Die Korrelation und die Regressionsgleichung seien bekannt:
$\hat{y} = .71 \cdot x - .94$ $r = .7$ $s(y) = 2.04$ $\bar{y} = 3.8$

x	y	z(x)	z(y)	$z(y_{dach})$= (r=.7)·z(x)	y-dach
2	3	-1.66	-0.39	-0.70	2.37 = 3.8 - 0.70·2.04
3	1	-0.84	-1.37	-0.35	3.09 = 3.8 - 0.35·2.04
4	3	0.00	-0.39	0.00	3.80 = 3.8 - 0·2.04
5	7	0.84	1.57	0.35	4.51= 3.8 + 0.35·2.04
6	5	1.66	0.59	0.70	5.23 = 3.8 + 0.75·2.04

In der Abbildung unten ist links die Verteilung der geschätzten $\hat{y}_i$-Werte und rechts die Verteilung der tatsächlichen y_i-Werte dargestellt. Man erkennt, dass die Streuung auf der linken Seite geringer ist. Wären auf der x- und y-Achse die z-standardisierten Werte abgetragen, so würde der Abstand zwischen den Quadraten links in y-Richtung genau r = .7-mal so groß sein wie der Abstand zwischen den Werten auf der x-Achse.

Der ‚Regressionseffekt' zeigt sich also darin, dass die $\hat{y}_i$-Werte im Vergleich zu den y_i-Werten näher am Mittelwert von y liegen.

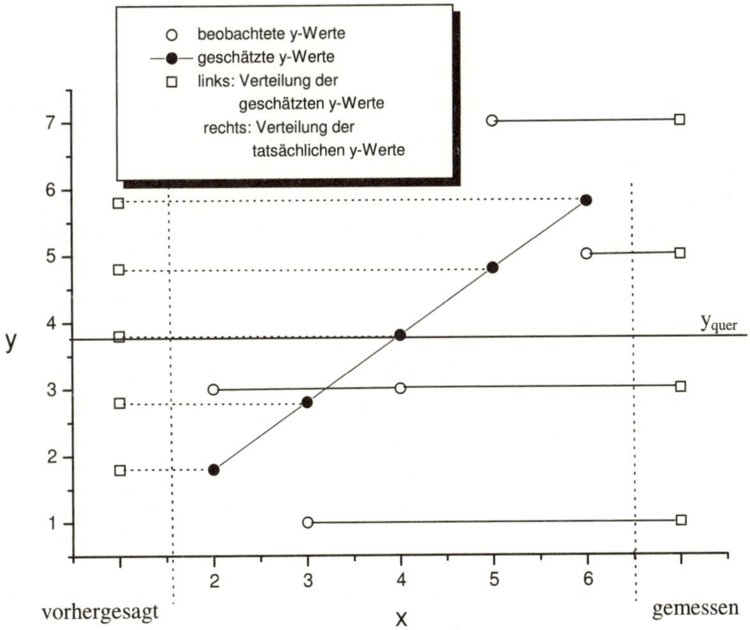

□

Beispiel: Die Werte in einem Intelligenztest (Y) sollen aus den Ergebnissen eines Konzentrationstests (X) vorhergesagt werden. Die Korrelation und die Regressionsgleichung seien bekannt.

Konzentrationstest: $\bar{x} = 10$ $s_x = 5$ *Intelligenztest:* $\bar{y} = 100$ $s_y = 15$

$r(x,y) = .5$ $\hat{y} = 85 + 1.5\,x$

Betrachten wir den Wert $x_i = 4$. Dieser weicht 1.2 Streuungen vom Mittelwert in X nach unten ab. Deshalb wird der vorhergesagte Wert in y nur 0.6 = .5 · 1.2 Streuungen vom Mittelwert in Y nach unten abweichen (100 - 0.6 · 9 = 91).

$\hat{y}_4 = 85 + 1.5 \cdot 4 = 91$

$$r \cdot \left(\frac{x_i - \bar{x}}{s_x}\right) = .5 \cdot \left(\frac{4-10}{5}\right) = \frac{\hat{y} - \bar{y}}{s_y} = \left(\frac{91-100}{15}\right) = -0.6$$

$$\hat{y}_{15} = 1.5 \cdot 15 + 85 = 107.5 \qquad .5 \cdot \frac{15-10}{5} = \left(\frac{107.5-100}{15}\right) = +0.5$$

□

In Bezug auf den Regressionseffekt tauchen auch in der Fachliteratur vielfältige Fehlinterpretationen auf. Eine der beliebtesten lautet folgendermaßen. Die Varianz der Körpergröße der Söhne kann nur zu einem bestimmten Prozentsatz durch die Varianz der Körpergröße der Väter erklärt werden. Hieraus wird nun fälschlicherweise geschlussfolgert, dass wegen des Regressionseffektes die Varianz der Körpergröße der Söhne geringer sei als diejenige der Väter. Korrekt wäre es zu schließen, dass *die aufgrund der Körpergröße der Väter vorhergesagte Körpergröße der Söhne eine geringere Varianz besitzt als die tatsächliche Körpergröße der Söhne.* Die Paradoxie der beschriebenen Fehlinterpretation wird dadurch besonders deutlich, dass man – da die zeitliche Abfolge für die Regressionsanalyse völlig unerheblich ist – genauso gut die Größe der Väter aus derjenigen der Söhne vorhersagen könnte: Dann würde man ja zu der genau gegenteiligen Behauptung kommen, dass die Väter eine geringere Varianz in der Körpergröße besitzen müssten als die Söhne.

Die ‚Ursache' des statistischen Regressionseffekts lässt sich wie folgt beschreiben. Wenn kein deterministischer Zusammenhang zwischen der Körpergröße der Väter und der Söhne besteht, so können wir die Varianz der Größe der Söhne nur zu einem bestimmten Prozentsatz ($r^2 \cdot 100\%$) aufklären. Je weniger Vorhersagekraft ein Prädiktor besitzt, desto unsicher wird die Schätzung und desto mehr nähern sich die vorhergesagten Werte dem Wert an, den wir als Schätzung verwenden würden, wenn überhaupt keine Prädiktorinformation vorliegt, nämlich dem arithmetischen Mittelwert. Würden wir tatsächlich alle Einflussgrößen kennen, die die Größe der Söhne bestimmen, und bei der Vorhersage gleichzeitig (s. Abschnitt II.E) berücksichtigen, so würden die vorhergesagten Werte trivialerweise in gleicher Stärke wie die tatsächlichen Werte variieren.

Die Bezeichnung ‚Regressionseffekt' oder ‚Regression zur Mitte' wird aber auch noch in einem anderen Zusammenhang gebraucht, der für die empirische Forschung sehr wichtig ist.

Untersucht man Gruppen mit extremer Merkmalsausprägung, so muss davon ausgegangen werden, dass – aufgrund des Regressionseffekts – die Ausprägungen eines korrelierten Merkmals tendenziell näher am Mittelwert liegen wird.

Obwohl eine deutliche, positive Korrelation zwischen Körpergewicht und Körpergröße besteht, werden die 5% schwersten Personen mit großer Sicherheit nicht gleichzeitig die größten Personen in einer Stichprobe sein. Obwohl die Körpergrößen von Ehepartnern deutlich korreliert sind, ist davon auszugehen, dass die Männer der größten Frauen nicht auch genau die Gruppe der größten Männer bilden.

Dieser empirisch nachweisbare Effekt wird für die Forschung beispielsweise aus folgendem Grund relevant: typischerweise werden in der klinischen oder in der Versorgungsforschung Patienten mit extremer Merkmalsausprägung untersucht. Zumeist werden therapeutische Angebote für Patienten evaluiert, denen es zum Untersuchungszeitpunkt extrem schlecht geht. Da die Befindlichkeit – unabhängig von der Therapie – über die Zeit variiert, ist davon auszugehen, dass sich die Befindlichkeit in der behandelten Gruppe mit der Zeit tendenziell bessert, ohne dass ein therapeutischer Effekt vorliegt. Denn es muss davon ausgegangen werden, dass sich auch in einer Gruppe von unbehandelten Patienten mit extremer Belastung der Befindlichkeitswert systematisch zum Mittelwert hinbewegt. Wird dieser Effekt nicht kontrolliert, so wird die Wirkung einer Therapie tendenziell überschätzt.

Bei Nachtigall (2002) findet sich eine Klärung der möglichen Bedeutungen des Begriffs sowie der häufigsten Missverständnisse zum Regressionseffekt.

II.C.3 Korrelation und Kausalität

Einer der häufigsten Interpretationsfehler bei der Diskussion von Zusammenhängen zwischen Variablen liegt darin, dass man glaubt, aus der Tatsache, dass zwei Merkmale korreliert sind, schließen zu können, dass Veränderungen der Ausprägung eines Merkmale ursächlich für Veränderungen in der anderen Variablen verantwortlich sind. Eine bestehende Korrelation zwischen zwei Variablen X und Y kann jedoch immer nur ein Hinweis darauf sein, dass Veränderungen in einer der beiden Variablen kausal durch Veränderungen in der anderen Variablen bedingt sind (s. hierzu auch das Kapitel ‚I. Einleitung'). Ein Beweis einer bestimmten Wirkbeziehung kann durch den Nachweis eines Zusammenhangs nicht erbracht werden.

Eine Korrelation zwischen zwei Variablen ist keine hinreichende Bedingung, um auf kausale Abhängigkeit oder auf eine bestimmte Art von kausaler Abhängigkeit schließen zu können.

Ob tatsächlich ein ursächlicher Zusammenhang besteht, kann anhand von bivariaten Korrelationen niemals bewiesen, sondern höchstens widerlegt werden.

Die einfachsten möglichen Wirkrichtungen, die bei $r_{xy} \neq 0$ gelten können, sind folgende:

1.) $X \Rightarrow Y$ oder $Y \Rightarrow X$:	Veränderungen in X bedingen Veränderungen in Y oder umgekehrt.
2.) $Z \Rightarrow X$, $Z \Rightarrow Y$:	Es existiert eine dritte Variable Z, die sowohl X als auch Y beeinflusst.
3.) $X \Rightarrow Z \Rightarrow Y$:	X beeinflusst Z und Z beeinflusst Y.
4.) $X \Leftrightarrow Y$:	X und Y beeinflussen sich wechselseitig.

Ein Beispiel: In der Ausgabe vom Juni 1997 berichtete die Zeitschrift ‚Psychologie heute' über die Forschung zur Frage ‚Macht Glauben gesund?'. Dort wird folgende Korrelation dargestellt und unzulässigerweise eine kausale Wirkrichtung abgeleitet (S. 21):

> „Wer an einen gütigen Gott ... glaubt, ... konsumiert weniger Alkohol, Zigaretten und andere Drogen als Nicht-Gläubige und ist entsprechend weniger durch Sucht oder andere negative Folgen dieses Konsums gefährdet: Glauben *beeinflusst* den Lebensstil im Sinne von gesünderen Gewohnheiten, ... Glauben *wirkt* präventiv." (Hervorhebungen durch die Autoren)

Im Text wird die Korrelation fälschlicherweise als Beweis für ein bestimmtes Wirkmodell angesehen. Wenn wir mit X das Merkmal ‚Glauben an einen gütigen Gott' bezeichnen und Y das Merkmal ‚Widerstandsfähigkeit gegenüber weltlichen Lastern und psychische Stabilität' symbolisiert, wird nämlich behauptet:

$X \Rightarrow Y$: X ist die Ursache für Y. Wer an einen gütigen Gott glaubt, wird psychisch stabiler.

Alternative Erklärungsmodelle werden bei dieser Behauptung außer acht gelassen. Im zitierten Text steht an keiner Stelle, dass die Untersuchungen, die die Korrelation gefunden haben, eventuelle Störeffekte kontrolliert haben – dies zeichnet im Allgemeinen wissenschaftliche gegenüber nicht wissenschaftlichen Untersuchungen aus.

Mögliche alternative Erklärungsmodelle:

$Y \Rightarrow X$: Wer psychisch stabil ist, wird die Welt und damit Gott auch eher positiv sehen. Wenn man eher die positiven Dinge des Lebens sieht, fragt man sich u.U., weshalb es denn soviel Gutes gibt: Wenn ein Gott als Ursache dafür angesehen wird, wird er natürlich gütig sein. Überhaupt scheint die Schlussfolgerung dadurch, dass sie sich auf einen gütigen Gott beschränkt, ziemlich trivial: Wer die ernüchternden und schwierigen Dinge des Lebens als nebensächlich ansieht oder sie überhaupt nicht sieht, braucht sich auch nicht mit störenden Fragen (z.B. Weshalb kann Gott soviel Leid in der Welt zulassen?) herumzuschlagen, die Gott bzw. dessen Gütigkeit in Zweifel ziehen könnten.

An späterer Stelle im Text wird das Wirkmodell ‚Y ⇒ X' sogar implizit behauptet:

> „Menschen, die in der Furcht leben, für ihre Sünden von einem strengen Gott bestraft zu werden ... neigen sogar stärker zu Depressionen, Ängsten und psychosomatischen Beschwerden."

Wenn also negativ denkende Menschen Gott eher strenge Züge unterstellen und positiv denkende Menschen Gott als gütig konstruieren, dann ist in der Tat das Wirkmodell ‚Y ⇒ X' genauso plausibel als wenn behauptet wird: ‚*Glauben wirkt präventiv*'. Dass den Autoren dieser Widerspruch nicht auffällt, ist ein eindrücklicher Hinweis darauf, dass das Glauben an den kausalen Gehalt von Korrelationen präventiv wirkt, wenn man statistische Evidenzen für Sachverhalte heranziehen möchte, von denen man eh schon vor Kenntnis der Ergebnisse fest überzeugt war.

In der Logik der Autoren könnte man genauso gut behaupten: ‚Menschen, die nicht alkoholabhängig werden, haben weniger depressive Gefühle' ⇒ Alkohol bewirkt Depressionen: Wahrscheinlich führt aber zunächst das Vorhandensein depressiver Gefühle zum Konsum von Alkohol! Oder: ‚Menschen, die nicht an einer Therapie teilnehmen, sind im Allgemeinen gesünder' ⇒ Therapie wirkt schädlich! Tatsächlich führen aber Gesundheitsprobleme zur Teilnahme an einer Therapie.

Z ⇒ X, Z ⇒ Y: Z = Erziehung: Wer sich nicht von den Erziehungsmaßstäben seiner Eltern distanziert hat, wird vielleicht auch eher konservative Ansichten übernehmen. In der traditionellen Erziehung wird der Glaube an Gott vermittelt und gleichzeitig gelten Drogen als verpönt. Erziehung würde hier also präventiv wirken und nicht der Glaube.

Z = Alter: Vor allem Jugendliche und junge Erwachsene distanzieren sich von der Kirche. Gleichzeitig ist in dieser Gruppe der Drogenkonsum überproportional hoch.

Z = Ländlichkeit: U.U. ist auf dem Land der Glaube an Gott stärker ausgeprägt. Gleichzeitig sind dort vielleicht Drogen nicht so verfügbar wie in einer Stadt. In Städten leben Menschen außerdem anonymer: Die Anonymität (Isolation) könnte dann den Konsum von Drogen zur Folge haben.

Z = Soziale Schicht: In gesellschaftlichen Schichten, in denen häufiger Merkmale wie Arbeitslosigkeit, Armut usw. auftreten, die negative Erlebnisse und den Drogenkonsum forcieren, ist es vielleicht auch nicht so leicht, Gott als uneingeschränkt gütiges Wesen anzusehen.

$X \Rightarrow Z \Rightarrow Y$: Z = Soziales Gefüge: Wer in einer Gemeinde aufwächst und deshalb regelmäßigen sozialen Kontakt zu anderen Menschen hat, ist besser sozial eingebunden. Wer sozial besser eingebunden ist, greift möglicherweise aufgrund von Umständen, die mit diesem Merkmal zusammenhängen (z.B. stabile zwischenmenschliche Beziehungen), nicht auf Drogen zurück.

Wir möchten nochmals betonen, dass die Behauptung der Autoren nicht notwendigerweise falsch sein muss. Aber aus methodischen Gründen ist die Schlusslogik nicht zulässig, denn der berichtete Zusammenhang kann auch anders begründet sein: Vielleicht haben die Autoren recht. Aber die Korrelation beweist nicht, dass sie recht haben.

Die Bereitschaft, eine Korrelation als Beweis für eine bestimmte kausale Abhängigkeit anzusehen und nicht kritisch zu hinterfragen, hängt von dem impliziten Wissen oder den Theorien ab, die man über einen Sachverhalt hat. Es ist im Allgemeinen so, dass man bestimmte Interpretationen von Zusammenhängen eher akzeptiert, wenn sie das zu stützen scheinen, was man eh schon immer dachte. Somit ist ein Teil der Erkenntnis, die man ‚gewinnt', nur eine Spiegelung dessen, wovon man implizit überzeugt ist.

Widerspricht eine Korrelation hingegen dem, was man glaubt, beginnt man den Zusammenhang zu hinterfragen: Ein SPD-Politiker wird aus der Tatsache, dass die Arbeitslosenzahl stark positiv mit der Amtsdauer Helmut Kohls korreliert ist, folgern, dass ohne Zweifel die Regierungspolitik die Entwicklung der Arbeitslosigkeit zu verantworten hat. Ein Anhänger der damaligen Regierung wird konfundierte Variablen bemühen, um diese Korrelation als inhaltlich nicht kausal ansehen zu müssen: Gewerkschaften, weltpolitische Lage (überall sind die Arbeitslosenzahlen gestiegen), Belastungen durch die Wiedervereinigung usw. Wer letztendlich recht hat, kann mit Hilfe dieser Korrelationen einfach nicht beantwortet werden: Aus den Modellen in beiden Argumentationen würde die Korrelation folgen und deshalb lässt die Korrelation keinen eindeutigen Rückschluss zu.

Um die hohe Relevanz dieser Problematik nochmals zu betonen, sollen zwei weitere praktische Fragestellungen diskutiert werden. Ein Politiker kritisiert die viel zu hohen Kosten in der Gesundheitspolitik und fordert beispielsweise für Krebspatienten kürzere Behandlungszeiten: dies begründet er unter anderem damit, dass der Behandlungserfolg negativ mit der Dauer einer Strahlentherapie korreliert ist. Es lässt sich zeigen, dass nur kurze Therapien gute Erfolge zeitigen. Die Schlussfolgerung erweist sich hier als gefährlicher Fehlschluss, wenn folgender Zusammenhang berücksichtigt wird: Patienten mit vergleichsweise günstiger Prognose werden kürzer behandelt und es stellt sich bei diesen auch am ehesten ein Erfolg ein. Bei schwer erkrankte Patienten, für die eine intensive und lange Therapie indiziert ist, ist trotz der Behandlung nur selten ein positives

Ergebnis erreichbar. Hier ist also davon auszugehen, dass die Erkrankungsstärke die Therapiedauer und den Therapieerfolg wesentlich mit determiniert. Deswegen kann durch diese Statistik nicht begründet werden, dass für Patienten mit schwerer Erkrankung eine kürzere Behandlung günstiger wäre.

Ähnlich verhält es sich im folgenden Beispiel. Angenommen 10 Schüler beschäftigen sich zur Vorbereitung auf eine Prüfung mit einem Lernstoff bis sie diesen korrekt verstanden haben. Schüler A möge dies sehr leicht fallen und bewältigt die Aufgabe in 5 Minuten. Schüler B tut sich sehr schwer damit und muss 3 Stunden aufwenden, um das Ziel zu erreichen. Auch wenn die Lernzeiten erheblich schwanken, so wird die Korrelation von Lernzeit und Lernerfolg gleich 0 sein. Da alle das Lernkriterium erreichen, kann für das Lernkriterium niemals eine Korrelation nachgewiesen werden. Hier gilt die statistische Binsenweisheit: Wo keine Varianz vorliegt, kann auch keine Varianz aufgeklärt werden ($s^2(x)$ oder $s^2(y) = 0 \Rightarrow r^2_{xy}=0$). Es wäre aber inhaltlich falsch, zu schließen, dass die Bearbeitungszeit nicht entscheidend für das Erreichen des Lernerfolgs ist. Wären alle gezwungen, den Text in 10 Minuten zu verstehen, so würden nur die ‚Guten' den Lernstoff verinnerlicht haben. Durch ein anderes Untersuchungsdesign hätte also sehr wohl eine Korrelation nachgewiesen werden können. Da aber die Lernzeit von den Lernenden selbst bestimmt werden kann und diese direkt in Zusammenhang mit der anderen zu korrelierenden Variablen (‚Lernerfolg') steht, wird der inhaltlich wichtige Zusammenhang vollständig nivelliert: Obwohl die Bearbeitungszeit entscheidend für das Erreichen des Lernziels ist, besteht kein Zusammenhang von ‚lernerfolgsabhängiger Bearbeitungszeit' und ‚Lernerfolg'. Der durch den Lerner selbst wahrgenommene Lernerfolg ist hier also die entscheidende Störvariable, die bei der Interpretation in Rechnung gestellt werden muss.

Beck-Bornholt und Dubben (2001) zeigen leicht verständlich und eindrücklich, dass solche Fehlinterpretationen oft eher die Regel als die Ausnahme darstellen. Das Themenspektrum von (insbesondere Boulevard-)Zeitungen und Nachrichtensendungen wäre ohne diese oft nicht einfach zu erkennenden Fehlschlüsse erheblich eingeschränkt. Für das Psychologiestudium ist dieses Problem von besonderer und zentraler Bedeutung, da eines der wichtigsten Ziele der Forschungsmethodik darin besteht, möglichst eindeutige Wirkzusammenhänge zu identifizieren und Alternativinterpretationen ausschließen zu können (s. hierzu insbesondere Huber, 2000).

Beispiele: In einer südschwedischen Region wurde festgestellt, dass die Anzahl der Geburten positiv mit der Anzahl nistender Störche korreliert ist.

$\Rightarrow$ Ländlichkeit tritt hier als verursachende Variable auf: Auf dem Land werden mehr Kinder geboren und dort nisten mehr Störche.

Aus Krankenhausstatistiken lässt sich nachweisen: Je mehr Krankenwagen zu einem Unfallort ausgesandt werden, desto mehr Tote gibt es am Unfallort! Außerdem gilt: Je mehr Feuerwehrleute zum Einsatz kommen, desto größer ist der Schaden, der nach dem Einsatz registriert werden kann.

⇒ Sollte man daraus schließen, dass es günstig ist, möglichst wenige Krankenwagen oder Feuerwehrleute an den Unfallort zu schicken?

Angenommen, ein Soziologe findet in einer bestimmten Region folgenden Zusammenhang: Je höher die Ausländerdichte ist, desto höher ist die Kriminalitätsrate.

⇒ Ausländer leben eher in Städten, dort ist ohnehin die Kriminalitätsrate höher. Ausländer gehören ebenfalls eher unteren sozialen Schichten an, in denen die Kriminalitätsrate an sich höher ist. Vielleicht richten sich alle beobachteten Gewalttaten *gegen* Ausländer: Wenn rechtsextrem denkende Menschen jetzt folgern, dass Ausländer verantwortlich für die Gewalt sind, so schaffen sie sich offensichtlich selbst die Realitäten, die sie anschließend bekämpfen können!

Die Dauer einer Therapie ist positiv korreliert mit der Befindlichkeit.

⇒ Hieraus folgt noch nicht sofort, dass die Therapie wirksam ist: Meist beginnen Patienten eine Therapie, wenn es ihnen extrem schlecht geht. Es ist aber dann möglicherweise zu erwarten, dass auch ohne Therapie eine gewisse Besserung eintritt (s. II.C.2.6 – Regressionseffekt).

Ein höheres Gewicht geht mit höherem Einkommen einher.

⇒ Sollte man deswegen möglichst viel essen, um schneller zu einer höheren Bezahlung zu kommen? Ältere Menschen sind schwerer und verdienen im allgemeinen auch mehr!

Menschen, die Tabletten nehmen, fühlen sich unwohler.

⇒ Hieraus lässt sich nicht folgern, dass die Tabletten die Ursache für das Missbefinden sind. Denn, nur diejenigen, denen es schlecht geht, nehmen Tabletten. Die Einnahme führt zu einer individuellen Verbesserung: obwohl es diesen Menschen immer noch schlechter geht als übrigen, sind in dieser Teilpopulation (kranke Menschen) ‚Einnahme' und ‚Befindlichkeit' positiv korreliert!!

In einem Radiobericht stellte eine Münchener Psychologin das folgende Forschungsergebnis dar. Menschen, die einen Computer besitzen, sind weniger als ‚Normale' in der Lage, Emotionen auszudrücken. Hieraus schloss der berichtende Reporter: ‚Also überlegen Sie sich, ob Sie sich einen Computer kaufen wollen. Sie wissen ja jetzt, welche Folgen dies hat!'

⇒ Die Folgerung des Reporters ist nicht zwingend: Es kann auch sein, dass die Population der Computerbesitzer eher aus Menschen besteht, die über weniger soziale Kompetenzen verfügen, *bevor* sie sich den Computer zulegen: Wer keine Freunde hat, sucht andere Möglichkeiten, sich die Zeit zu vertreiben. Eine Korrelation zwischen den genannten Variablen käme dann auch zustande, ohne dass der Computerbesitz selbst schädliche Folgen hat!

Depressive Menschen haben weniger soziale Kontakte. Diese Korrelation kann unterschiedliche Ursachen haben:

⇒ Depressivität führt zum Rückzug oder zu mangelnder Kompetenz, soziale Kontakte zu pflegen.

⇒ Der Rückgang sozialer Kontakte führt zur Depressivität.

⇒ Depressive Menschen leben in einer reizärmeren Umgebung: dies führt zu erhöhter Depressivität und resultiert in Isolation.

□

In der Literatur wird in Fällen, in denen die Korrelation auf dritte Variable zurückzuführen ist (z.B. Geburtenrate und Storchendichte), häufig von *Scheinkorrelationen* gesprochen. Dieser Begriff ist unserer Meinung nach irreführend, da er impliziert, dass eine Korrelation ‚normalerweise' inhaltlich kausal auszulegen sei. Aber eine Korrelation ist eben so definiert, dass die Wirkrichtung nicht ausschlaggebend für die Ausprägung des Koeffizienten ist. Eine Korrelation liegt vor oder nicht: Um die kausalen Beziehungen zu klären, sind theoretische Überlegungen notwendig, die durch die Korrelationskoeffizienten nicht geprüft werden. Deshalb wäre es günstiger von Korrelationen, bei denen die kausale Bedingtheit nicht ausgeschlossen werden kann, und Korrelationen, die eindeutig nicht kausal bedingt sind, zu sprechen als von ‚echten' und ‚Schein'- korrelationen. Wie immer sollte man auch hier die Aussage des statistischen Koeffizienten oder Begriffes eindeutig von der Interpretation trennen.

Mit der Frage, wie Hinweise auf kausale Wirkrichtungen besser identifiziert werden können, befassen sich pfadanalytische Modelle. Im nächsten Abschnitt wird der partielle Korrelationskoeffizient behandelt, der es ermöglicht, die potentiellen Wirkbeziehungen, die vorliegen können, einzuschränken.

II.C.4 Partialkorrelationen

Durch Partialkorrelationen wird der Frage nachgegangen, ob die Beziehung zwischen zwei Variablen X und Y durch eine dritte, konfundierende Variable Z beeinflusst oder erzeugt werden könnte.

Die Partialkorrelation $r_{xy \cdot z}$ gibt an, wie stark die Korrelation zwischen X und Y wäre, wenn sie von dem vermuteten erzeugenden Effekt von Z ‚bereinigt' wird bzw. wenn der vermutete Einfluss von Z nicht bestünde. Man sagt, dass in diesem Falle Z aus der Korrelation von X und Y heraus partialisiert wird.

$$r_{xy \cdot z} = \frac{r_{xy} - r_{xz} r_{yz}}{\sqrt{1 - r^2{}_{xz}} \sqrt{1 - r^2{}_{yz}}}$$

Der Koeffizient schätzt also die Stärke des Zusammenhangs zwischen X und Y, wenn Z keinen Einfluss hätte. Dabei wird unsere Hypothese gestützt, wenn $r_{xy.z}$ im Betrag deutlich kleiner wird als $|r_{xy}|$.

Dies ist jedoch auch dann noch kein Beweis dafür, dass Z die verursachende Variable ist. Unsere korrekte Schlussfolgerung müsste in diesem Falle lauten: *Wenn* die Variable Z verantwortlich wäre, ließe sie den direkten Zusammenhang zwischen X und Y als zu hoch erscheinen. Ob sie aber verantwortlich ist, können wir nur theoretisch annehmen und nicht testen.

Ist $|r_{xy.z}| > |r_{xy}|$, so liegt ein Supressoreffekt von Z vor, d.h. der direkte Zusammenhang zwischen X und Y ist höher, wenn der Einfluss von Z kontrolliert wird. Auf Supressoreffekte werden wir genauer in Abschnitt II.E.4.1 eingehen.

Beispiel: Wir vermuten, dass die in einer Stichprobe gefundene Korrelation $r_{xy} = .4$ *(fiktiver Wert) zwischen Ausländerdichte (X) und Anzahl der Kriminaldelikte (Y) nicht darauf zurückzuführen ist, dass Ausländer eher zu Kriminaltaten neigen. Alternativ vertreten wir die Ansicht, die Korrelation komme zustande, weil in Deutschland lebende Ausländer eher in Großstädten (Z) wohnen. In Großstädten werden aber auch Deutsche überproportional häufig straffällig. Es gelte* $r_{xz}=.6$ *und* $r_{yz}=.5$.

$$r_{xy\cdot z} = \frac{r_{xy} - r_{xz}r_{yz}}{\sqrt{1-r^2_{xz}}\sqrt{1-r^2_{yz}}} = \frac{.4-.6\cdot.5}{\sqrt{1-.36}\sqrt{1-.25}} = \frac{.1}{.69} = .14$$

Da $|r_{xy\cdot z}| < |r_{xy}|$ ist, unterstützt dieser Befund unsere Vermutung.

Würde $r_{xy\cdot z} = r_{xy}$ gelten, so könnten wir unsere Vermutung nicht aufrechterhalten.

□

Leseempfehlungen:

Die lineare Korrelations- und Regressionsanalyse zweier Merkmale ist ein Spezialfall der multiplen Regressionsanalyse in Kapitel II.E. Deshalb sei auf die Literaturempfehlungen dort verwiesen.

Beck-Bornholt und Dubben (2001) geben praktische und unterhaltsame, aber vor allem lehrreiche Beispiele zum Problem der Korrelation und Kausalität. Huber (2000) beschreibt sehr anschaulich und lebendig die Logik psychologischer Experimentaldesigns, mit denen das Problem der Korrelation und Kausalität gelöst werden soll.

Die Literatur zum Regressionseffekt wird bei Nachtigall (2002) kritisch diskutiert.

Die Pfadanalyse, die es ermöglicht auf Basis von korrelativen Zusammenhängen die potentiellen kausalen Wirkmodelle einzuschränken (vgl. Abschnitt II.C.4), wird grundlegend und gut verständlich bei Heise (1975) behandelt.

4. Aufgabenblock (Lösungen: www.statistik-fuer-psychologen.de)

Aufgabe 1)

20 Personen füllen einen Intelligenztest (X) aus und schätzen anschließend auf einer neunstufigen Skala ein, wie entspannt (Y) sie sich in der Testsituation fühlten. Es ergaben sich folgende Werte:

x	70	98	85	82	95	75	93	65	90	77
y	3	8	5	4	7	1	6	2	9	4

x	111	105	132	109	122	117	113	124	104	107
y	7	6	2	6	1	4	5	3	7	9

Stellen Sie die Daten graphisch dar! Berechnen Sie die Korrelation und die Regressionsgerade für die Gesamtstichprobe!

Führen Sie für die Stichproben mit einem IQ < 100 sowie einem IQ > 100 getrennt eine Korrelations- und Regressionsanalyse durch. Geben Sie bitte die Regressionsgleichung für ‚IQ ⇒ Entspannung' und ‚Entspannung ⇒ IQ' für beide Stichproben an! Tragen Sie die Gerade in die Graphik ein. Berechnen Sie auch die aufgrund der Regressionsgleichung erwarteten Intelligenz- bzw. Entspannungswerte.

Aufgabe 2)

Ein Ernährungswissenschaftler möchte den Einfluss von chemischen Zusatzstoffen in Nahrungsmitteln (X) auf die allgemeine Lebenserwartung (Y) untersuchen. Er ist in der glücklichen Lage, Schätzungen über den durchschnittlichen Anteil chemischer Zusatzstoffe in Nahrungsmitteln und die allgemeine Lebenserwartung in den Jahren seit 1900 in Deutschland vorliegen zu haben. Nun wählt er 10 Jahre zufällig aus, um sich einen Eindruck über die zugrunde liegende Korrelationsstruktur verschaffen zu können. Die zu analysierenden Daten lauten wie folgt. Das Merkmal X ist hier in mg/100 g angegeben:

Jahr	42	70	20	59	85	44	61	09	75	16
x	9	12	5	14	30	6	9	1	21	0.7
y	72	75	71	74	78	70	73	69	77	68

Wie stark ist die Korrelation? Welcher Anteil der Varianz in Y lässt sich durch X erklären? Welche Regressionsgleichung ergibt sich?

Zeigen Sie, dass in diesem Beispiel die Beziehungen

$$s_y^2 = s_{\hat{y}}^2 + s_{fehler}^2, 1 = \frac{s_{\hat{y}}^2}{s_y^2} + \frac{s_{fehler}^2}{s_y^2} \text{ und } r^2 = \frac{s_{\hat{y}}^2}{s_y^2} \quad \text{gelten!}$$

Lässt sich aus den Ergebnissen folgern, dass der Verzehr chemischer Zusatzstoffe zu einer Erhöhung der Lebenserwartung führen? Welche Mängel der Studie fallen Ihnen sonst noch auf?

Aufgabe 3)

Der Medizinertest sollte bis vor wenigen Jahren für Studienplatzbewerber die Eignung für das Studium vorhersagen. Dadurch, dass es sehr gute Bücher gab mit Hilfe derer man sich durch stumpfes Auswendiglernen speziell auf den Test vorbereiten kann, sank die Vorhersagegüte des Tests. Der Test hat dann also nicht nur die Merkmale gemessen, die einen ‚guten' Medizinstudenten auszeichnen, sondern auch den Fleiß und die Bereitschaft, sich vorher gezielt auf den Test vorzubereiten.

Überlegen Sie sich eine Korrelationsstruktur (r_{y1} = ?, r_{y2} = ?, r_{12} = ? (Y = Eignung, X_1 = Testergebnis, X_2 = Ausmaß der speziellen Vorbereitung), die diesen Effekt beschreiben würde! Berechnen Sie den partiellen Korrelationskoeffizienten $r_{y1.2}$, und prüfen Sie, ob sich der Zusammenhang gemäß der Vermutung verändert.

Aufgabe 4)

An einer Stichprobe wurden die Merkmale Einkommen X, Intelligenz Y und Einkommen der Eltern Z erhoben. Dabei wurde gefunden, dass sich die Ausprägung von X in einer linearen Regressionsanalyse als 10 plus das 25-fache von Y schätzen lässt und als 500 plus das 0.8-fache von Z. Die Streuung von Y beträgt 15 und die Streuung von Z 800. Welches der beiden Merkmale Y und Z korreliert höher mit X?
Angenommen, die Varianz des Merkmals X sei gleich 810000. Welchen Betrag haben dann die Korrelationskoeffizienten r_{xy} und r_{xz} und die entsprechenden Determinationskoeffizienten?
Wie groß ist die partielle Korrelation $r_{xy.z.}$, wenn r_{yz} .4 beträgt?

Aufgabe 5)

Zum ‚Regressionseffekt': Es sei X der IQ des Vaters und Y der IQ des Kindes. Es gelte in allen Generationen, dass der durchschnittliche IQ 100 und die Standardabweichung 15 betrage. Außerdem sei die Produkt-Moment-Korrelation r_{xy} = + .6.
Wie lautet die Regressionsgerade, wenn Y aus X vorhergesagt werden soll? Welche IQ'en sind für Kinder von Vätern mit IQ = 70, 85, 100, 115, 130 zu erwarten?
Kann man aus den Ergebnissen schließen, dass die Ausprägung der Intelligenz über die Generationen hinweg immer homogener wird, so dass es

nach einigen Generationen nur noch Menschen mit einem IQ ungefähr gleich 100 gibt? Wenn nicht, wie lässt sich der Effekt anderweitig erklären (unaufgeklärte und aufgeklärte Varianzkomponenten)?
Wie ändert sich der gefundene Effekt, wenn eine Korrelation von $r_{xy} = 1$ bzw. .1 besteht?

Aufgabe 6)

In Diskussionen zum Problem des Rechtsradikalismus wird häufig aus der Tatsache, dass Rechtsextreme einen geringeren Bildungsstand als der Durchschnitt der Bevölkerung besitzen, wie selbstverständlich abgeleitet, dass Bildungsprogramme ein sehr wirksames Mittel zur Beseitigung der Ausländerfeindlichkeit seien. Ist dieser Schluss zwingend? Überlegen Sie sich einige alternative Wirkbeziehungsmodelle, die zu der gleichen Korrelation führen könnten!

Marcel Reich-Ranicki berichtete im Herbst 1995 in der Sendung ‚Hitler heute' im ZDF von einer Statistik, nach der Menschen mit Hauptschulabschluss der Hitlerdiktatur mehr positive Eigenschaften abgewinnen können (z.B. ‚Aber er hat ja auch die Autobahnen gebaut!') als Menschen mit Abitur. In der ihm eigenen, unfehlbaren Art, absolute Wahrheiten zu verkünden behauptete er, dies *beweise* eindeutig, dass das Neonaziproblem ein Effekt mangelnder Bildung sei. Kann man aus dieser Äußerung schließen, dass Menschen, die über die Fähigkeit verfügen, ‚gute' von ‚schlechter' Literatur ohne Zweifel zu trennen, auch Korrelationen fehlerfrei interpretieren können? Was würden Sie Herrn Reich-Ranicki entgegnen, falls er Sie zu Wort kommen ließe?

II.D Zusammenhangsanalyse für nominalskalierte, dichotome und ordinalskalierte Merkmale

In diesem Abschnitt sollen Korrelationsmaße vorgestellt werden, die verwendet werden können, wenn die analysierten Merkmale nominalskaliert, dichotom (zweigestuft) oder ordinalskaliert sind. Während für mehrstufige nominalskalierte Merkmale spezielle Koeffizienten verwendet werden müssen, lassen sich für dichotome und ordinalskalierte Merkmale Maße definieren, die Spezialfälle der im vorangegangen Abschnitt II.C ausführlich dargestellten Produkt-Moment-Korrelation sind oder zu dieser direkt in Beziehung stehen.

II.D.1 Die Analyse der Beziehung zwischen nominalskalierten Merkmalen: Kontingenzanalyse

Von kategorialen Beziehungen sprechen wir, wenn wir von der Zugehörigkeit zu einer bestimmten Gruppe auf die Zugehörigkeit zu einer anderen Merkmalsgruppe schließen wollen. Mögliche Fragestellungen wären beispielsweise: Gehören Käufer eines bestimmten Produktes eher einer bestimmten sozialen Schicht an? Ist beim Arbeitsamt die Empfehlung für verschiedene Berufe davon abhängig, ob der/die Bewerber/in männlich oder weiblich ist? Werden verschiedene Lehrformen von bestimmten Typen von Schülern unterschiedlich präferiert? Empfehlen Psycholog(inn)en unterschiedliche Therapieformen (Verhaltenstherapie, Gesprächstherapie, usw.) bei unterschiedlichen Störungsarten (Depressionen, Zwänge usw.)?

Die Analyse kategorialer Beziehungen ist ab Nominalskalenniveau anwendbar, da nur die Zugehörigkeit zu einer Gruppe als Information ausgewertet wird. Ob eine Rangordnung zwischen den Stufen eines Merkmals besteht, wird durch dieses Verfahren nicht berücksichtigt. Analysiert man etwa ordinalskalierte Merkmale mit Hilfe der Kontingenzanalyse, so werden diese implizit nur als nominalskaliert betrachtet, das heißt, es wird nur die Gleichheit vs. Ungleichheit von Merkmalsausprägungen verwertet.

Bevor das Verfahren an konkreten Beispielen vorgestellt wird, sollen zunächst einige gebräuchliche formale Notationen definiert werden, deren Bedeutung in den folgenden Abschnitten veranschaulicht wird. Möchte man feststellen, ob ein

Zusammenhang zwischen zwei kategorialen Merkmalen X und Y besteht, so muss in einer Stichprobe für jede statistische Einheit die Ausprägung der Merkmale X und Y bestimmt werden. Dabei tritt jede Merkmalskombination (x_i, y_j) mit der absoluten Häufigkeit n_{ij} auf. In der folgenden Tabelle sei das Merkmal X R-fach gestuft und das Merkmal Y S-fach gestuft. Insgesamt werden N statistische Einheiten (Objekte oder Personen) betrachtet.

Dann ergibt sich folgende Kontingenztabelle der absoluten Häufigkeiten:

	y_1	y_2	...	y_S	Σ
x_1	n_{11}	n_{12}	...	n_{1S}	$\mathbf{n_{1\bullet}}$
x_2	n_{21}	n_{22}	...	n_{2S}	$\mathbf{n_{2\bullet}}$
...	...	...	...	...	...
x_R	n_{R1}	n_{R2}	...	n_{RS}	$\mathbf{n_{R\bullet}}$
Σ	$\mathbf{n_{\bullet 1}}$	$\mathbf{n_{\bullet 2}}$	...	$\mathbf{n_{\bullet S}}$	$\mathbf{n_{\bullet\bullet} = N}$

Für die relativen Häufigkeiten oder Anteilswerte ($h_{ij} = n_{ij}/N$) gilt $\sum_{i=1}^{R}\sum_{j=1}^{S} h_{ij} = 1$.

	y_1	y_2	...	y_S	Σ
x_1	h_{11}	h_{12}	...	h_{1S}	$\mathbf{h_{1\bullet}}$
x_2	h_{21}	h_{22}	...	h_{2S}	$\mathbf{h_{2\bullet}}$
...	...	...	...	...	...
x_R	h_{R1}	h_{R2}	...	h_{RS}	$\mathbf{h_{R\bullet}}$
Σ	$\mathbf{h_{\bullet 1}}$	$\mathbf{h_{\bullet 2}}$	...	$\mathbf{h_{\bullet S}}$	**1**

Die Randhäufigkeiten der absoluten und relativen Häufigkeiten (Zeilensummen ($n_{i\bullet}$ bzw. $h_{i\bullet}$) bzw. Spaltensummen ($n_{\bullet j}$ bzw. $h_{\bullet j}$)) ergeben sich bei R Zeilen und S Spalten folgendermaßen:

$$n_{i\bullet} = \sum_{j=1}^{S} n_{ij}, \quad n_{\bullet j} = \sum_{i=1}^{R} n_{ij}, \quad N = \sum_{i=1}^{R}\sum_{j=1}^{S} n_{ij}$$

II.D.1.1 Bedingte Häufigkeiten und Unabhängigkeit kategorialer Merkmale

Ein Zusammenhang zwischen zwei kategorialen Merkmalen X und Y besteht dann, wenn sich für mindestens zwei Stufen des Merkmals X die jeweiligen Häufigkeitsverteilungen für das Merkmal Y nicht nur um das Verhältnis der Randsummen (z.B. $(n_{1j}/n_{2j}) \neq (n_{1\bullet}/n_{2\bullet})$) unterscheiden. Ergeben sich für verschiedene Stufen von X in ihrer Gestalt systematisch unterschiedliche Häufigkeitsverteilungen der y_j, so deutet dies auf einen Zusammenhang der Merkmale hin. Dies soll an zwei Beispielen verdeutlicht werden.

Angenommen, wir messen zwei unabhängige Merkmale, wie z.B. Körpergröße und Schulabschluss. Wenn 30% aller Personen Abitur haben und 50% aller Personen größer als 175 cm sind, so gilt bei Unabhängigkeit, dass etwa 15% der Personen sowohl Abitur haben als auch größer als 175 cm sind. Außerdem sollten etwa 15% aller Personen Abitur haben und kleiner als 175 cm sein. [11]

Die folgende Tabelle zeigt eine mögliche Verteilung der relativen Häufigkeiten bei Unabhängigkeit der Merkmale über- vs. unterdurchschnittliche Körpergröße und Schulabschluss (GY = Gymnasium, RS = Realschule, HS = Hauptschule):

	GY	**RS**	**HS**	**Σ**
< 175	$h_{11} = .15$	$h_{12} = .15$	$h_{13} = .2$	$\mathbf{h_{1\bullet} = .5}$
>= 175	$h_{21} = .15$	$h_{22} = .15$	$h_{23} = .2$	$\mathbf{h_{2\bullet} = .5}$
Σ	$\mathbf{h_{\bullet 1} = .3}$	$\mathbf{h_{\bullet 2} = .3}$	$\mathbf{h_{\bullet 3} = .4}$	$\mathbf{h_{\bullet\bullet} = 1}$

Gruppieren wir das Merkmal Körpergröße so, dass die Zeilensummen nicht gleich sind ($h_{1\bullet} \neq h_{2\bullet}$), so unterscheiden sich die relativen Häufigkeiten h_{1j} und h_{2j} in den Zeilen genau um das Verhältnis der Randsummen, wenn völlige Unabhängigkeit gilt.

	GY	**RS**	**HS**	**Σ**
< 165	$h_{11} = .06$	$h_{12} = .06$	$h_{13} = .08$	$\mathbf{h_{1\bullet} = .2}$
>= 165	$h_{21} = .24$	$h_{22} = .24$	$h_{23} = .32$	$\mathbf{h_{2\bullet} = .8}$
Σ	$\mathbf{h_{\bullet 1} = 0.3}$	$\mathbf{h_{\bullet 2} = 0.3}$	$\mathbf{h_{\bullet 3} = 0.4}$	$\mathbf{h_{\bullet\bullet} = 1}$

Es gilt hier – wie bei Unabhängigkeit erwartet –, dass die Quotienten der Häufigkeiten in den beiden Zeilen stets gleich sind (.06/.24 = .08/.32 =.2/.8). Nun wollen wir ein Beispiel betrachten, in dem Unabhängigkeit der Merkmale nicht gilt. Angenommen, wir möchten herausfinden, ob die beiden Merkmale soziale Schicht und Schulabschluss zusammenhängen (US = Untere Schicht, MS = Mittelschicht, OS = Obere Schicht). Dann könnte sich folgende Kontingenztabelle der relativen Häufigkeiten ergeben.

	GY	**RS**	**HS**	**Σ**
US	.05	.07	.18	**.3**
MS	.13	.18	.19	**.5**
OS	.12	.05	.03	**.2**
Σ	**.3**	**.3**	**.4**	**1**

In dieser Tabelle unterscheiden sich insbesondere die Häufigkeitsverteilungen der unteren und oberen sozialen Schicht systematisch: In der oberen Schicht wird eher das Gymnasium, in der unteren Schicht wird eher die Hauptschule

[11] Obwohl die hier verwendeten Merkmale tatsächlich ordinalskaliert sind, sollen die Eigenschaften der Kontingenzanalyse wegen der Anschaulichkeit des Beispiels an diesen Merkmalen verdeutlicht werden. Wie oben erwähnt, ist die Analyse auch für ordinalskalierte Merkmale zulässig und aussagekräftig, wobei durch spezielle Verfahren für ordinalskalierte Daten (Abschnitt II.D.3) zusätzliche Informationsaspekte, die die Rangordnung der Skalenpunkte berücksichtigen, ausgewertet werden können.

besucht. Schulabschluss und Schichtzugehörigkeit sind in dieser Stichprobe also keine unabhängigen Merkmale.

In der folgenden Abbildung sind die in den Tabellen angegebenen relativen Häufigkeiten für die einzelnen Schularten in Abhängigkeit von der Größe (links) und der sozialen Schicht (rechts) grafisch abgebildet. Es wird deutlich, dass bei Abhängigkeit der Merkmale (rechts) die Linien nicht um einen konstanten Faktor verschoben sind.

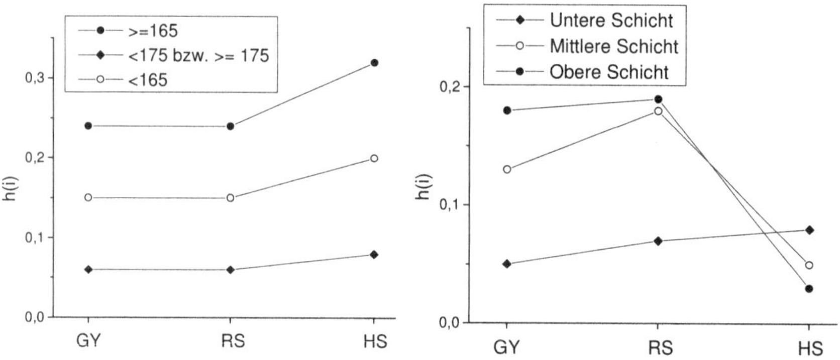

Wie lassen sich die bis hierhin eher qualitativ beschriebenen Unterschiede zwischen den Häufigkeitsverteilungen in den Tabellen bei Unabhängigkeit vs. Abhängigkeit präzisieren und quantitativ in einem Koeffizienten erfassen? Wie man in den Tabellen oben erkennen kann, ergibt sich bei Unabhängigkeit der beiden Merkmale (oben: Körpergröße und Schulabschluss) die relative Häufigkeit h_{ij} in den Zellen ij als Produkt der zugehörigen Zeilen- und Spaltensumme. Bei Abhängigkeit der Merkmale (oben: Schichtzugehörigkeit und Schulform) ist dies nicht der Fall.

Bei Unabhängigkeit zweier Merkmale ergeben sich in den Zeilen jeweils Häufigkeitsverteilungen, die sich lediglich um das Verhältnis der Randsummen unterscheiden. Hieraus folgt insbesondere:

⇒ Bei Unabhängigkeit sind die Werte h_{ij} in den Zellen gleich dem Produkt der zugehörigen Randhäufigkeiten (Zeilensumme mal Spaltensumme ($h_{i\bullet} \cdot h_{\bullet j}$)).
Für die absoluten Häufigkeiten n_{ij} gilt: Bei Unabhängigkeit erwartet man in den Zellen die Werte $f_{eij} = (n_{i\bullet} \cdot n_{\bullet j})/N$ (e für expected frequency).

⇒ Je stärker der Zusammenhang oder die Abhängigkeit zweier Merkmale ist, desto deutlicher weichen die Werte h_{ij} in den Zellen von dem Produkt der zugehörigen Randhäufigkeiten ($h_{i\bullet} \cdot h_{\bullet j}$) ab.

Beispiel: Gegeben sei die Kontingenztabelle von Seite 147.

Beobachtete relative Häufigkeiten (h_{ij})

	GY	**RS**	**HS**	**Σ**
US	.05	.07	.18	**.3**
MS	.13	.18	.19	**.5**
OS	.12	.05	.03	**.2**
Σ	**.3**	**.3**	**.4**	**1**

Bei Unabhängigkeit der Merkmale erwartete relative Häufigkeiten:

	GY	**RS**	**HS**	**Σ**
US	.09	.09	.12	**.3**
MS	.15	.15	.20	**.5**
OS	.06	.06	.08	**.2**
Σ	**.3**	**.3**	**.4**	**1**

Beim Vergleich der Werte in den beiden Tabellen wird beispielsweise deutlich, dass mehr Angehörige der unteren sozialen Schicht die Hauptschule besuchen als erwartet würde (.18 > .12). Hingegen besuchen diese seltener als erwartet das Gymnasium (.05 < .09). Ein umgekehrtes Bild ergibt sich für die Angehörigen der oberen sozialen Schicht □

Einschub: Definition einiger Symbole aus der Mengenlehre

$h(A \cap B)$: 'h von A geschnitten B' gibt die relative Häufigkeit der Objekte an, die sowohl Merkmal A als auch Merkmal B besitzen.

Beispiel: $h(HS \cap OS) = .03 \Rightarrow$ *3% der Stichprobe sind Hauptschüler, die der oberen Schicht angehören.*

$h(A \cup B)$: 'h von A vereinigt B' gibt die relative Häufigkeit der Objekte an, die entweder Merkmal A oder Merkmal B oder beide Merkmale besitzen.

Beispiel: $h(HS \cup OS) = .57 \Rightarrow$ 57% der Stichprobe sind Hauptschüler und/oder gehören der oberen Schicht an.

$h(\overline{A})$: 'h von nicht-A' gibt die relative Häufigkeit der Objekte an, die Merkmal A nicht besitzen.

Beispiel: $h(\overline{HS}) = .6 \Rightarrow$ *60% der Stichprobe sind keine Hauptschüler.*

$h(A|B)$: 'h von A unter der Bedingung B' gibt die relative Häufigkeit an, mit der die Träger des Merkmals B Merkmal A besitzen.

Beispiel: $h(HS \mid OS) = .03/.2 = .15 \Rightarrow$ *15% der Angehörigen der Oberschicht besuchen die Hauptschule.*

Es gilt außerdem: $h(A) = 1 - h(\overline{A})$ $h(\overline{A}|B) = 1 - h(A|B)$

Beispiel: Da genau 60% in der Stichprobe nicht die Hauptschule besuchen ($h(\overline{HS}) = .6$) folgt unmittelbar, dass 40% die Hauptschule besuchen. Außerdem gilt, da $h(HS \mid OS) = .15$ ist, dass 85% der Schüler aus der Oberschicht nicht die Hauptschule besuchen $h(\overline{HS} \mid OS) = 1 - h(HS \mid OS)$.

Tritt das Merkmal B in S Stufen auf, so gilt

$h(A) = h(A \cap B_1) + ... + h(A \cap B_s)$

Beispiel: 12% der Schüler besuchen das Gymnasium und entstammen der Oberschicht. Außerdem finden sich in der Stichprobe 5% Realschüler aus der Oberschicht und 3% Hauptschüler aus der Oberschicht. Hieraus kann direkt errechnet werden, dass insgesamt 20% der Stichprobe der Oberschicht angehören.

Gemäß dieser Definitionen lassen sich die in diesem Abschnitt behandelten Eigenschaften der Unabhängigkeit und Abhängigkeit in Kontingenztabellen folgendermaßen charakterisieren.

Sowohl bei Abhängigkeit als auch bei Unabhängigkeit kategorialer Merkmale gilt:

$$h(y_j|x_i) = \frac{h(x_i \cap y_j)}{h(x_i)} = \frac{h_{ij}}{h_{i\bullet}} \qquad h(x_i|y_j) = \frac{h(x_i \cap y_j)}{h(y_j)} = \frac{h_{ij}}{h_{\bullet j}}$$

Hieraus folgt unmittelbar:

$$h(x_i \cap y_j) = h(x_i|y_j) \cdot h(y_j) \text{ bzw. } h_{ij} = h(x_i|y_j) \cdot h_{\bullet j}, \text{ sowie}$$

$$h(x_i \cap y_j) = h(y_j|x_i) \cdot h(x_i) \text{ bzw. } h_{ij} = h(y_j|x_i) \cdot h_{i\bullet}$$

Nur bei Unabhängigkeit zweier Merkmale gilt:

$h(x_i|y_j) = h(x_i)$ und $h(y_j|x_i) = h(y_j)$

Somit vereinfacht sich die Berechnungsformel für die Schnittmenge $h(x_i \cap y_j)$ bei Unabhängigkeit folgendermaßen:

$$h(x_i \cap y_j) = h(x_i) \cdot h(y_j) \text{ bzw. } h_{ij} = h_{i\bullet} \cdot h_{\bullet j}$$

Für die absoluten Häufigkeiten gilt bei Unabhängigkeit entsprechend:

$$n_{ij} = \frac{n_{i\bullet} \cdot n_{\bullet j}}{N} = f_{eij}$$

II.D.1.2 Der χ^2 (chi-Quadrat)-Wert und der Kontingenzkoeffizient C

Nachdem im vorangegangenen Abschnitt für die Zellhäufigkeiten von Kontingenztabelle gezeigt wurde, wie sich eine Abhängigkeit zwischen zwei kategorialen Merkmale auswirkt, muss nun noch geklärt werden, wie die Information in einer zusammenfassenden Maßzahl abgebildet werden kann.

Der χ^2-Wert verrechnet die Abweichungen von tatsächlichen absoluten Häufigkeiten und bei stochastischer Unabhängigkeit erwarteten absoluten Häufigkeiten in allen Zellen der Kontigenztabelle gleichzeitig. Im Allgemeinen gilt: Je größer die Differenzen zwischen beobachteten und erwarteten Werten sind, desto höher ist der Wert des Koeffizienten:

$$\chi^2 = \sum_{i=1}^{R} \sum_{j=1}^{S} \frac{(f_{oij} - f_{eij})^2}{f_{eij}}$$

In dieser Formel ist $f_{oij} = n_{ij}$. (o für observed (beobachtete Häufigkeiten)).

Beispiel: Angenommen, wir haben zwei Kontingenztabellen mit gleichen Randsummenverteilungen vorliegen, die sich jedoch hinsichtlich der Zellenbesetzungen unterscheiden (Merkmal 1: Radfahrer vs. Nichtradfahrer; Merkmal 2: Münsteraner und Dortmunder).

Beobachtete Häufigkeiten (f_{oij}):

Fall 1: starker Zusammenhang

	F	**$\bar{F}$**	**Σ**
MS	$f_{o11} = 18$	$f_{o12} = 2$	**20**
DO	$f_{o21} = 6$	$f_{o22} = 14$	**20**
Σ	**24**	**16**	**40**

Fall 2: schwacher Zusammenhang

	F	**$\bar{F}$**	**Σ**
MS	$f_{o11} = 13$	$f_{o12} = 7$	**20**
DO	$f_{o21} = 11$	$f_{o22} = 9$	**20**
Σ	**24**	**16**	**40**

Erwartete Häufigkeiten ($f_{eij} = \frac{n_{i\bullet} \cdot n_{\bullet j}}{N}$) für beide Fälle:

	F	**$\bar{F}$**	**Σ**
MS	(20x24)/40=12	(20x16)/40=8	**20**
DO	(20x24)/40=12	(20x16)/40=8	**20**
Σ	**24**	**16**	**40**

$$\text{zu Fall 1}: \chi^2 = \sum_{i=1}^{R} \sum_{j=1}^{S} \frac{(f_{oij} - f_{eij})^2}{f_{eij}}$$

$$= \frac{(18-12)^2}{12} + \frac{(2-8)^2}{8} + \frac{(6-12)^2}{12} + \frac{(14-8)^2}{8} = 15$$

$$\text{zu Fall 2}: \chi^2 = \frac{(13-12)^2}{12} + \frac{(7-8)^2}{8} + \frac{(11-12)^2}{12} + \frac{(9-8)^2}{8} = \frac{5}{12}$$

Der χ^2-Wert ist für die erste Kontingenztabelle größer als für die zweite und kann als Maßzahl für die Zusammenhangsstärke interpretiert werden. Wie im folgenden Text beschrieben wird, ist ein solcher Vergleich auf Basis des χ^2-Wertes nur zulässig, wenn die zu vergleichenden Kontingenztabellen gleich viele Zellen besitzen.

□

Angenommen, wir interessieren uns für den Zusammenhang zwischen Erkrankungstyp (Angst, Depression, Zwang) und empfohlener Behandlungsart (Therapie A, B, C). Dann könnte sich folgende Kontingenztabelle ergeben:

Beobachtete Häufigkeiten (f_{oij}):

	Angst	**Zwang**	**Depr.**	**Σ**
Beh. A	18	8	14	**40**
Beh. B	4	8	28	**40**
Beh. C	2	20	18	**40**
Σ	**24**	**36**	**60**	**120**

Bei Unabhängigkeit der beiden Merkmale erwartete Häufigkeiten $f_{eij}=(n_{i.}n_{.j})/N$:

	Angst	**Zwang**	**Depr.**	**Σ**
Beh. A	8	12	20	**40**
Beh. B	8	12	20	**40**
Beh. C	8	12	20	**40**
Σ	**24**	**36**	**60**	**120**

$$\chi^2 = \frac{(18-8)^2}{8} + \frac{(8-12)^2}{12} + \frac{(14-20)^2}{20} + \frac{(4-8)^2}{8} + \frac{(8-12)^2}{12}$$
$$+ \frac{(28-20)^2}{20} + \frac{(2-8)^2}{8} + \frac{(20-12)^2}{12} + \frac{(18-20)^2}{20} = 32.16$$

□

Sind die beobachteten Häufigkeiten (f_{oij}) identisch mit den bei Unabhängigkeit der Merkmale erwarteten Häufigkeiten (f_{eij}), so ist der χ^2-Wert gleich 0: Je größer die Abweichung des χ^2-Wertes von Null ist, desto größer ist im Allgemeinen die Differenz zwischen beobachteten und erwarteten Werten und desto eindeutiger ist der Zusammenhang.

Ein wesentlicher Mangel des χ^2-Wertes besteht jedoch darin, dass die Stärke des Zusammenhangs nicht die einzige Determinante der Koeffizientenausprägung ist. Es muss davon ausgegangen werden, dass der Koeffizient – unter ansonsten gleichen Bedingungen – umso größer wird, je mehr Stufen die zu analysierenden Merkmale besitzen und je mehr Zellen die Kontingenztabelle enthält: Je höher die Anzahl der Zellen ist, desto mehr Summanden treten auf und desto größer wird im Allgemeinen der χ^2-Wert. Hier tritt ein ähnliches Problem wie bei der Kovarianz für intervallskalierte Merkmale in Abschnitt II.C.1.2 auf: Die Kovarianz variiert systematisch mit den verwendeten Maßeinheiten und der Wertebereich der Kovarianz ist nicht einheitlich beschränkt. Bei der Kovarianz haben wir durch Standardisierung die Produkt-Moment-Korrelation r erhalten, die nur durch die lineare Zusammenhangsstärke determiniert ist und auf den Bereich –1 bis +1 normiert ist. Wie können wir nun eine ähnliche Lösung für den χ^2-Wert erhalten?

Eine einfache Formel, um eine Maßzahl zu erhalten, die unabhängig von der Zellenanzahl ist, lautet wie folgt:

$$\chi^2_{stand} = \frac{\chi^2}{(\text{Spaltenanzahl} - 1) \cdot (\text{Zeilenanzahl} - 1)}$$

Für das vorangegangene Beispiel würde der Wert dieses Quotienten für die beiden Vierfeldertafeln gleich dem χ^2-Wert selbst sein. Hingegen müsste der χ^2-Wert für die 3x3-Kontingenztafel durch den Faktor 4 geteilt werden: $\chi^2_{stand} = 32.16/4 = 8.04$. Im Gegensatz zum unstandardisierten χ^2-Wert zeigt der χ^2_{stand}-Wert an, dass der Zusammenhang der Störungen und Behandlungsarten in der 3x3-Tafel als niedriger einzuschätzen ist, als der Zusammenhang in der ersten Vierfeldertafel (Fall 1) zwischen Wohnort und Fahrradfahren ($\chi^2 = \chi^2_{stand} = 15$).

In Band 2 – Kapitel II.C.1.2 werden wir die Frage beantworten, wie groß der χ^2-Wert sein muss, damit man davon ausgehen kann, dass ein allgegültiger Zusammenhang zwischen den beiden Merkmalen besteht, von dem man gesichert annehmen kann, dass er systematisch auftritt und sich nicht nur zufällig in der erhobenen Stichprobe gezeigt hat. Als erste Orientierung können wir hier aber schon festhalten: Ist der χ^2_{stand}-Wert ungefähr gleich oder kleiner 1, so muss davon ausgegangen werden, dass kein Zusammenhang besteht, der sich in einer anderen Stichprobe in ähnlicher Weise zeigen würde.

Der χ^2_{stand}-Wert macht Koeffizienten aus Tafeln mit unterschiedlicher Zellenanzahl vergleichbar, er besitzt jedoch noch nicht die für alle normierten Korrelationskoeffizienten, wie beispielsweise die Produkt-Moment-Korrelation, gültige Beschränkung auf den Wertebereich –1 bis +1.

Die zumeist angewandte Formel zur Normierung des χ^2-Werts lautet:

$$C = \sqrt{\frac{\chi^2}{\chi^2 + N}}$$

C wird als Kontingenzkoeffizient bezeichnet: C nimmt bei völlig fehlendem Zusammenhang der Merkmale den Wert 0 und maximalem Zusammenhang den Wert

$$C_{max} \sqrt{r/(r-1)}$$

(r = min(Zeilenanzahl,Spaltenanzahl)). C_{max} konvergiert gegen 1 mit zunehmender Kategorienanzahl des Merkmals mit den wenigsten Stufen. Durch diese Normierung werden Werte aus Kontingenztabellen mit unterschiedlichen Spalten- oder Zeilenanzahlen vergleichbar.

In den 3 Kontingenztafeln des letzten Beispiels würde der Kontingenzkoeffizient für die Vierfeldertafel in Fall 2 den niedrigsten Wert $C = .10$ annehmen. Für die 3x3-Tafel lautet $C = .46$. Der stärkste Zusammenhang zeigt sich für die Vierfeldertafel in Fall 1: $C = .52$.

Abschließend zu diesem Abschnitt sei noch auf zwei Punkte hingewiesen, die man grundsätzlich bei der Berechnung und Interpretation des χ^2-Wertes und den daraus abgeleiteten Maßen beachten sollte. Bei welchen Merkmalskombinationen eher geringere bzw. eher größere Abweichungen der beobachteten von den erwarteten Werten auftreten, ist beim χ^2-Wert aufgrund der Summenbildung nicht erkennbar. Wenn der χ^2-Wert deutlich von Null abweicht, bedeutet dies keineswegs, dass in allen Zellen große Differenzen zwischen den o_{ij} und den e_{ij} bestehen müssen. Im Beispiel mit den Therapieformen und den Störungsarten könnte beispielsweise der Fall auftreten, dass bei Zwängen und Ängsten exakt dieselben Therapieformen vorgeschlagen werden und nur für die Diagnose Depression andere Therapieempfehlungen gegeben werden. Deswegen sollte neben den Interpretationen der Koeffizienten stets überprüft werden, in welchen Zellen auffällige Differenzen zwischen beobachteten und erwarteten Werten auftreten. Außerdem sollte man gerade bei Kontingenztafeln darauf achten, dass möglichst große Stichproben untersucht werden, um eine möglichst zuverlässige Aussage über die Merkmalszusammenhänge treffen zu können. Als Orientierung (Bortz, 2004) kann hier gelten, dass in höchstens 20% der Zellen eine erwartete Häufigkeit $e_{ij} < 5$ vorliegen sollte.

Durchführung mit SPSS: Die beiden zu korrelierenden Merkmale bilden jeweils eine Spalte. Befehl: Analysieren – Deskriptive Statistik – Kreuztabellen – Einstellungen bei Statistik: Chi-Quadrat und Kontingenzkoeffizient (s. Diehl & Staufenbiehl, 2001, S. 193 und 199).

II.D.2 Zusammenhangsmaße für dichotome Merkmale

Dichotome Merkmale können als Spezialfall nominalskalierter Merkmale aufgefasst werden, und entsprechend sind auch hier die im vorangegangenen Abschnitt definierten Maße der Kontingenzanalyse definiert. Wie im Folgenden dargestellt wird, sind jedoch bei der Analyse der Kontingenztafeln zweier dichotomer Merkmale (Vierfeldertafeln) wesentlich differenziertere Betrachtungen möglich: Deshalb kann es unter Umständen sinnvoll sein, ein mehrstufiges Kategoriensystem (z.B. Angststörung, Zwangsstörung, Depression) zu einem dichotomen Merkmal (z.B. Depression vs. keine Depression) zu vereinfachen, um die Methoden für dichotome Merkmale anwenden zu können.

II.D.2.1 Der φ-Koeffizient als Maß für die Zusammenhangsstärke dichotomer Merkmale

Der φ-Koeffizient gibt die Korrelation zweier dichotomer Merkmale an. Typische Fragestellungen wären hier: Wie stark hängt die Tatsache, ob eine Patient/in sich für eine Therapie entscheidet vom Geschlecht ab (Merkmale: Geschlecht und Therapieteilnahme)? Ist ein bestimmtes Patientenmerkmal (z.B. in fester Partnerschaft lebend) prädiktiv günstig für die Therapiezielerreichung? Hängt die Tatsache, ob ein Straftäter bereits vorbestraft ist, damit zusammen, ob dieser in Zukunft wieder rückfällig wird (Merkmale: Vorstrafe und Rückfälligkeit)? Werden in einem Betrieb eher Männer als Frauen eingestellt (Merkmale: Einstellung und Geschlecht)?

Für Vierfeldertafeln sollen die folgenden Notationen gelten

	X	$\overline{\mathbf{X}}$	**Σ**
Y	$a = n_{11}$	$b = n_{12}$	**A=a+b**
$\overline{\mathbf{Y}}$	$c = n_{21}$	$d = n_{22}$	**B=c+d**
Σ	**C=a+c**	**D=b+d**	**N**

Der Korrelationskoeffizient für Vierfeldertafeln wird als φ-Koeffizient bezeichnet und gemäß der Formel

$$\varphi = \frac{ad - bc}{\sqrt{A \cdot B \cdot C \cdot D}} = r_{xy}$$

berechnet. φ hängt lediglich von den Zellhäufigkeiten und Randsummen ab.

Der φ-Koeffizient ist zudem gleich der Produkt-Moment-Korrelation von X und Y: Würde man die Formel zu Berechnung von r_{xy} in Abschnitt II.C.1.3 verwenden, so erhielte man exakt dasselbe Ergebnis wie bei der Anwendung der Formel für φ.

Dies ist zunächst verwunderlich, da der φ-Koeffizient auch bei nur kategorialen dichotomen Merkmalen berechnet werden darf und der Produkt-Moment-Korrelationskoeffizient erst ab Intervallskalenniveau definiert ist. Ein dichotomes nominal- oder ordinalskaliertes Merkmal darf aber wie ein intervallskaliertes behandelt werden, da das kritische Merkmal für Intervallskalenqualität, nämlich die Gleichabständigkeit der Skalenpunkte, gewährleistet ist. Gibt man z.B. bei der Variable Geschlecht der Ausprägung ‚weiblich' die ‚1' und ‚männlich' die ‚2', so sind alle Skalenpunkte ‚gleich weit' voneinander entfernt, da ja nur eine Distanz vorliegt.

Genau wie die Produkt-Moment-Korrelation r_{xy}, kann der φ-Koeffizient nur Werte im Bereich von -1 bis +1 annehmen. Es treten genau dann deutliche Abweichungen von Null auf, wenn eine der beiden Diagonalen der Vierfeldertafel deutlich stärker besetzt ist.

Ist die Diagonale (a, d) stärker besetzt, so ist die Korrelation φ positiv.
Ist die Diagonale (b, c) stärker besetzt, so ist die Korrelation φ negativ.

	A	**$\bar{A}$**	**Σ**
B	0	50	**50**
$\bar{B}$	50	0	**50**
Σ	**50**	**50**	**100**

$$\varphi = \frac{ad - bc}{\sqrt{A \cdot B \cdot C \cdot D}} = \frac{0 \cdot 0 - 50 \cdot 50}{\sqrt{50^4}} = \frac{-50^2}{50^2} = -1$$

Beispiel: Besteht in einer Stichprobe von 100 Personen ein Zusammenhang zwischen der Eigenschaft, dass man raucht (Merkmal R), und der Tatsache, ob man im Büro arbeitet?

	R	**NR**	**Σ**
B	a = 40	b = 20	**A = 60**
nicht B	c = 10	d = 30	**B = 40**
Σ	**C = 50**	**D = 50**	**100**

$$\varphi = \frac{ad - bc}{\sqrt{A \cdot B \cdot C \cdot D}} = \frac{40 \cdot 30 - 20 \cdot 10}{\sqrt{60 \cdot 40 \cdot 50 \cdot 50}} = \frac{1200 - 200}{2450} = .41$$

Der gemessene Koeffizient weicht mit .41 positiv von 0 ab. Dieser Wert ist positiv, da das Produkt der Zellen a und d höher ist als das der Zellen b und c. Es gibt in dieser Stichprobe tendenziell mehr Personen, die im Büro arbeiten und rauchen (Zelle a) und Personen, die nicht im Büro arbeiten und nicht rauchen (Zelle d), als solche für die diese Merkmalskombinationen nicht vorliegen (Zelle b und c). Dies wurde von unserer Ausgangsfragestellung postuliert. □

Der φ-Koeffizient kann nur dann die Werte –1 und +1 annehmen, wenn ein perfekter Zusammenhang der Merkmale besteht und für beide Merkmale dieselben Randverteilungen vorliegen, d.h. es muss A = C und B = D gelten. Ist diese Bedingung verletzt, so ist die maximale φ-Korrelation gleich:

$$\varphi_{min} = -\sqrt{\frac{\min(A, D) \cdot \min(B, C)}{\max(A, D) \cdot \max(B, C)}} \geq -1 \qquad \varphi_{max} = \sqrt{\frac{\min(A, C) \cdot \min(B, D)}{\max(A, C) \cdot \max(B, D)}} \leq 1$$

In der Literatur wird häufig vorgeschlagen, den Koeffizienten folgendermaßen zu korrigieren, damit auch bei ungleichen Randverteilungen die Werte –1 und +1 bei maximal möglichem Zusammenhang erreicht werden können: $\varphi_{cor} = -\varphi/\varphi_{min}$ bzw. φ/φ_{max}. In Abschnitt II.D.2.3 wird an konkreten Datensätzen die Berechnung von φ_{cor} demonstriert. Diese Korrektur ist aber nur unter eingeschränkten Bedingungen zulässig: Zumeist muss nämlich davon ausgegangen werden, dass ein mangelhafter Zusammenhang zwischen den beiden Merkmalen die unterschiedlichen Randverteilungen bedingt und nicht umgekehrt (Brennan & Prediger, 1981).

Ohne auf die Details der Problematik einzugehen, die bei Wirtz und Caspar (2002) ausführlich diskutiert wird, existieren aber bessere Lösungen zur Kontrolle der Randsummenproblematik: In den beiden folgenden Abschnitten wird verdeutlicht, weshalb beispielsweise die Berechnung des Y-Koeffizienten von Yule (Abschnitt II.D.2.2) stets als die bessere Alternative zu φ_{cor} angesehen werden kann (vgl. auch Hartung (1993)).

Nachdem die Äquivalenz des φ-Koeffizienten mit dem Maß r_{xy} für intervallskalierte Daten[12] betont wurde, bleibt nun noch zu klären, in welcher Beziehung der φ-Koeffizient zu den Maßen für Kontingenztabellen steht, die für nominalskalierte Merkmale allgemein definiert sind.

Der φ-Koeffizient kann auch direkt aus dem χ^2-Wert (Abschnitt II.D.1.2) abgeleitet werden:

$$|\varphi| = \sqrt{\frac{\chi^2}{N}}$$

Im vorangegangenen Beispiel würde der χ^2-Wert also direkt aus φ errechnet werden können.

$$|\varphi| = \sqrt{\frac{\chi^2}{N}} \Leftrightarrow \varphi^2 \cdot N = \chi^2 \Leftrightarrow \chi^2 = 16.81$$

Bitte überprüfen Sie dieses Ergebnis mittels der klassischen Berechnungsformel für den χ^2-Wert in Abschnitt II.D.1.2.

Wir können also festhalten, dass dichotome Merkmale sowohl als intervall- als auch als nominalskalierte Merkmale aufgefasst werden können: Die Zusammenhangsmaße für beide Skalenarten – r_{xy} und χ^2 – lassen sich entsprechend direkt ineinander überführen. Der φ-Koeffizient ist jedoch im Gegensatz zum χ^2-Wert lediglich für 2 x 2 - Tabellen definiert. Die Berechnung der Produkt-Moment-Korrelation r_{xy} wäre ebenfalls für mehr als zweistufige nominalskalierte Merkmale nicht mehr sinnvoll anzuwenden, da noch nicht mal eine Rangordnung und schon gar keine Äquidistanz der Skalenpunkte vorliegen würde.

Durchführung mit SPSS: Die beiden zu korrelierenden Merkmale bilden jeweils eine Spalte. Befehl: Analysieren – Deskriptive Statistik – Kreuztabellen – Einstellungen bei Statistik: Chi-Quadrat, Phi und Cramer V (s. Diehl & Staufenbiehl, 2001, S. 133 und 193).

[12] Übrigens gilt für die Produkt-Moment-Korrelation auch bei intervallskalierten Daten, dass diese nur die Werte -1 und +1 annehmen kann, wenn die beiden Merkmal univariat identisch verteilt sind!

II.D.2.2 Sensitivität und Spezifität, Odds Ratio und Yules Y

Auf den ersten Blick haben wir durch den φ-Koeffizienten eine zufrieden stellende Lösung zur Analyse des Zusammenhangs dichotomer Merkmale gefunden. Es ist jedoch große Vorsicht bei der Interpretation von φ geboten: Welche Gefahren hierbei beachtet werden müssen, soll an einem einfachen Beispiel demonstriert werden.

Angenommen, ein Test wird zur Diagnostik einer bestimmten Krankheit eingesetzt. In einer Stichprobe von 1000 Frauen und 1000 Männern ergeben sich die folgenden Merkmalskombinationen.

Männer			
	krank	**gesund**	
positiv	183	182	**365**
negativ	117	518	**635**
	300	**700**	**1000**

Frauen			
	krank	**gesund**	
positiv	61	234	**295**
negativ	39	666	**705**
	100	**900**	**1000**

183 Männer haben beispielsweise ein positives Testergebnis und sind tatsächlich krank, wohingegen dies nur bei 61 Frauen der Fall ist. Berechnen wir nun die Korrelation von Testergebnis und Krankheit, so ergibt sich für die beiden Geschlechter eine Korrelation von $\varphi_{\text{Männer}} = .33$ und $\varphi_{\text{Frauen}} = .23$. Ist nun hieraus ableitbar, dass der Test bei den Männern die Krankheit zuverlässiger identifiziert als bei den Frauen, da ja offensichtlich ein höherer Zusammenhang von Testergebnis und Krankheit besteht?

Um dieser Frage nachzugehen, wollen wir uns die Datenverteilung genauer anschauen und zwei neue Begriffe bzw. Maßzahlen einführen. Zunächst soll berechnet werden, welcher Anteil der Merkmalsträger (hier: kranke Personen) bei Männern und Frauen durch den Test korrekt erkannt werden?

$h_{\text{Männer}}(\text{positiv}|\text{krank}) = 183/300 = .61$ $h_{\text{Frauen}}(\text{positiv}|\text{krank}) = 61/100 = .61$

Der Anteil richtig erkannter Merkmalsträger wird in der Testdiagnostik als *Sensitivität* bezeichnet.

Zusätzlich soll berechnet werden, welcher Anteil der ‚Nicht-Merkmalsträger' (hier: nicht kranke, also gesunde Personen) der Männer und Frauen durch den Test korrekt erkannt wird?

$h_{\text{Männer}}(\text{negativ}|\text{gesund}) = 518/700 = .74$ $h_{\text{Frauen}}(\text{negativ}|\text{gesund}) = 666/900 = .74$

Der Anteil richtig erkannter Nicht-Merkmalsträger wird in der Testdiagnostik als *Spezifität* bezeichnet.

Das überraschende Ergebnis für unsere beiden Datensätze lautet: Der Test erkennt kranke Männer und Frauen gleich gut, nämlich zu 61%. Außerdem klassifiziert der Test gesunde Männer und Frauen gleichermaßen zu 74% korrekt. Obwohl der Test für beide Gruppe dieselbe Sensitivität und Spezifität besitzt, ergeben sich unterschiedliche φ-Koeffizienten. Die Unterschiedlichkeit der φ-Koeffizienten hat nichts mit der Erkennensleistung des Tests zu tun, sondern ist ausschließlich darin begründet, dass die Krankheit bei Männern häufiger als bei Frauen auftritt!

Bleiben Sensitivität und Spezifität unverändert, so wird der φ-Koeffizient umso kleinere Werte annehmen, je stärker die Auftretensrate des zu identifizierenden Merkmals von 50% abweicht.

Um die Güte eines Tests angemessen durch einen Koeffizienten zu charakterisieren, wäre zu fordern, dass die Koeffizientenausprägung gleich bleibt, wenn lediglich die Grundhäufigkeit des Merkmals variiert.

Der folgende Quotient, der als Odds Ratio (Chancenverhältnis) bezeichnet wird, besitzt genau diese Invarianzeigenschaft:

$$OR = \frac{a \cdot d}{b \cdot c}$$

Die Invarianzeigenschaft kann folgendermaßen gezeigt werden: Multipliziert man die erste Zeile der Vierfeldertafel mit dem Faktor p_1 und die zweite Zeile mit dem Faktor p_2, sowie die erste Spalte mit q_1 und die zweite Spalte mit q_2, so ergibt sich folgende Tabelle:

	X	$\overline{\mathbf{X}}$	**Σ**
Y	$p_1 \cdot q_1 \cdot a$	$p_1 \cdot q_2 \cdot b$	$\mathbf{p_1 \cdot A}$
$\overline{\mathbf{Y}}$	$p_2 \cdot q_1 \cdot c$	$p_2 \cdot q_2 \cdot d$	$\mathbf{p_2 \cdot B}$
Σ	$\mathbf{q_1 \cdot C}$	$\mathbf{q_2 \cdot D}$	

Hier gilt dann:

$$OR = \frac{p_1 \cdot q_1 \cdot a \cdot p_2 \cdot q_2 \cdot d}{p_1 \cdot q_2 \cdot b \cdot p_2 \cdot q_1 \cdot c} = \frac{a \cdot d}{b \cdot c}$$

Die Veränderung der Randhäufigkeiten in den Zeilen und Spalten um einen festen Faktor wirkt sich dementsprechend nicht auf die Koeffizientenausprägung aus. Für unseren Test ergibt sich bei Männern und Frauen eine Odds Ratio von

$$OR = \frac{183 \cdot 518}{117 \cdot 182} = \frac{61 \cdot 666}{39 \cdot 234} = 4.45$$

Odds Ratio kann sehr anschaulich interpretiert werden: Sowohl bei Männer als auch bei Frauen erhöht sich in unserem Beispiel die Gefahr, dass die Krankheit tatsächlich vorliegt, um das OR = 4.45-fache, wenn der Test positiv ausfällt, im Vergleich zu der Bedingung, dass der Test negativ ausfällt.

Odds Ratio kann keine negativen Werte annehmen: Ist eine der beiden Zellen b oder c nicht besetzt, so ist der Quotient nicht definiert. Bei Unabhängigkeit der beiden Merkmale ist OR = 1. Je stärker der positive Zusammenhang – die Zellen a und b sind im Vergleich zu den Zellen b und c stärker besetzt –, desto größer wird der Wert von OR. Je negativer der Zusammenhang ist, desto mehr nähert sich OR dem Wert 0 an.

Odds Ratio ist das gebräuchliche Effektstärkemaß für Kontingenztafeln (Lipsey & Wilson (2000); vgl. d für Mittelwertsvergleiche, Abschnitt II.B.4, und r für Korrelationsanalysen bei intervallskalierten Merkmalen, Abschnitt II.C.1.3).

Um eine direkte numerische Vergleichbarkeit mit dem Effektstärkemaß d bei Mittelwertsvergleichen (Abschnitt II.B.4) zu erreichen, haben Hasselblad und Hedges (1995) alternativ das Maß d^* für Vierfeldertafeln vorgeschlagen:

$$d^* = \frac{\sqrt{3}}{\pi} \cdot \left(\ln(a) + \ln(d) - \ln(b) - \ln(c)\right)$$

Es gilt dieselbe Vereinbarung zur Klassifizierung der Effektstärke wie bei d:
$d^* \approx 0.2 \Rightarrow$ schwacher Effekt
$d^* \approx 0.5 \Rightarrow$ mittlerer Effekt
$d^* \approx 0.8 \Rightarrow$ starker Effekt

In unseren beiden Beispieldatensätzen liegt mit $d^* = 0.83$ ein starker Effekt vor.

Für OR gilt jedoch genau wie für die Kovarianz bei intervallskalierten Merkmalen (Abschnitt II.C.1.2) und dem χ^2-Wert bei nominalskalierten Merkmalen (Abschnitt II.D.1.2), dass er nicht als Korrelationskoeffizient bezeichnet werden sollte, da er nicht auf den Bereich 0 bis +1 oder –1 bis +1 normiert ist.

Eine gebräuchliche Normierungsvorschrift liefert der Y-Koeffizient von Yule, der den Wertebereich –1 bis +1 besitzt:

$$\text{Yules } Y = \frac{\sqrt{OR} - 1}{\sqrt{OR} + 1}$$

Im Beispiel ergibt sich sowohl für Männer als auch für Frauen ein Wert von Y = .35.[13] Die Eigenschaften von OR und Y werden im nächsten Abschnitt nochmals vor dem Hintergrund einer anderen Problemstellung behandelt.

Zusammenfassend lässt sich also festhalten: Bleiben Sensitivität und Spezifität unverändert, variiert aber die Häufigkeit des zu erkennenden Merkmals, so ergeben sich für alle Koeffizienten, die auf der Kreuzprodukt*differenz* (ad-bc) basieren – insbesondere φ –, systematisch variierende Werte.

---

13 Y besitzt den Vorteil gegenüber alternativen Standardisierungen (vgl. Hartung, 1993) von Odds Ratio, dass die Koeffizientenausprägung derjenigen von φ ähnlich ist, wenn keine unterschiedlichen Randsummenverteilungen der beiden Merkmale (hier Testergebnis und Krankheit) vorliegen.

Tatsächlich kann man in unserem Beispiel bei den Männern besser vom Testergebnis auf die Erkrankung schließen. Dies ist aber ausschließlich darin begründet, dass die Krankheit bei Männern häufiger auftritt: Diese Information quantifiziert φ. Es wäre falsch zu behaupten, dass der Test bei Männern aussagekräftigere Ergebnisse liefert als bei den Frauen, da die Sensitivität und Spezifität unverändert bleiben. Möchte man eine Maßzahl, die die Aussagekraft des Tests selbst besser charakterisiert, so müssen Koeffizienten berechnet werden, die auf dem Kreuzproduktverhältnis (ad/bc) basieren: Odds Ratio eine gut interpretierbare Maßzahl und Yules Y ein geeignetes Korrelationsmaß.

Auch wenn in diesem Abschnitt nur ein Beispiel aus der Testdiagnostik – in der auch die Begriffe Sensitivität und Spezifität entwickelt wurden – behandelt wurde, so treten die genannten Probleme bei der alleinigen Verwendung des φ-Koeffizienten bei einer Vielzahl von Forschungsfragestellungen auf. Stellen Sie sich vor, das Rauchen erhöhe bei einer seltenen Krebsart A und einer relativ häufigen Krebsart B das Erkrankungsrisiko um den Faktor OR = 2: Der φ-Koeffizient würde für die Krebsart A niedriger ausfallen als für Krebsart B. Die korrekte Interpretation würde dann lauten: Das Auftreten von Krebsart B lässt sich besser aus der Tatsache, dass man raucht, vorhersagen als das Auftreten der Krebsart A, *weil B insgesamt häufiger vorkommt.* Würde man behaupten, das Rauchen für die Krebsart A weniger entscheidend oder mitverantwortlich sei, würde man das Ergebnis fehl interpretieren. Im Aufgabenblock wird dieses Beispiel mit konkreten Zahlenwerten zur Einübung der Berechnungsvorschriften illustriert.

Ähnlich würde es sich bei folgendem Problem verhalten: Frauen fahren seltener alkoholisiert Auto als Männer. Angenommen, bei beiden Gruppen verfünffacht sich das Unfallrisiko nach Alkoholkonsum. Der φ-Koeffizient würde eine höhere Korrelation von Alkoholkonsum und dem Eintreten von Unfällen bei Männern anzeigen: Männer fahren häufiger alkoholisiert und entsprechend ist dieses Merkmal bei Männern ein besserer Prädiktor für Unfälle als bei Frauen. Es wäre in diesem fiktiven Beispiel jedoch grob falsch, schlusszufolgern, dass Frauen unter Alkohol weniger Bedenken bezüglich des Autofahrens haben müssen als Männer: die Verwendung von Yules Y als Maßzahl, das für beide Gruppen identisch ist, würde eine solche Fehlinterpretation vermeiden helfen.

Die Vorsicht, die bei der Interpretation von statistischen Koeffizienten oft geboten ist, wird bei Vierfeldertafeln besonders deutlich. Zumeist gibt es nicht die generell beste Lösung zur Analyse eines Datensatzes, sondern man muss sich genau klar darüber sein, welche Information eine Datenauswertung liefern soll und dementsprechend die Koeffizienten auswählen und inhaltlich begründen.

Durchführung mit SPSS: Die beiden zu korrelierenden Merkmale bilden jeweils eine Spalte. Befehl zu Odds Ratio: Analysieren – Deskriptive Statistik – Kreuztabellen – Einstellungen bei Statistik: Risiko. Befehl zu Yules Y: Analysieren – Korrelation – Distanzen (s. Diehl & Staufenbiehl, 2001, S. 475).

II.D.2.3 *Vertiefung: Die tetrachorische Korrelation (r_{tet}) als Maß für den Zusammenhang zweier künstlich dichotomer Merkmale*

Künstlich dichotome Merkmale sind Merkmale, die beispielsweise wegen der ökonomischeren Erhebungsmethodik oder aus Gründen der Anschaulichkeit lediglich dichotom gemessen wurden, obwohl sie eigentlich feiner gestuft sind. Als natürlich dichotom bezeichnet man ein Merkmal, wenn es von Natur aus nur in diesen beiden Stufen vorkommt (z.B. Geschlecht, Student vs. nicht Student) und die Dichotomie nicht erst durch eine Messvorschrift erzeugt wird.

Angenommen, Sie müssen eine Klausur korrigieren in der 0 – 40 Punkte möglich waren: Wenn bekannt gegeben wird, ob ein Kandidat bestanden hat oder nicht (≥20 Punkte oder < 20 Punkte), liegt für die Gruppe der Prüflinge nur künstlich dichotomisierte, stark reduzierte Information vor: Person A hat 20 Punkte, Person B 40 Punkte und beide müssen als gleich gut angesehen werden, wenn Sie nur wissen, dass beide bestanden haben. Bestimmt man dann z.B. die Korrelation des Klausurergebnisses (bestanden vs. nicht bestanden) mit einer anderen Variablen, so wird die Korrelation deutlich geringer ausfallen als wenn die Punktezahl in der Klausur selbst, also die nicht dichotomisierte Information bei der Korrelationsberechnung berücksichtigt worden wäre (Cohen, 1983). In diesem Abschnitt geht es darum, wie dieser Informationsverlust korrigiert werden kann, wenn beide Merkmale künstlich dichotom sind.

Der φ-Koeffizient gibt die Korrelation zweier dichotomer Merkmale an. Ist aber bekannt, dass die als Daten vorliegenden, manifesten[14] Merkmalsstufen beider Variablen durch künstliche Dichotomisierung wesentlich feiner gestufter, latenter Merkmale entstanden sind, so lässt sich die Korrelation auf latenter Ebene durch die tetrachorische Korrelation[15] schätzen:

$$r_{tet} = \frac{OR^{.74} - 1}{OR^{.74} + 1}$$

Damit diese Korrekturformel angewendet werden darf, muss begründet angenommen werden können, dass sich die Werte auf latenter Ebene in Form einer Ellipse (s. Beispiel auf Seite 164) verteilen. In Band 2 – Abschnitt II.B.3.1.1 wird die formal korrekte Annahme der bivariaten Normalverteilung vorgestellt werden: Wenn diese Annahme zumindest angenähert gilt, resultiert eine ellipsenförmige Werteverteilung im Streudiagramm. Die tetrachorische Korrelation sollte zudem nur berechnet werden, wenn alle Zellen der Vierfeldertafel mindestens eine Häufigkeit von 5 aufweisen.

---

14 Im Beispiel der Klausuren wäre die Information ‚bestanden vs. nicht bestanden' als manifest zu bezeichnen. Hingegen wären die Punktezahlen latente Merkmalsausprägungen, die die manifesten Ausprägungen unmittelbar bedingen.

15 Hier wird nur eine Näherungsformel (Chambers, 1982) angegeben, die eine sehr gute Schätzung der tetrachorischen Korrelation darstellt. Zur Berechnung des exakten Wertes müssen Computerprogramme angewendet werden.

Um die Gefahr zu vermeiden, an dieser Stelle zu abstrakt zu werden, wollen wir das bisher Geschriebene an einem konkreten Beispiel veranschaulichen. Angenommen, die Therapiemotivation korreliert in einer Stichprobe von 300 Personen mit dem Behandlungserfolg zu .71. Sowohl die Motivation als auch der Erfolg liegen z-standardisiert vor ($\bar{x} = 0, \hat{\sigma} = 1$). Auf der folgenden Seite ist das entsprechende Streudiagramm abgetragen.

Zudem sind drei Vierfeldertafeln (Fall A bis C) angegeben, die durch künstliche Dichotomisierung dieses Streudiagramms[16] entstanden sind: alle Patienten mit überdurchschnittlicher Motivation bzw. Erfolg im Streudiagramm haben in der linken Tabelle (Fall A) den Wert 1 als Indikator für vorhandene Motivation bzw. Erfolg erhalten. Der Wert $z = 0$ im Streudiagramm kann als Schwellenwert oder Entscheidungskriterium aufgefasst werden, der überschritten werden muss, damit beispielsweise ein Therapeut zu einem positiven Urteil kommt. Berechnet man den φ-Koeffizienten, so erhält man den Wert .51. Wie bereits erwähnt, verlieren wir durch die Dichtomisierung Informationen: Die Korrelation ist gegenüber der zugrunde liegenden Korrelation von $r = .71$ erheblich reduziert. Berechnen wir jedoch r_{tet}, so erhalten wir aus der Information in der Vierfeldertafel mit .68 eine sehr gute Schätzung des Zusammenhangs von .71 im Streudiagramm.

Möchte man in diesem Beispiel aus der Tatsache, ob ein Patient unter- vs. überdurchschnittlich motiviert ist, vorhersagen, ob ein Patient unter- oder überdurchschnittlichen Erfolg in der Therapie haben wird, so ist der φ-Koeffizient die korrekte Maßzahl des (manifesten) Zusammenhangs.

Möchte man jedoch wissen, wie gut sich der Therapieerfolg aus der Motivation vorhersagen lässt – unabhängig von der verwendeten zweistufigen Skala und von den Schwellenwerten, die der Beurteilung durch die Therapeuten zugrunde liegen –, so ist die tetrachorische Korrelation die richtige Maßzahl zur Schätzung des latenten Zusammenhangs.

In der mittleren (Fall B) und rechten (Fall C) Tabelle sind lediglich die Schwellenwerte verschoben, ab denen Patienten positiv beurteilt werden. In der mittleren Tafel verändert sich das Beurteilerverhalten bezüglich des Erfolgs nicht. Jedoch erhält ein Patient hier erst eine 1 in der Variable Motivation, wenn er einen z-Wert von über +0.75 im Streudiagramm besitzt. Diese Verschiebung des Schwellenwertes resultiert darin, dass die Randsummenverteilungen für beide Merkmale deutlich verschieden sind. Wie bereits in Abschnitt II.D.2.2 geschildert, nimmt φ ab (von .51 auf .42, s. Tabelle unten auf der folgenden Seite), da die relative Häufigkeit eines Merkmals (hier: Erfolg) sich weiter ins Extrem bewegt (von ca. .5 zu .23): r_{tet} bleibt mit .72 nahezu unverändert.

---

[16] In der Empirie liegt uns dieses Streudiagramm natürlich nicht direkt vor, sonst müssten wir diese Information ja nicht schätzen. Wir nehmen es hier jedoch als gegeben an, um das zugrunde liegende Prinzip der Schätzung zu veranschaulichen.

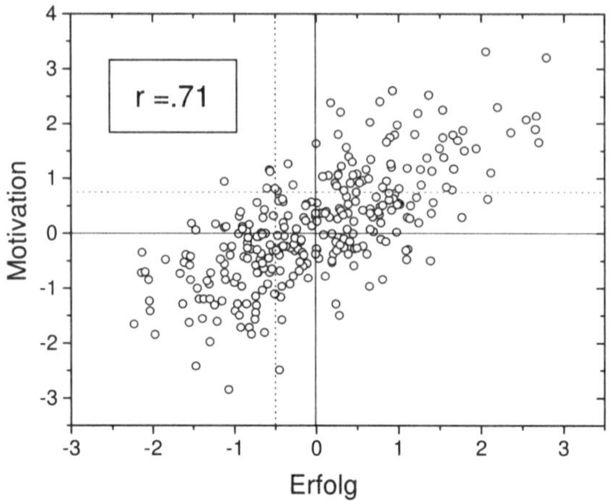

	Fall A[17]			Fall B			Fall C		
	0	**1**	**Σ**	**0**	**1**	**Σ**	**0**	**1**	**Σ**
1	40	113	**153**	9	61	**70**	5	65	**70**
0	113	34	**147**	144	86	**230**	97	133	**230**
Σ	**153**	**147**	**300**	**153**	**147**	**300**	**102**	**198**	**300**
Schwellenwerte	z (Mot) = 0 z (Erf) = 0			z (Mot) = +0,75 z (Erf) = 0			z (Mot) = +0,75 z (Erf) = -0,5		
Fragestellung	Zusammenh. über- vs. unterdurchschnittliche Motivation mit über- vs. unterdurchschnittlicher Besserung			Zusammenhang hohe vs. nicht hohe Motivation mit über- vs. unterdurchschnittlicher Besserung			Zusammenhang hohe vs. nicht hohe Motivation mit geringer vs. nicht geringer Besserung?		
φ	.51			.42			.31		
φ_{cor}	.51			.75			.74		
Sens	.77			.41			.33		
Spez	.74			.94			.95		
OR	9.39			11.35			9.48		
Y	.51			.54			.51		
r_{tet}	.68			.72			.68		

In Fall C ist zudem im Vergleich zu Fall B der Schwellenwert bei der Beurteilung des Erfolgs nach unten verschoben: dies bewirkt eine deutlich asymmetrische Randsummenverteilung der beiden Merkmale. Der Wert von φ nimmt hierdurch weiter systematisch ab, r_{tet} erweist sich auch hier mit .68 als robust.

[17] Um in den Vierfeldertafeln die Parallelen zu den Ursprungsdaten im Streudiagramm verdeutlichen zu können, wurden hier die Zellennotationen – gemäß der Definition in Abschnitt I.D.2.1 – a und b sowie c und d in der Darstellung ausgetauscht.

Die φ-Korrelation ist im Allgemeinen im Betrag deutlich kleiner als die Korrelation auf der zugrunde liegenden, latenten Ebene und wird zudem umso kleiner ausfallen, je unterschiedlicher die Randverteilungen sind. Insbesondere ist r_{tet} unabhängig von den Schwellenwerten und reagiert nicht auf Unterschiede in den Randverteilungen.

In der unteren Tabelle auf der vorangehenden Seite sind zusätzlich zu φ und r_{tet} auch die übrigen Koeffizienten für die drei Vierfeldertafeln angegeben, die in Abschnitt II.D.2.2 besprochen wurden. Hier sollen nochmals kurz die wichtigsten Aspekte beschrieben werden.

Odds Ratio und Yules Y sind genau wie r_{tet} – dieser Koeffizient wird ja direkt aus Odds Ratio berechnet – im Wesentlichen unabhängig von den Schwellenwerten.[18] Y besitzt den Nachteil, dass es die latente Korrelation nicht schätzt ($Y = .51$ oder $.54 \neq .71$). Eine sehr günstige Eigenschaft von Y ist hingegen, dass es eine ähnliche Ausprägung wie φ besitzt, wenn die Randsummen identisch verteilt sind (s. erste Vierfeldertafel ($Y_{1,2,3} = .51$ oder $.54 \approx \varphi_1 = .51$)). Y kann also Aufschluss darüber geben, in welchem Bereich φ liegen würde, wenn keine unterschiedlichen Randsummenverteilungen vorliegen würden. Es sei darauf hingewiesen, dass genau dies die Motivation zur Entwicklung des Koeffizienten φ_{cor} (Abschnitt II.D.2.1) gewesen ist. Dass φ_{cor} dies aber nicht leistet, wird durch die Daten in der Tabelle deutlich: φ_{cor} variiert erheblich trotz gleich bleibendem latenten Zusammenhang, und die Korrektur von φ durch φ_{cor} fällt zu stark aus, wenn sich die Randsummenverteilungen unterscheiden.

In Bezug auf Sensitivität[19] und Spezifität, sei darauf hingewiesen, dass bei gleich bleibendem latenten Zusammenhang die Sensitivität abnimmt, wenn sich die Spezifität erhöht, und umgekehrt. Diese Eigenschaft kann besser anhand einer Diagnostiksituation veranschaulicht werden. Wenn ein Arzt z.B. ganz sicher sein will, alle Kranken korrekt zu erkennen (hohe Sensitivität), so wird er schon bei schwachen Krankheitsindikatoren eine positive Diagnose stellen. Dies führt aber unmittelbar dazu, dass er eigentlich Gesunde eher zu Unrecht als ‚krank' beurteilt (geringe Spezifität). Möchte er jedoch nur positiv entscheiden, wenn die Krankheit ganz sicher vorliegt, um niemanden zu Unrecht einer Behandlung auszusetzen (hohe Spezifität), so wird er Gefahr laufen viele tatsächlich Kranke zu Unrecht nicht zu behandeln. Die einzige Möglichkeit beide Maße parallel zu verbessern bestünde darin ein besseres Diagnostikinventar anzuwenden.

---

18 Für Odds Ratio wurde in Abschnitt II.D.2.2 gezeigt, dass der Koeffizient konstant bleibt, wenn Zeilen oder Spalten mit einem Faktor multipliziert werden. Die Schwellenverschiebungen im Streudiagramm wirken sich zwar nicht exakt gleich aus wie eine Multiplikation mit einem Faktor, jedoch können die Effekte der Schwellenverschiebung auf die Häufigkeiten in den Zeilen und Spalten durch die Multiplikation mit einem Faktor sehr gut approximiert werden.

19 Hier: Sensitivität = relative Häufigkeit mit der Erfolg auf Basis von Motivation korrekt vorhergesagt wird. Spezifität = relative Häufigkeit mit der mangelnder Erfolg auf Basis von mangelnder Motivation korrekt vorhergesagt wird.

Ulrich und Wirtz (2004) haben einen Koeffizienten ν entwickelt, der den latenten Zusammenhang eines künstlich und eines natürlich dichotomen Merkmals schätzt. Dieser Koeffizient beruht konzeptuell auf derselben Logik wie die tetrachorische Korrelation.

Die geschätzte Korrelation eines natürlich dichotomen und eines intervallskalierten Merkmals, das künstlich dichotom gemessen wurde, lautet:

$$\nu = \frac{\ln(OR)}{\sqrt{(\ln(OR))^2 + \frac{2.89}{h_{\bullet 0} \cdot h_{\bullet 1}}}}$$

ln(OR) = natürlicher Logarithmus von Odds Ratio

$h_{\bullet 0}$, $h_{\bullet 1}$ = relative Häufigkeiten der Stufen des natürlich dichotomen Merkmals

Bei Anwendung dieser Formel muss vorausgesetzt werden, dass das dem künstlich dichotomen Merkmal zugrunde liegende intervallskalierte Merkmal symmetrisch und glockenförmig (exakt: normalverteilt, s. Band 2 – Abschnitt II.C.1.2.3.2) verteilt ist. Aufgabe 3 im Aufgabenblock am Ende des Kapitels enthält ein praktisches Beispiel, in dem diese Formel angewandt werden sollte.

Durchführung mit SPSS: Leider ist die Berechnung von r_{tet} und ν nicht möglich. Tipp: Berechnung von Odds Ratio mit SPSS und Einsetzen in die r_{tet}- bzw. ν-Formel. Alternativ: Auf der homepage ‚http://ourworld.compuserve.com/homepages/jsuebersax/tetra.htm' findet sich ein freeware-tool mittels dessen die tetrachorische Korrelation berechnet werden kann.

II.D.2.4 Die punkt-biseriale Korrelation (r_{pbis}): Der Zusammenhang eines natürlich dichotomen mit einem intervallskalierten Merkmal

Der punkt-biseriale Korrelationskoeffizient (r_{pbis}) gibt die Korrelation eines natürlich dichotomen (zweigestuften) Merkmals mit einem intervallskalierten Merkmal an. Trotz der unterschiedlichen Berechnungsvorschrift ist r_{pbis} identisch mit der Produkt-Moment-Korrelation der beiden Merkmale.

Ist X intervallskaliert und Y natürlich dichotom, so gilt:

$$r_{pbis} = \frac{\bar{x}_0 - \bar{x}_1}{s_x} \sqrt{\frac{n_0 n_1}{n^2}} = r_{xy}$$

$\bar{x}_0$, $\bar{x}_1$: Arithmetisches Mittel der Variable X für die Objekte, die die Ausprägung y_0 bzw. y_1 besitzen.

s_x: Streuung der x_i-Werte in der Gesamtstichprobe.

n_0, n_1: Anzahl der Objekte, die die Ausprägung y_0 bzw. y_1 besitzen.

n: Gesamtanzahl der Objekte (n_0+n_1).

r_{pbis} negativ $\Rightarrow$ der Mittelwert von Gruppe 1 ist größer als von Gruppe 0.
r_{pbis} positiv $\Rightarrow$ der Mittelwert von Gruppe 0 ist größer als von Gruppe 1.

r_{pbis} quantifiziert, wie groß der Unterschied zwischen den Gruppenmittelwerten im Verhältnis zur Zufallsstreuung ist und berücksichtigt die Gruppengrößen: Je ähnlicher die beiden Gruppengrößen sind und je homogener das Merkmal in beiden Gruppen gemeinsam verteilt ist, desto größer wird r_{pbis}, auch wenn die Mittelwertsdifferenz zwischen den Gruppen unverändert bleibt.

Dies sind ähnliche Eigenschaften wie sie das Effektstärkemaß d zum Vergleich zweier Gruppen in Abschnitt II.B.4 besitzt. d verrechnet jedoch die Mittelwertsdifferenz in Bezug auf die gemittelte Streuung in beiden Gruppen und nicht wie r_{pbis} unabhängig von der Gruppenzugehörigkeit bezüglich der Gesamtstreuung der Werte. Außerdem ist d nicht von den Gruppengrößen abhängig und nicht auf den Bereich -1 bis +1 normiert. In Band 2 – Abschnitt II.B.2.1 wird der Frage nachgegangen, ob ein Gruppenunterschied zufällig oder systematisch bedingt ist. Das Ergebnis dieses so genannten t-Tests für unabhängige Stichproben lässt sich direkt in r_{pbis} umrechnen.

Beispiel: *Y = Teilnahme (y=1) vs. k. Teilnahme (y=0) an einer Therapie*
X = Befindlichkeit auf einer 9-stufigen Ratingskala

y	x_0
0	3
0	2
0	3
0	6
0	4
0	7
0	5
0	1

y	x_1
1	5
1	7
1	9
1	6
1	8
1	4
1	9
1	5

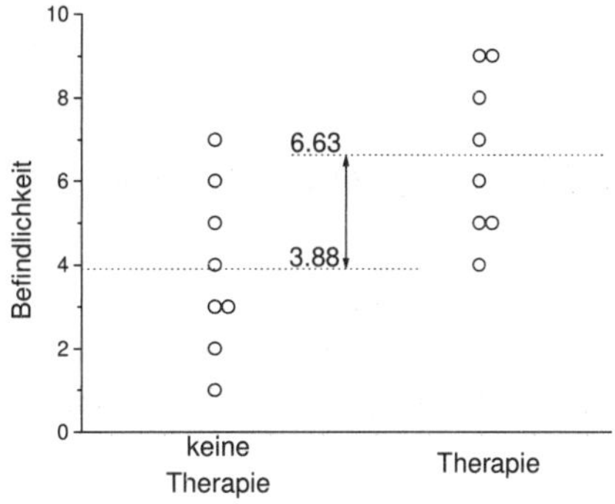

$$\bar{x}_0 = 3.88; \quad \bar{x}_1 = 6.63; \quad n_1 = n_2 = 8; \quad s_x = 2.38$$

$$r_{pbis} = \frac{\bar{x}_0 - \bar{x}_1}{s_x}\sqrt{\frac{n_0 n_1}{n^2}} = \frac{3.88 - 6.63}{2.38}\sqrt{\frac{8 \cdot 8}{16^2}} = -1.16 \cdot 0.5 = -.58$$

□

Durchführung mit SPSS: Die beiden zu korrelierenden Merkmale bilden jeweils eine Spalte. Befehl: Analysieren – Korrelation – Bivariat – Pearson (s. Diehl & Staufenbiehl, 2001, S. 123).

II.D.3 Korrelationskoeffizienten für ordinalskalierte Daten

Liegen zwei ordinalskalierte oder ein ordinal- und ein intervallskaliertes Merkmal vor, so gibt es zwei Möglichkeiten, die Korrelation zu bestimmen. Spearmans ρ ist das häufiger angewendete Maß, jedoch ist nur Kendalls τ als ein Maß für Rangdaten im eigentlichen Sinne definiert. Zur Diskussion dieser Problematik sei auf Gigerenzer (1981) verwiesen.

II.D.3.1 Spearmans ρ (rho)

Sind in einer Stichprobe die Variablen X und Y erhoben worden, so müssen die Objekte zur Berechnung von ρ gemäß deren Ausprägung in X und Y in jeweils zwei Rangreihen gebracht werden.

Angenommen, 7 Personen wurden von einem Psychiater auf zwei 20-stufigen, lediglich ordinalskalierten Ratingskalen hinsichtlich der Merkmale 'Neurotizismus' und 'Depressivität' eingeschätzt:

	1	**2**	**3**	**4**	**5**	**6**	**7**
Neuro. (x_{1i})	10	14	2	7	19	15	9
Depres. (x_{2i})	11	17	5	1	18	16	13

Es ergeben sich dann für die beiden Skalen folgende Rangreihen

	1	**2**	**3**	**4**	**5**	**6**	**7**
Neuro. (r_{1i})	4	5	1	2	7	6	3
Depres. (r_{2i})	3	6	2	1	7	5	4
$d_i^2 = (r_{1i} - r_{2i})^2$	1	1	1	1	0	1	1

Die Formel zur Berechnung von ρ lautet dann:

$$\rho = 1 - \frac{6 \cdot \sum_{i=1}^{n} d_i^2}{n(n^2 - 1)}$$

d_i^2: Quadrierte Differenzen der Rangplätze in Rangreihe 1 und 2.
n: Anzahl der Objekte.

Im Beispiel oben gilt also: $\rho = 1 - \frac{6 \cdot \sum_{i=1}^{n} d_i^2}{n(n^2 - 1)} = 1 - \frac{6 \cdot (6 \cdot 1)}{7(49 - 1)} = 1 - 0.11 = .89$.

Je ähnlicher die Rangplätze in beiden Messreihen sind, desto kleiner ist $\sum d_i^2$ und desto näher liegt die Korrelation bei +1. Je unähnlicher die Rangplätze in beiden Messreihen sind, desto größer ist die Summe $\sum d_i^2$ und desto näher liegt die Korrelation bei -1. Die Korrelation ist 0, wenn kein Zusammenhang besteht. Dann gilt: $\sum d_i^2 = n(n^2 - 1)$.

Spearmans ρ ist identisch mit der Produkt-Moment-Korrelation der Rangplätze. Hier werden die Rangplätze also implizit als intervallskaliert angesehen.

Besitzen mehrere Objekte den gleichen Wert in einer der beiden Variablen und bekommen somit den gleichen Rangplatz zugewiesen (Rangbindungen, 'ties'), so muss die Formel zur Berechnung von ρ korrigiert werden (s. Bortz, 2004, S. 221).

Durchführung mit SPSS: Die beiden zu korrelierenden Merkmale bilden jeweils eine Spalte. Befehl: Analysieren – Korrelation – Bivariat – Spearman (s. Diehl & Staufenbiehl, 2001, S. 143).

II.D.3.2 Kendalls τ (tau)

Zur Berechnung von τ müssen die Objekte wie bei ρ bezüglich beider Merkmale in eine Rangreihe gebracht werden:

	1	**2**	**3**	**4**	**5**	**6**	**7**
Neuro. (x_{1i})	4	5	1	2	7	6	3
Depres. (x_{2i})	3	6	2	1	7	5	4

Die Objekte werden dann gemäß der Ränge in Zeile 1 (Ankerreihe) in aufsteigender Reihenfolge angeordnet.

	3	**4**	**7**	**1**	**2**	**6**	**5**
Neuro. (r_{1i})	1	2	3	4	5	6	7
Depres. (r_{2i})	2	1	4	3	6	5	7

Besteht ein positiver Zusammenhang, so sollten in Zeile 2 (Vergleichsreihe) die niedrigeren Rangplätze eher links und die höheren eher rechts stehen. Für jeden Rangplatz in Zeile 2 wird nun ausgezählt, wie viele Rangplätze rechts seiner Position höher (Proversionen, P) bzw. niedriger (Inversionen, I) sind.

P=18: (2;4) (2;3) (2;6) (2;5) (2;7) (1;4) (1;3) (1;6) (1;5) (1;7)
(4;6) (4;5) (4;7) (3;6) (3;5) (3;7)
(6;7) (5;7)

I=3: (2;1) (4,3) (6,5)

Je größer die Differenz P - I ist, desto stärker ist der Zusammenhang. In unserem Beispiel gilt: S = P - I = 18 - 3 = 15. Bei perfektem positivem Zusammenhang würde gelten:

$S_{max} = n(n-1)/2 = (7 \cdot 6)/2 = 21.$

Kendalls τ berechnet sich dann wie folgt:

$$\tau = \frac{P - I}{n(n-1)/2} = \frac{S}{S_{max}} = \frac{15}{21} = .71$$

Besteht ein negativer Zusammenhang, so gibt es mehr Inversionen als Proversionen. Besteht kein Zusammenhang, so kommen etwa gleich viele Inversionen wie Proversionen vor. Liegen Rangbindungen vor, so muss die Formel zur Berechnung von Kendalls τ korrigiert werden (s. Wirtz & Caspar, 2002).

Durchführung mit SPSS: Die beiden zu korrelierenden Merkmale bilden jeweils eine Spalte. Befehl: Analysieren – Korrelation – Bivariat – Kendall-Tau-b (s. Diehl & Staufenbiehl, 2001, S. 143).

II.D.4 Überblick über die behandelten Koeffizienten

Die folgende Tabelle enthält einen Überblick über die verschiedenen Korrelationskoeffizienten, die bei Kombination von Merkmalen bestimmter Skalenniveaus berechnet werden sollten.

	intervall-skaliert	**künstlich dichotom**	**natürlich dichotom**	**ordinal-skaliert**
intervall-skaliert	Produkt-Moment-Korrelation	punkt-biseriale Korrelation[1,3] biseriale Korrelation[2]	punkt-biseriale Korrelation[3]	Rangkorr.: Kendalls τ[1] Spearmans ρ[1] polychorische Korrelation[2]
künstlich dichotom		φ-Koeffizient[1,3] tetrachorische Korrelation[2]	φ-Koeffizient[1,3] ν-Koeffizient[2]	biseriale Rangkorrelation[1] polychorische Korrelation[2]
natürlich dichotom			φ-Koeffizient[3]	biseriale Rangkorrelation
ordinal-skaliert				Rangkorr.: Kendalls τ[1] Spearmans ρ[1] polychorische Korrelation[2]

[1] Wenn die Korrelation der empirisch direkt zugänglichen, manifesten Merkmalsausprägungen bestimmt werden soll.

[2] Wenn die empirisch nicht direkt zugängliche Produkt-Moment-Korrelation der latenten (normalverteilten) Merkmale geschätzt werden soll.

[3] Der Koeffizient ist gleich der Produkt-Moment-Korrelation.

Es sei nochmals darauf hingewiesen, dass die Unterscheidung Produkt-Moment-Korrelation, φ-Koeffizient und punktbiseriale Korrelation eigentlich nicht notwendig ist, da φ und r_{pbis} dieselbe Ausprägung wie die Produkt-Moment-Korrelation besitzen.

Die biseriale Korrelation, die biseriale Rangkorrelation und die polychorische Korrelation wurden im Text nicht behandelt. Die ersten beiden Koeffizienten werden z.B. in Bortz und Lienert (1998) dargestellt. Die polychorische Korrelation für ordinalskalierte Daten basiert auf demselben Ansatz wie die tetrachorische Korrelation: Dieses anspruchsvolle Verfahren schätzt die Produkt-Moment-Korrelation der latenten intervallskalierten Merkmale, die den Ausprägungen auf einer Ordinalskala zugrunde liegen (s. Drasgow, 1988).

Durchführung mit SPSS: Leider ist die Berechnung der polychorischen Korrelation nicht möglich. Tipp: Auf der homepage ‚http://ourworld.compuserve.com/homepages/jsuebersax/tetra.htm' findet sich ein freeware-tool mittels dessen die polychorische Korrelation berechnet werden kann.

Leseempfehlungen:

Zur vertiefenden Beschäftigung mit der Zusammenhangsanalyse bei nominalskalierten Daten ist das Kapitel ‚Kreuztabellierung und Kontigenzanalyse' in Backhaus et al. (2001) sehr gut geeignet. Verfahren zur Analyse von Rangdaten werden bei Bortz und Lienert (1998) sehr prägnant und anwendungsorientiert behandelt. Zur Vertiefung der Methoden für Rangdaten eignet sich das Buch von Bortz, Lienert und Boehnke (2000).

Alle in diesem Kapitel behandelten Koeffizienten zur Bestimmung des manifesten Zusammenhangs zwischen Variablen werden bei Bortz (2004) und Bortz und Lienert (1998) ausführlich dargestellt.

Die Problematik bei der Analyse von Vierfeldertafeln, bei der insbesondere die Unterscheidung zwischen künstlich und natürlich dichotomen Merkmalen relevant ist, wird verständlich bei Greve und Wentura (1997) sowie bei Wirtz und Caspar (2002) in Bezug auf Maße der Übereinstimmung zwischen Beurteilern dargestellt und vertieft. Letzteres enthält ebenfalls eine differenzierte Darstellung zu fast allen Maßzahlen dieses Kapitels und eine Anleitung zur Berechnung der Koeffizienten in SPSS, die keine Vorkenntnisse voraussetzt.

In diesem Kapitel wurden vor allem bezüglich Sensitivität und Spezifität Querverbindungen zur psychologischen Diagnostik hergestellt: In dem Lehrbuch von Amelang und Zielinski (2001) werden diese Aspekte behandelt. Die Darstellung bei Hasselblad und Hedges (1995) ist für eine weitere Vertiefung der Problematik zu empfehlen.

5. Aufgabenblock (Lösungen: www.statistik-fuer-psychologen.de)

Aufgabe 1)

Aus einer Statistik gehe hervor, dass 10% einer Hochrisikogruppe an einer bestimmten Krebsart A erkranken. Für Raucher liege das Risiko sogar bei 20%. Für eine Krebsart B liegt das Risiko für Nichtraucher bei 4% und für Raucher bei 8%. Bestimmen Sie für beide Erkrankungsarten die Kontingenztabelle für 1000 Personen der Hochrisikogruppe, von denen 30% Raucher sind und für die die Prozentanteile genau zutreffen.

a) Geben Sie für beide Erkrankungsarten die Tabelle der erwarteten absoluten Häufigkeiten an! Wie lautet jeweils der χ^2-Wert, der Kontingenzkoeffizient und der φ-Koeffizient? Wie hoch kann der φ-Koeffizient bei den gegebenen Randsummen maximal werden?

b) Geben Sie bitte die Sensitivität und Spezifität für das Rauchen in Bezug auf die beiden Erkrankungen an! Berechnen Sie zudem Odds Ratio und Yules Y für beide Gruppen!

c) Angenommen, Sie wollen den Einfluss des Rauchens auf das Erkrankungsrisiko für die beiden Gruppen miteinander vergleichen. Wie würden Sie φ und Yules Y in diesem Falle interpretieren und welche Schlussfolgerungen würden Sie daraus ziehen?

Aufgabe 2)

Angenommen, in einer Stichprobe von 1000 Personen liegt

a) eine Sensitivität von .8 und eine Spezifität von .8 vor.

b) eine Sensitivität von .8 und eine Spezifität von .5 vor.

c) eine Spezifität von .8 und eine Sensitivität von .2 vor.

Berechnen Sie für jeden der drei Fälle, unter den Bedingungen, dass (i) 10 %, (ii) 25%, (iii) 50%, (iv) 75% und (v) 90% das interessierende Merkmal besitzen, φ, Yules Y und r_{tet}. Erstellen Sie für jeden der 3 Koeffizienten ein eigenes Streudiagramm (Abszisse: Prozent Merkmalsträger; Ordinate: Koeffizientenausprägung). Verbinden Sie die Punkte, die sich für die Prozentsätze in (i) bis (v) ergeben, für jeden der Fälle a) bis c) separat durch eine Linie, so dass jeweils ein Verlauf erkennbar wird. Versuchen Sie die wichtigsten Unterschiede, die sich für die 3 Koeffizienten in den Grafiken ergeben, stichwortartig zusammenzufassen.

Aufgabe 3)

In einer Stichprobe von 200 Personen (100 Autofahrer, 100 Nicht-Autofahrer) unterschätzen 80% der befragten Autofahrer die Wahrscheinlichkeit, tödlich zu verunglücken. Hingegen überschätzen 70% der Nicht-Autofahrer die Wahrscheinlichkeit, tödlich zu verunglücken. Keiner der Befragten konnte die Wahrscheinlichkeit richtig einschätzen. Wie groß ist die Korrelation zwischen den Merkmalen 'Autofahrer (ja/nein)' und

'Über- vs. Unterschätzung der Wahrscheinlichkeit des finalen Unfalls'? Schätzen Sie bitte die latente Korrelation, wobei angenommen werden kann, dass die Einschätzung des Unfallrisikos latent normalverteilt – also symmetrisch und glockenförmig verteilt – ist!

Aufgabe 4)

Sie haben in einer Stichprobe von 7 Personen die Merkmale 'Arbeitszufriedenheit' und 'durchschnittliche Anzahl sozialer Kontakte am Arbeitsplatz pro Tag' erhoben. Leider konnte die Arbeitszufriedenheit nur ordinalskaliert gemessen werden. Bitte bestimmen Sie die Rangkorrelationskoeffizienten ρ und τ.

Arbeitszufriedenheit	4	12	36	17	25	19	28
soziale Kontakte	9	7	17	10	13	15	19

II.E Multiple lineare Regression bei zwei Prädiktoren (Mehrfachregression)

Dieses Kapitel schließt inhaltlich unmittelbar an das Kapitel II.C an. Bei der ‚multiplen' linearen Regression werden im Unterschied zur dort behandelten ‚einfachen' linearen Regression nicht nur ein Prädiktor, sondern mehrere Prädiktoren zur Vorhersage genutzt. Die Ausprägung der Kriteriumsvariablen Y soll hier also aus mehreren anderen Merkmalen $X_1, X_2, \ldots, X_n$ simultan vorhergesagt werden. Sowohl das Kriterium Y als auch alle Prädiktoren $X_1, X_2, \ldots, X_n$ müssen hierbei intervallskaliert sein.[20]

Beispiele: Die Berufseignung Y soll aus sozialen (X_1), kognitiven (X_2) und rhetorischen (X_3) Fähigkeiten vorhergesagt werden.

Die Lernleistung bei einer Weiterbildung (Y) soll aus der sozialen (X_1) und der fachlichen (X_2) Kompetenz des Ausbilders vorhergesagt werden.

Der Therapieerfolg (Y) soll aus der Motivation des Klienten (X_1), der Fähigkeit des Therapeuten (X_2) und der Schwere der zu behandelnden Störung (X_3) vorhergesagt werden. □

Bei der einfachen linearen Regression (II.C.2) wurden die Einflüsse aller Variablen außer dem Prädiktor X als Fehler oder Störeinfluss aufgefasst. Durch die Berücksichtigung zusätzlicher Prädiktoren wird sich die Vorhersagegüte im Allgemeinen verbessern. Durch die Hinzunahme neuer Prädiktoren kann sich die Vorhersagegüte niemals verschlechtern. Kann man z.B. den Therapieerfolg zu 10% durch die Kompetenz des Therapeuten vorhersagen, so geht diese Information ja nicht verloren, wenn man zusätzlich noch die Motivation des Klienten berücksichtigt. Im schlechtesten Falle würde das Regressionsmodell die Motivation des Klienten unberücksichtigt lassen und die Vorhersage ausschließlich aufgrund der Kompetenz des Therapeuten treffen. Das Modell würde dann natürlich wieder 10% Varianz erklären.

II.E.1 Lineares Modell

Allgemein soll gelten: $\hat{Y}_i = f(X_{1i}, X_{2i}, \ldots, X_{ni})$. Der Kriteriumswert soll sich also durch eine Verrechnung der Ausprägungen auf den Prädiktorvariablen bis auf eine unsystematische Fehlerkomponente vorhersagen lassen.

---

[20] Zur Verwendung dichotomer Prädiktoren s. Bortz (2004).

Im *linearen* Modell der multiplen Regression ergibt sich die Ausprägung des Kriteriums als Linearkombination der Prädiktoren:

$$y_i = b_0 + b_1 x_{1i} + b_2 x_{2i} + \ldots + b_n x_{ni} + e_i$$

$$\hat{y}_i = b_0 + b_1 x_{1i} + b_2 x_{2i} + \ldots + b_n x_{ni} \qquad e_i = y_i - \hat{y}_i$$

Im Folgenden wollen wir davon ausgehen, dass die Prädiktor- und Kriteriumswerte z-standardisiert vorliegen. Dann gilt:

$$z(y_i) = \beta_1 z(x_{1i}) + \beta_2 z(x_{2i}) + \ldots + \beta_n z(x_{ni}) + \varepsilon_i = \sum_{j=1}^{n} \beta_j z(x_{ji}) + \varepsilon_i$$

$$\hat{z}(y_i) = \beta_1 z(x_{1i}) + \beta_2 z(x_{2i}) + \ldots + \beta_n z(x_{ni}) = \sum_{j=1}^{n} \beta_j z(x_{ji}) \qquad \varepsilon_i = z(y_i) - \hat{z}(y_i)$$

In dieser Gleichung repräsentieren die β_j das Gewicht des Prädiktors j bei der Vorhersage des z-standardisierten y-Wertes $z(y_i)$. Die β_j sind für alle Personen gleich. Die $z(x_{ij})$ repräsentieren den standardisierten Wert der Person i auf der Prädiktorvariable j.

Beispiel: Wir wollen die körperliche Fitness (Y) aus dem Gewicht (X_1) und dem Lungenvolumen (X_2) vorhersagen. Die *Regressionsgleichung sei bekannt: eine multiple lineare Regressionsanalyse ergibt, dass wir eine optimale Schätzung erhalten, wenn wir das standardisierte Gewicht ($z(X_1)$) mit -0.5 und das Lungenvolumen ($z(X_2)$) mit 0.7 multiplizieren.*

$\beta_1 = -0.5; \beta_2 = 0.7$ $\qquad \hat{z}(Y) = -0.5\, z(X_1) + 0.7\, z(X_2)$

Zudem seien die z-Werte in den Prädiktoren für drei Personen bekannt. Dann ergeben sich folgende z-standardisierte Kriteriumswerte. Hierbei ist zu beachten, dass die $\hat{y}$-Werte in Bezug auf den Mittelwert und die Streuung der tatsächlichen y-Werte standardisiert werden.

Person 1: $z(x_1)=-1;\ z(x_2)=+1.5 \Rightarrow \hat{z}(y)=-0.5\cdot(-1)+0.7\cdot 1.5=+1.55$

Person 2: $z(x_1)=+0.5;\ z(x_2)=-1.7 \Rightarrow \hat{z}(y)=-0.5\cdot(0.5)+0.7\cdot(-1.7)=-1.44$

Person 3: $z(x_1)=-0.5;\ z(x_2)=-0.5 \Rightarrow \hat{z}(y)=-0.5\cdot(-0.5)+0.7\cdot(-0.5)=-0.1$

Für Person 1 gilt also z.B.: Sie hat ein unterdurchschnittliches Gewicht und ein sehr überdurchschnittliches Lungenvolumen: Deshalb sagt das Modell für diese Person eine hohe Fitness vorher.

□

II.E.2 Bestimmung der β-Gewichte bei zwei Prädiktoren

Wie bei der einfachen linearen Regression (vgl. II.C.2.) verwenden wir das *Kriterium der kleinsten Quadrate* zur Bestimmung der Regressionsgleichung. Wir wollen die Regressionskoeffizienten (hier: β_1, β_2) so wählen, dass die Summe der quadrierten Vorhersagefehler minimal wird.

$$QS_{Fehler} = \sum_{i=1}^{n} \varepsilon_i^2 = \sum_{i=1}^{n} [z(y_i) - \hat{z}(y_i)]^2 = \sum_{i=1}^{n} [z(y_i) - [\beta_1 z(x_{1i}) + \beta_2 z(x_{2i})]]^2$$

$$= \sum_{i=1}^{n} [z(y_i) - \beta_1 z(x_{1i}) - \beta_2 z(x_{2i})]^2 \overset{!}{=} \min$$

Man erhält die gesuchten Werte von β_1 und β_2, indem man die Funktion nach diesen beiden Parametern partiell ableitet und gleich 0 setzt. Anschließend muss noch geprüft werden, ob die zweite Ableitung größer Null ist. Auf die Herleitung soll hier verzichtet werden. Sie folgt dem gleichen Prinzip wie bei der einfachen Regression (s. Abschnitt II.C.2.). Es resultiert folgende Lösung:

Definition der β-Gewichte:

$$\frac{\partial QS_{Fehler}}{\partial \beta_1} = \frac{\partial QS_{Fehler}}{\partial \beta_2} = 0 \quad \Leftrightarrow \quad \beta_1 = \frac{r_{y1} - r_{y2} r_{12}}{1 - r_{12}^{\;2}} \qquad \beta_2 = \frac{r_{y2} - r_{y1} r_{12}}{1 - r_{12}^{\;2}}$$

Die Summe der quadrierten Abweichungen der beobachteten (y_i) von den geschätzten Werten ($\hat{y}_i$) ist also minimal, wenn gilt:

$$\hat{z}(y_i) = \beta_1 z(x_{1i}) + \beta_2 z(x_{2i}) = \frac{r_{y1} - r_{y2} r_{12}}{1 - r^2_{12}} z(x_{1i}) + \frac{r_{y2} - r_{y1} r_{12}}{1 - r^2_{12}} z(x_{2i})$$

Wir müssen also lediglich alle bivariaten Korrelationen zwischen den Merkmalen bestimmen und können mit diesen Informationen die multiple Regressionsgleichung angeben.

Für die Gewichte der unstandardisierten Werte Y_i und X_i gilt:

$$b_1 = \beta_1 \frac{s_y}{s_{x1}} \qquad b_2 = \beta_2 \frac{s_y}{s_{x2}} \qquad b_0 = \bar{y} - b_1 \bar{x}_1 - b_2 \bar{x}_2$$

$$\hat{y}_i = b_0 + b_1 x_{1i} + b_2 x_{2i}$$

$$= \left[\bar{y} - \beta_1 \frac{s_y}{s_{x1}} \bar{x}_1 - \beta_2 \frac{s_y}{s_{x2}} \bar{x}_2 \right] + \left[\beta_1 \frac{s_y}{s_{x1}} \right] x_{1i} + \left[\beta_2 \frac{s_y}{s_{x2}} \right] x_{2i}$$

Mit Hilfe eines Beispiels soll das Vorgehen bei der multiplen Regression mit zwei Prädiktoren beschrieben werden. Angenommen, wir kennen von 10 Personen das Lungenvolumen, das Gewicht und die allgemeine körperliche Fitness. Wir interessieren uns nun dafür, wie die allgemeine Fitness aus dem Gewicht und dem Lungenvolumen vorhergesagt werden kann.

Y= Fitness X_1=Gewicht X_2=Lungenvolumen

(In den folgenden Tabellen sind in den letzten Spalten die vorhergesagten Werte bereits eingetragen, obwohl wir diese natürlich erst nach Errechnung der Regressionsgleichung kennen können! Die bivariaten Korrelationskoeffizienten r_{y1}, r_{y2}, r_{12} muss man normalerweise zuerst berechnen (vgl. II.C.1): Sie werden im Beispiel einfach angegeben!)

Y	X_1	X_2	$\hat{y}_{x1,x2}$
1	87	42	2.67
6	73	43	6.61
7	66	44	8.87
15	62	54	15.63
12	68	45	8.97
4	92	46	3.79
12	60	50	13.79
13	70	46	9.07
14	71	54	13.47
10	64	47	11.09

Es gilt: $\bar{y} = 9.40,\ s(y) = 4.43;\ \bar{x}_1 = 71.30,\ s(x_1) = 9.93;\ \bar{x}_2 = 47.10,\ s(x_2) = 4.04$

$r_{y1} = -.77,\ r_{y2} = .77,\ r_{12} = -.46$

Wir z-standardisieren zunächst die Rohwerte in allen Spalten.[21]

z(y)	z(X_1)	z(X_2)	$\hat{z}(y)$
-1.90	1,58	-1.26	-1.51
-0.77	0.17	-1.01	-0.64
-0.54	-0.53	-0.77	-0.14
1.26	-0.94	1.71	1.40
0.59	-0.33	-0.52	-0.11
-1.22	2.08	-0.27	-1.23
0.59	-1.14	0.72	0.97
0.81	-0.13	-0.27	-0.08
1.04	-0.03	1.71	0.93
0.14	-0.74	-0.02	0.37

Die *einfache* lineare Regressionsgleichung, die die *Fitness aus dem Gewicht* schätzt, und der Standardschätzfehler (vgl. II.C.2.5) lauten (s. Diagramme folgende Seite):

$$\hat{y}_i = 33.78 - 0.34 \cdot x_{1i} \quad s_{fehler} = s_y\sqrt{1-r^2} = 4.92\sqrt{1-.59} = 3.15$$

Es besteht zwischen den Variablen Y und X_1 eine Korrelation von r = -.77. Somit sind in dieser Stichprobe 59% (r^2=.59) der Varianz der Fitness aus dem Merkmal Gewicht vorhersagbar.

Die *einfache* lineare Regressionsgleichung, die die *Fitness aus dem Lungenvolumen* schätzt, und der Standardschätzfehler lauten:

$$\hat{y}_i = -30.67 + 0.85 \cdot x_{2i} \qquad s_{fehler} = s_y\sqrt{1-r^2} = 4.92\sqrt{1-.59} = 3.15$$

[21] Hierbei sind die $\hat{y}$ -Werte in Bezug auf den Mittelwert und die Streuung der tatsächlichen y-Werte standardisiert (s. letzte Spalte).

Es besteht zwischen den Variablen Y und X_2 eine Korrelation von r = .77 und somit sind in dieser Stichprobe 59% (r^2=.59) der Varianz der Fitness aus dem Merkmal ‚Lungenvolumen' vorhersagbar.

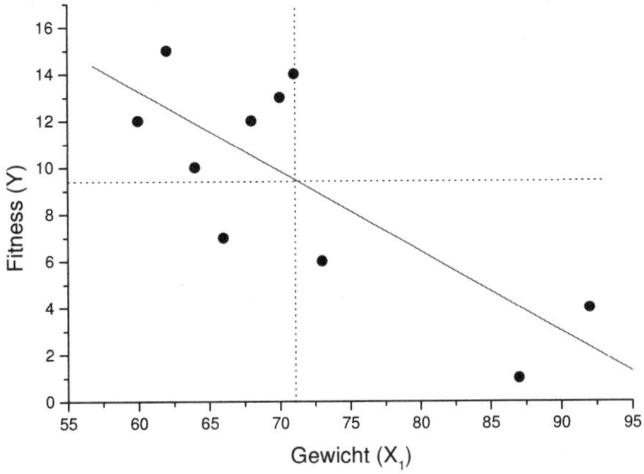

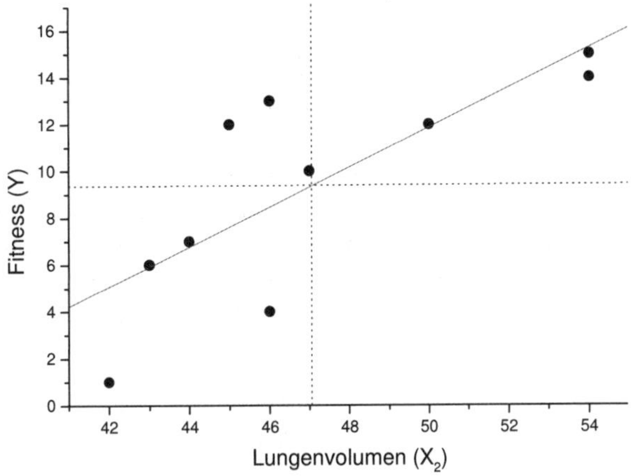

Berechnung der multiplen Regressionskoeffizienten:

Nun wollen wir berechnen, wie gut sich Y bei *simultaner* Berücksichtigung der Kombination von X_1 und X_2 vorhersagen lässt:

$$\beta_1 = \frac{r_{y1} - r_{y2} r_{12}}{1 - r_{12}^2} = \frac{-.77 - (.77) \cdot (-.46)}{1 - (-.46)^2} = \frac{-.42}{.79} = -0.53$$

$$\beta_2 = \frac{r_{y2} - r_{y1} r_{12}}{1 - r_{12}^2} = \frac{.77 - (-.77) \cdot (-.46)}{1 - (-.46)^2} = \frac{.42}{.79} = 0.53$$

Dann lautet die Regressionsgleichung: $\hat{z}(y_i) = -0.53\, z(x_{1i}) + 0.53\, z(x_{2i})$

Für die unstandardisierten Werte gilt:

$$b_1 = \beta_1 \frac{s_y}{s_{x1}} = -0.53 \cdot \frac{4.92}{11.04} = -0.24 \qquad b_2 = \beta_2 \frac{s_y}{s_{x2}} = 0.53 \cdot \frac{4.92}{4.48} = 0.58$$

$$b_0 = \bar{y} - b_1\bar{x}_1 - b_2\bar{x}_2 = 9.40 - (-0.24) \cdot 71.30 - 0.58 \cdot 47.10 = -0.81$$
$$\hat{y}_i = -0.81 + (-0.24) \cdot x_{1i} + 0.58 \cdot x_{2i}$$

In den folgenden beiden Grafiken sind die $\hat{y}_i$ in Abhängigkeit von y abgetragen (Werte s. Tabelle auf S. 178).

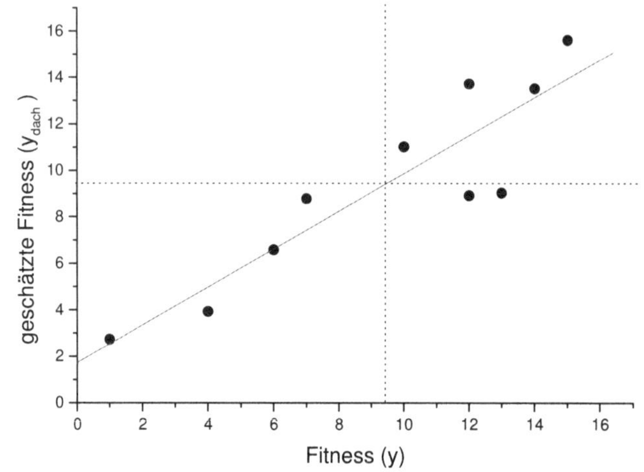

Zweidimensional lässt sich die Lösung bei der multiplen Regression nur als Streudiagramm der tatsächlichen y-Werte und der geschätzten $\hat{y}$-Werte veranschaulichen. Der Regressionsgeraden bei der einfachen Regressionsanalyse entspricht bei der multiplen Regressionsanalyse eine Regressionsebene. In der Grafik unten ist die Lösung im dreidimensionalen Raum angedeutet.

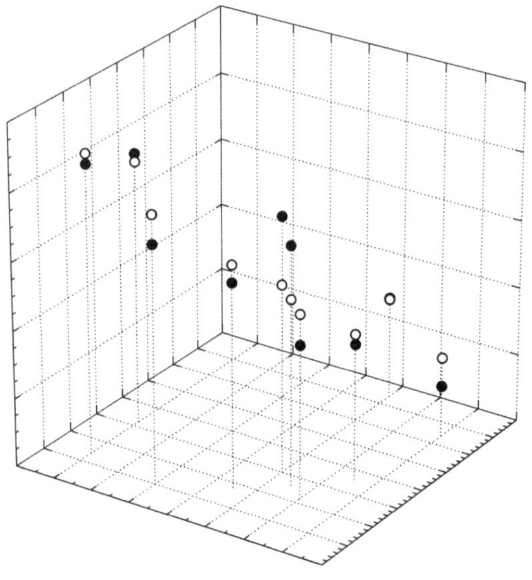

Hier stellen die schwarzen Punkte die gemessene Ausprägung der Fitness in Abhängigkeit von den beiden unabhängigen Variablen ‚Gewicht' und ‚Lungenvolumen' dar. Die offenen Punkte sind die geschätzten Werte in der Fitness. In diesem dreidimensionalen Streudiagramm liegen die geschätzten Werte in einer Ebene, die durch die Regressionsgleichung $\hat{y}_i = b_0 + b_1 x_{1i} + b_2 x_{2i}$ im dreidimensionalen Raum definiert wird: Für diese Ebene gilt, dass die Summe der quadrierten Abweichungen der gemessenen y-Werte zu ihr minimal ist.

II.E.3 Der multiple Korrelationskoeffizient $R_{y.12}$ und der multiple Determinationskoeffizient $R^2_{y.12}$

Wie bei der einfachen Regressionsanalyse wollen wir – neben der grafischen Analyse – eine Maßzahl definieren, die uns Aufschluss darüber gibt, wie gut die Regressionsgleichung die Werte in Y vorhersagen kann.

Der multiple Korrelationskoeffizient $R_{y.12}$ gibt die Korrelation der durch die multiple Regressionsgleichung aus X_1 und X_2 vorhergesagten Werte $\hat{y}_i$ mit den tatsächlich beobachteten Werten y_i an.

$$\begin{aligned} R_{y\cdot 12} &= r(y_i, \hat{y}_i) = r(y_i, b_0 + b_1 x_{1i} + b_2 x_{2i}) \\ &= r(z(y_i), \beta_1 z(x_1) + \beta_2 z(x_2)) \\ &= \sqrt{\beta_1 r_{y1} + \beta_2 r_{y2}} \end{aligned}$$

Der multiple Determinationskoeffizient $R^2_{y.12}$ gibt an, wie viel Prozent der Varianz in Y aufgrund der Regressionsgleichung (also bei gemeinsamer Berücksichtigung von X_1 und X_2) vorhergesagt oder erklärt werden können.

$$R^2_{y\cdot 12} = \beta_1 r_{y1} + \beta_2 r_{y2}$$

Der Standardschätzfehler ist ein Maß für die durchschnittliche Abweichung der y_i von den durch die Regressionsgleichung vorhergesagten $\hat{y}_i$ in der Regressionsebene. Für den Standardschätzfehler der multiplen Regression gelten dieselben Aussagen, die wir für den Standardschätzfehler bei der einfachen linearen Regression (vgl. Abschnitt II.C.2.5) getroffen haben. Je kleiner der Standardschätzfehler im Vergleich zur Standardabweichung ist, desto geringer ist der Vorhersagefehler im Allgemeinen und desto mehr Information erhält man dadurch, dass man die Prädiktoren berücksichtigt:

$$s_{fehler} = s_y \sqrt{1 - R^2_{y\cdot 12}}$$

Beispiel: Im Falle des Beispiels in II.E.2 (Fitness = f(Lungenvolumen, Gewicht)) ergeben sich folgende Maße:

$$R_{y\cdot 12} = \sqrt{\beta_1 \cdot r_{y1} + \beta_2 \cdot r_{y2}} = \sqrt{(-0.53)\cdot(-0.77) + 0.53 \cdot 0.77} = 0.90$$

$$R^2_{y\cdot 12} = (-0.53)\cdot(-.77) + 0.53\cdot .77 = .816$$

$$s_{fehler} = 4.92\sqrt{1-0.816} = 2.11$$

Die multiple Varianzaufklärung ist mit $R^2_{y.12}$=.816 deutlich höher als beide Einzelvarianzaufklärungen r^2_{y1}=.59 und r^2_{y2}=.59, jedoch geringer als die Summe der beiden Einzelvarianzaufklärungen.

Der Standardschätzfehler ist mit $s_{fehler,(Gewicht,LV)}$ = 2.11 dementsprechend ebenfalls deutlich geringer als die beiden Standardfehler bei der einfachen Regression: $s_{fehler,Gewicht}$ = 3.15 bzw. $s_{fehler,LV}$ = 3.15

□

Durchführung mit SPSS: Die beiden Merkmale bilden jeweils eine Spalte. Befehl: Analysieren – Regression – Linear (s. Diehl & Staufenbiehl, 2001, S. 419).

II.E.4 Der Zusammenhang zwischen der partiellen Korrelation und den β-Gewichten

Die Formeln für die β-Gewichte und die Partialkorrelationen (Abschnitt II.C.4) unterscheiden sich lediglich im Nenner. Dies legt nahe, dass sie ähnliche Eigenschaften beschreiben:

$$\beta_1 = \frac{r_{y1} - r_{y2}r_{12}}{1 - r_{12}^2} \qquad r_{y1\cdot 2} = \frac{r_{y1} - r_{y2}r_{12}}{\sqrt{1 - r_{y2}}\sqrt{1 - r_{12}}}$$

- β_1 gibt an, wie $z(X_1)$ transformiert werden muss, damit z(Y) möglichst fehlerfrei geschätzt werden kann, wenn indirekte Effekte von $z(X_2)$ kontrolliert bzw. heraus partialisiert werden (Standardpartialregressionskoeffizient).
- $r_{y1.2}$ gibt an, wie stark der Zusammenhang von X_1 und Y ist, wenn indirekte Effekte von X_2 kontrolliert bzw. heraus partialisiert werden (partieller Korrelationskoeffizient).

Die β-Gewichte können Werte annehmen, die im Betrag größer 1 sind. Die partiellen Korrelationen hingegen sind im Betrag höchstens gleich 1.

II.E.4.1 Weshalb muss der Zusammenhang zwischen X_1 und Y von indirekten Einflüssen von X_2 ‚bereinigt' werden?

Sind X_1 und X_2 korreliert, so enthalten die beiden Merkmale redundante Informationen, bzw. man kann annehmen, dass sie z.T. dieselben Eigenschaften (latenten Merkmale) messen. Dies soll an zwei Beispielen demonstriert werden: Dabei werde angenommen, dass dem Merkmal ‚Intelligenz' zwei unabhängige, unkorrelierte Unterfähigkeiten ‚Logisches Denken' und ‚Sprachliche Fähigkeiten' zugrunde liegen.

Fall 1) Wir möchten die Intelligenz (Y) aus der Mathematik- (X_1) und Physiknote (X_2) vorhersagen.
Es gelte: $r_{y,x1} = .7$; $r_{y,x2} = .6$; $r_{x1,x2} = .8$

Sowohl die Mathematiknote als auch die Physiknote korrelieren deutlich mit der Intelligenz. Da die beiden Prädiktoren aber stark untereinander korrelieren, enthalten sie ähnliche Informationen, die bei der Vorhersage der Intelligenz nicht doppelt verrechnet werden dürfen. Es wäre z.B. nahe liegend anzunehmen, dass die Ausprägung auf beiden Variablen wesentlich von der latenten Dimension ‚Logisches Denken' determiniert wird.

Die β-Gewichte berechnen sich wie folgt:

$$\beta_1 = \frac{r_{y1} - r_{y2}r_{12}}{1 - r_{12}^2} = \frac{.7 - .6 \cdot .8}{1 - .8^2} = 0.61; \beta_2 = \frac{r_{y2} - r_{y1}r_{12}}{1 - r_{12}^2} = \frac{.6 - .7 \cdot .8}{1 - .8^2} = .11$$

$$\hat{z}(y) = 0.61 \cdot z(x_1) + 0.11 \cdot z(x_2)$$

Der multiple Korrelationskoeffizient lautet:

$$R_{y \cdot 12} = \sqrt{\beta_1 r_{y1} + \beta_2 r_{y2}} = \sqrt{0.61 \cdot .7 + 0.11 \cdot .6} = .7$$

Und der multiple Determinationskoeffizient: $R^2_{y.12} = .49$

Zusammen klären Mathematik- und Physiknote 49% der Varianz in der Intelligenz auf. Würde die Mathematiknote als alleiniger Prädiktor berücksichtigt, wäre die Varianzaufklärung genauso gut ($r^2_{y1} = .49$).

Durch die Hinzunahme der Physiknote als Prädiktor erreichen wir trotz der guten Korrelation mit dem Kriterium keinen Informationsgewinn über die Ausprägung der Intelligenz.

Die latente Eigenschaft (hier: Logisches Denken), die die Mathematiknote mit der Intelligenz korrelieren lässt, ist auch für die Korrelation zwischen der Physiknote und der Intelligenz verantwortlich.

Sind die Prädiktoren untereinander korreliert, so ist die gemeinsam aufgeklärte Varianz (Determinationskoeffizient $R^2_{y.12}$) nicht gleich der Summe der einzelnen Determinationskoeffizienten ($r^2_{y1} + r^2_{y2}$)

$$r_{12} \neq 0 \Rightarrow R^2_{y \cdot 12} \neq r^2_{y1} + r^2_{y2}$$

Fall 2) Wir möchten die Intelligenz (Y) aus der Mathematik- (X_1) und der Deutschnote (X_2) vorhersagen.
Es gelte: $r_{y,x1} = .7$; $r_{y,x2} = .6$; $r_{x1,x2} = .0$

Die Mathematik- und die Deutschnote korrelieren untereinander nicht. Die Leistungen sind in den Fächern offensichtlich von unterschiedlichen Fähigkeiten abhängig.

Es wäre z.B. nahe liegend anzunehmen, dass die Ausprägung in der Mathematiknote eher die latente Dimension ‚Logisches Denken' repräsentiert und die Leistung in Deutsch ein Indikator für ‚Sprachliche Fähigkeiten' darstellt. Man beachte, dass das Beispiel so gewählt ist, dass die Korrelationen der Prädiktoren mit dem Kriterium Y identisch mit denen in Fall 1 (s. oben) sind.

Die β-Gewichte berechnen sich also wie folgt:

$$\beta_1 = \frac{r_{y1} - r_{y2} r_{12}}{1 - r_{12}^2} = \frac{.7 - .6 \cdot .0}{1 - .0} = 0.7\,; \beta_2 = \frac{r_{y2} - r_{y1} r_{12}}{1 - r_{12}^2} = \frac{.6 - .7 \cdot .0}{1 - .0} = 0.6$$

$$\hat{z}(y) = 0.7 \cdot z(x_1) + 0.6 \cdot z(x_2)$$

Der multiple Korrelationskoeffizient lautet:

$$R_{y \cdot 12} = \sqrt{\beta_1 r_{y1} + \beta_2 r_{y2}} = \sqrt{0.7 \cdot .7 + 0.6 \cdot .6} = \sqrt{r_{y1}^2 + r_{y2}^2} = .92$$

Multipler Determinationskoeffizient: $R_{y.12}^2 = .85 = .49 + .36 = r_{y1}^2 + r_{y2}^2$

Zusammen klären Mathematik- und Deutschnote 85% der Varianz in der Intelligenz auf. Dies stellt gegenüber der Vorhersagegüte der einfachen Regressionen (r^2_{y1}= .49, r^2_{y2}= .36) eine deutliche Verbesserung dar.

Die beiden Prädiktoren messen (wg. r_{12}=.0) unterschiedliche Unterdimensionen der Intelligenz. Es wird durch die beiden Prädiktoren keine für die Ausprägung der Intelligenz wesentliche Information doppelt verrechnet.

Sind die Prädiktoren untereinander nicht korreliert (orthogonal), so ist die gemeinsam aufgeklärte Varianz (Determinationskoeffizient $R^2_{y.12}$) gleich der Summe der einzelnen Determinationskoeffizienten (r^2_{y1}+ r^2_{y2}).

$$r_{12} = 0 \Rightarrow R_{y \cdot 12}^2 = r_{y1}^2 + r_{y2}^2$$

In diesem Falle sind die β-Gewichte identisch mit den Einzelkorrelationen ($\beta_i = r_{yi}$). Das β_i-Gewicht gibt dann den Anteil des Prädiktors i am Kriterium an.

Es sind also drei Fälle zu unterscheiden:

1.) $|r_{12}| \approx 1$: Sind die Prädiktoren hoch korreliert, so repräsentieren sie ähnliche Informationen und der multiple Determinationskoeffizient ist nicht wesentlich größer als der höchste Einzeldeterminationskoeffizient r^2_{yi}. Dies gilt nur, wenn bei positiver (negativer) Interkorrelation der Prädiktoren die beiden Kriteriumskorrelationen dasselbe (unterschiedliche) Vorzeichen haben.

2.) $r_{12} \approx 0$: Sind die Prädiktoren unabhängig voneinander (orthogonal), ergibt sich die Vorhersagegüte $R^2_{y.12}$ als Summe der einzelnen Determinationskoeffizienten.

3.) $0 < |r_{12}| < 1$:

a) $R^2_{y.12} < r^2_{y1} + r^2_{y2}$: Beide Prädiktoren repräsentieren zum Teil das gleiche Merkmal. Da in der multiplen Regressionsgleichung implizit beachtet wird, dass diese redundante Information nicht doppelt verrechnet werden darf, ist die Vorhersagegüte $R^2_{y.12}$ kleiner als die Summe der einzelnen Determinationskoeffizienten.

b) $R^2_{y.12} > r^2_{y1} + r^2_{y2}$: Mindestens eine der beiden Variablen ist eine sogenannte ***Suppressorvariable.*** Eine Suppressorvariable ist eine Variable, die Information enthält, durch die die Vorhersagegüte eines anderen Prädiktors erhöht wird.
Auch hier repräsentieren die beiden Prädiktoren z.T. das gleiche Merkmal: Aber genau dieses Gemeinsame in den beiden Prädiktoren ist nicht das, was die Korrelation mit dem Kriterium bedingt, sondern die Korrelation mit dem Kriterium systematisch reduziert.

Folgende Venn-Diagramme sollen die Beziehungen in den Fällen 1 bis 3 veranschaulichen. Die einzelnen Mengensymbole sollen den Informationsgehalt der Variablen darstellen. Die Schnittmenge von Y und den jeweiligen Prädiktoren symbolisiert die gemeinsame Varianz, also die Varianz, die sich durch das jeweils andere Merkmal vorhersagen lässt. In dem Diagramm zu 3b) soll der Suppressoreffekt dadurch deutlich werden, dass die Schnittmenge von Kriterium und X_2 durch den Einfluss von X_1 verringert wird: Das, was X_1 und X_2 korrelieren lässt, reduziert die Vorhersageinformation von X_2 bzgl. Y. Die gestrichelte Linie deutet an, wie groß die Schnittmenge von X_2 und Y wäre, wenn X_1 nicht mit X_2 korrelieren würde und somit dessen Vorhersagegüte nicht beeinträchtigen würde.

zu Fall 1)

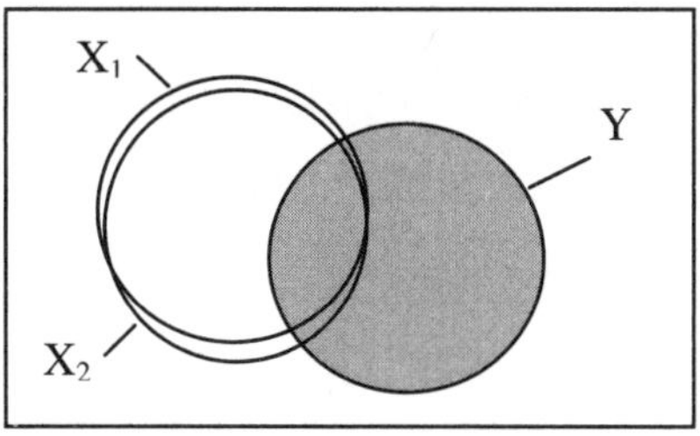

zu Fall 2)

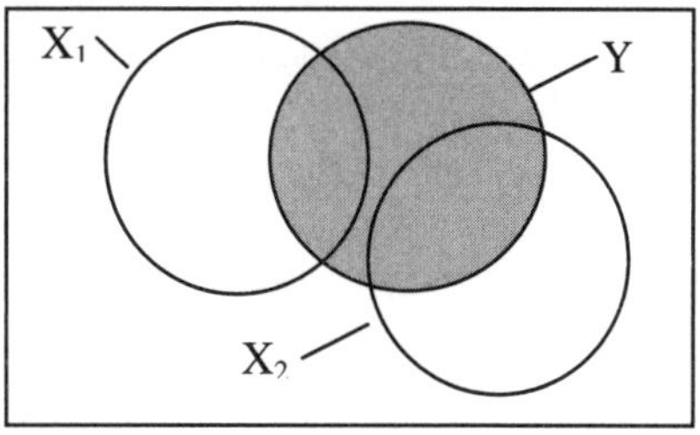

zu Fall 3a)

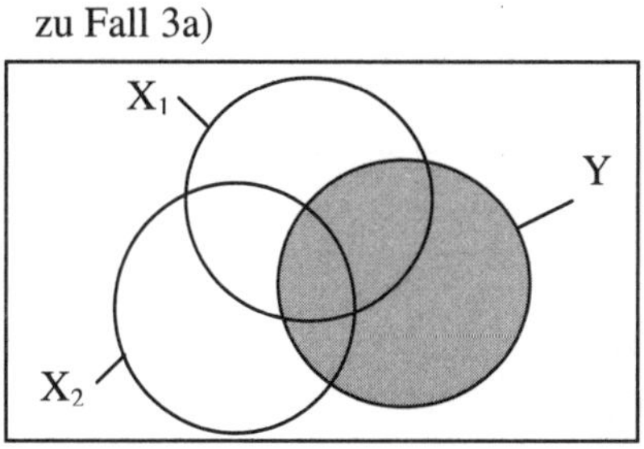

zu Fall 3b)

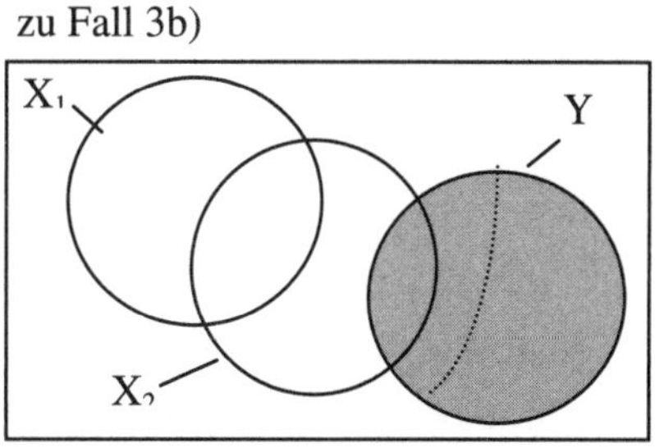

Beispiel: Supressoreffekt: Es sei bekannt, dass die Intelligenztestleistung (X_1) zu r_{y1} = .7 mit der ‚wahren' Intelligenz (Y) korreliert. Als zweiter Prädiktor werde die Testangst (X_2) der Probanden erhoben. Es wurde festgestellt, dass die Testangst zu r_{12} = -.5 mit der Testleistung korreliert, jedoch steht die Testangst nicht in Zusammenhang mit der Intelligenz (r_{y2} = .0).

$$\beta_1 = \frac{.7 - .0 \cdot (-.5)}{1 - .25} = 0.93; \ \beta_2 = \frac{.0 - .7 \cdot (-.5)}{1 - .25} = 0.47$$

$$R_{y \cdot 12} = \sqrt{0.93 \cdot .7 + 0.47 \cdot .0} = .81 \ ; \ R^2_{y.12} = .65 > r^2_{y1} + r^2_{y2} = .49 + .00 = .49$$

Obwohl die Variable X_2 nicht mit Y korreliert, gibt die Testangst wichtige Informationen darüber, weshalb die Intelligenztestleistung nicht höher mit der tatsächlichen Intelligenz korreliert ist. Die Testangst ist eine Suppressorvariable.

Die Regressionsgleichung lautet also: $z(y_i) = 0.93 \cdot z(x_1) + 0.47 \cdot z(x_2)$

Je höher die Intelligenztestleistung einer Person ist und je ängstlicher sie ist, desto höher ist die ‚wahre' Intelligenz einzuschätzen. Die Testangst bewirkt, dass der Zusammenhang zwischen Testleistung und Intelligenz geringer erscheint, als er wäre, wenn alle Personen gleich entspannt in der Situation wären: Die Testangst ‚drückt den Zusammenhang zwischen X_1 und Y nach unten' (Suppression). □

Beispiel: Zusammenfassendes Beispiel zur multiplen Regressionsanalyse bei zwei Prädiktoren. In einer Studie soll untersucht werden, wie und wie gut die allgemeine Lebenszufriedenheit (Y) von 20 Personen aus einem psychologischen (X_1) und einem physiologischen Gesundheitsindex (X_2) vorhergesagt werden kann. Die drei Merkmale seien intervallskaliert gemessen worden.

Psychol. Index (X_1)	**Physiol. Index (X_2)**	**Lebens-zufr. (Y)**	**Psychol. Index (X_1)**	**Physiol. Index (X_2)**	**Lebens-zufr. (Y)**
50	29	96	61	48	122
48	29	71	57	59	123
38	43	89	47	48	72
40	50	75	36	56	87
47	39	97	47	49	100
65	53	119	47	36	91
50	44	103	42	52	107
39	31	89	64	58	140
50	58	98	64	55	113
41	39	79	61	62	118

Es ergeben sich folgende deskriptive Werte:

$\bar{x}_1 = 49.7, \ s_1 = 9.09; \ \ \bar{x}_2 = 46.9, \ s_2 = 10.02; \ \ \bar{y} = 99.45, \ s_y = 18.34$

$COV(X_1,X_2) = 40.08$ $COV(X_1,Y) = 131.02$ $COV(X_2,Y) = 105.61$

$r_{x1,x2} = .44$ $r_{x1,y} = .79$ $r_{x2,y} = .57$

$r^2_{x1,x2} = .19$ $r^2_{x1,y} = .62$ $r^2_{x2,y} = .32$

Bestimmung der Regressionsgleichungen:

$$\hat{z}(y) = \beta_1 z(x_1) + \beta_2 z(x_2)$$

$$\beta_1 = \frac{.79 - .57 \cdot .44}{1 - .44^2} = 0.66; \ \beta_2 = \frac{.57 - .79 \cdot .44}{1 - .44^2} = 0.28$$

$\hat{z}(y_i) = 0.66 \cdot z(x_{1i}) + 0.28 \cdot z(x_{2i})$ $\hat{y}_i = 8{,}71 + 1{,}33 \cdot x_{1i} + 0{,}52 \cdot x_{2i}$

Die folgende Tabelle zeigt die Rohwerte und die z-Werte mit den jeweiligen vorhergesagten Werten, die sich aus der Regressionsgleichung ergeben.

X_1	X_2	Y	$\hat{Y}$	$z(X_1)$	$z(X_2)$	z(Y)	$\hat{z}(y)$
50	29	96	90.29	0.03	-1.74	-.18	-0.47
48	29	71	87.63	-0.18	-1.74	-1.51	-0.61
38	43	89	81.61	-1.25	-0.38	-0.56	-0.95
40	50	75	87.91	-1.04	0.30	-1.30	-0.61
47	39	97	91.50	-0.29	-0.77	-0.13	-0.41
65	53	119	122.72	1.64	0.59	1.04	1.27
50	44	103	98.09	0.03	-0.28	0.19	-0.06
39	31	89	76.70	-1.15	-1.55	-0.56	-1.20
50	58	98	105.37	0.03	1.08	-0.08	0.32
41	39	79	83.52	-0.93	-0.77	-1.09	-0.84
61	48	122	114.80	1.21	0.11	1.20	0.84
57	59	123	115.20	0.78	1.18	1.25	0.85
47	48	72	96.18	-0.29	0.11	-1.46	-0.16
36	56	87	85.71	-1.47	0.88	-0.66	-0.74
47	49	100	96.70	-0.29	0.20	0.03	-0.14
47	36	91	89.94	-0.29	-1.06	-0.45	-0.49
42	52	107	91.61	-0.83	0.50	0.40	-0.41
64	58	140	123,99	1.53	1.08	2.15	1,33
64	55	113	122,43	1.53	0.79	0.72	1,25
61	62	118	122,08	1.21	1.47	0.99	1,22

Es resultiert eine multiple Varianzaufklärung von

$$R^2_{y.12} = 0.66 \cdot .79 + 0.28 \cdot .57 = .69 \quad \Rightarrow \quad R_{y.12} = .83$$

$$s_e = s_y \sqrt{1 - R^2_{y \cdot 12}} = 18.34 \cdot \sqrt{1 - .69} = 10.21 \qquad s_{\hat{y}_i} = \sqrt{r^2 s_y^2} = 15.23$$

Die multiple Varianzaufklärung ist mit .68 größer als die größte Einzelvarianzaufklärung $r^2_{x1,y}$ = .62, jedoch wegen der Interkorrelation der beiden Prädiktoren deutlich niedriger als die Summe der beiden Einzeldeterminationskoeffizienten ($r^2_{x1,y}+r^2_{x2,y}$ =.62+.32).

In der Grafik sind die $\hat{y}_i$ in Abhängigkeit von den tatsächlichen y_i abgetragen. Die $\hat{y}_i$ besitzen – in vertikaler Richtung – mit 15.12 eine geringere Streuung (= Standardfehler) als die y_i – in horizontaler Richtung (s = 18.34). Die $\hat{y}_i$-Werte streuen wesentlich schwächer als die y_i-Werte: Diese Verringerung der Streuung bezeichnet man als Regressionseffekt (s. II.C.2.6).

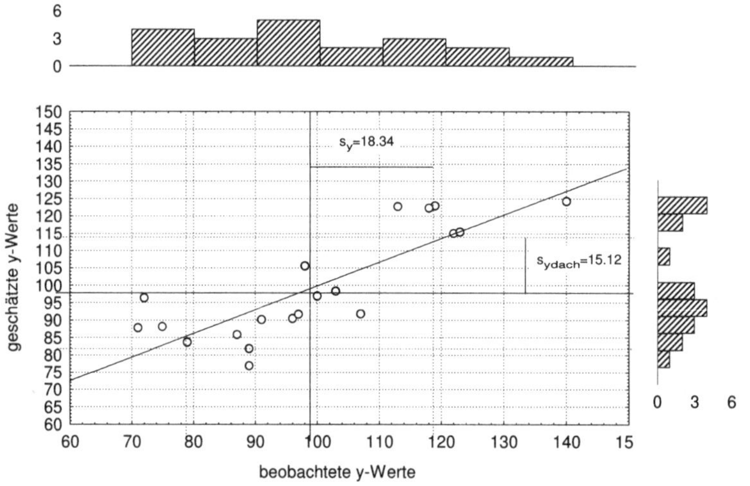

□

II.E.5 Vertiefung zur multiplen Varianzaufklärung in Abhängigkeit von den Korrelationsstrukturen

In den folgenden Grafiken sind für verschiedene Bedingungen die Varianzaufklärungen für bestimmte Korrelationsstrukturen dargestellt. Diese Darstellungen sind zur Vertiefung für die interessierten Leser gedacht und gehen über die Grundlagen der multiplen Regression hinaus.

Grafik 1 veranschaulicht die Beziehungen zwischen den Einzelkorrelationen und der Gesamtvarianzaufklärung, wenn beide Prädiktoren dieselbe positive Korrelation mit dem Kriterium besitzen. Jede Linie zeigt für den Fall, dass die beiden Kriteriumskorrelationen den rechts angegebenen Wert besitzen, wie sich der multiple Determinationskoeffizient mit der Interkorrelation der Prädiktoren verändert.

- ▷ Für $r_{12} = 1$ ist $R^2_{y.12}$ gleich den Einzeldeterminationskoeffizienten $r^2_{y1} = r^2_{y2}$.
- ▷ Für $r_{12} = 0$ ist $R^2_{y.12}$ gleich der Summe der Einzeldeterminationskoeffizienten ($r^2_{y1} + r^2_{y2}$).

- ▷ Zwischen $r_{12} = 0$ und $r_{12} = 1$ fällt die Varianzaufklärung kontinuierlich ab, weil die Informationen in x_1 und x_2, die zur Vorhersage von y ausgenutzt werden, zunehmend redundant sind ($R^2_{y.12} < r^2_{y1} + r^2_{y2}$).
- ▷ Ist r_{12} kleiner 0, so liegen Suppressoreffekte vor ($R^2_{y.12} > r^2_{y1} + r^2_{y2}$).

Wenn z.B. beide Prädiktoren positiv zu .7 oder höher mit dem Kriterium korrelieren, so wird eine möglichst große Varianzaufklärung erreicht, wenn die Interkorrelation möglichst klein ist. Bei niedrigeren Kriteriumskorrelationen wird die Varianzaufklärung dann maximiert, wenn die Prädiktoren negativ korreliert sind und somit zusätzliche Suppressoreffekte ausgenutzt werden.

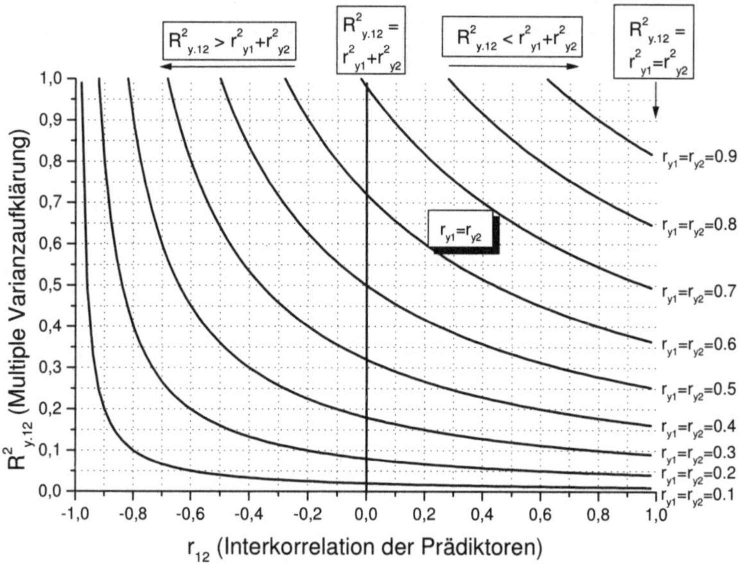

Grafik 1: Berechnet man die multiple Varianzaufklärung, wenn die beiden Prädiktoren dieselbe positive Korrelation k (abgetragen auf der rechten Seite der Grafik ‚$r_{y1}=r_{y2}=k$') mit dem Kriterium aufweisen, ergeben sich in Abhängigkeit von der Interkorrelation der Prädiktoren die abgetragenen Funktionen. An der Stelle $r_{12} = 0$ ist der Wert der Funktionen gleich dem Wert $r_{y1}^2+r_{y2}^2$ (Unabängigkeit der Prädiktoren). An der Stelle $r_{12} = 1$ ist der Wert der Funktionen jeweils gleich $r_{y1}^2= r_{y2}^2$ (Völlige Redundanz der Prädiktoren). Die Varianzaufklärungsfunktionen sind in dieser Grafik definiert als: $R^2 = k(k\text{-}k\ r_{12})/(1\text{-}r_{12}^2)+ k(k\text{-}k\ r_{12})/(1\text{-}r_{12}^2) = 2k^2(1\text{-}r_{12})/(1\text{-}r_{12}^2)$; für $r_{y1}=r_{y2}=k$.
Die Grafik gilt auch für den Fall, dass beide Prädiktoren dieselbe negative Korrelation mit dem Kriterium besitzen: $r_{y1}=r_{y2}=-k$.

In Grafik 1 wird auch deutlich, dass bestimmte Korrelationsstrukturen nicht existieren können: Sind z.B. zwei Prädiktoren zu .6 mit dem Kriterium korreliert, so kann ihre Interkorrelation nicht kleiner als $r_{12} = -.28$ sein. Oder anders ausgedrückt: Enthalten zwei Prädiktoren identische Information über ein drittes Merkmal, so können diese beiden nicht völlig unterschiedliche Informationen repräsentieren. Sind z.B. Physik- und Mathematiknote beide zu +.8 mit dem logischen Denken korreliert, so müssen auch die Noten positiv korreliert sein (r_{12}>.27). Allgemein gilt nämlich folgende Beschränkung für die Korrelation der Variablen X und Y, wenn die Korrelationen r_{xz} und r_{yz} bekannt sind:

$$\max, \min(r_{xy}) = r_{xz} \cdot r_{yz} \pm \sqrt{(1-r_{xz}^2)\cdot(1-r_{yz}^2)}$$

Grafik 2 zeigt die Varianzaufklärung, wenn die beiden Prädiktoren in gleicher Stärke jedoch mit unterschiedlichem Vorzeichen mit dem Kriterium korreliert sind. In diesem Fall beinhalten die beiden Prädiktoren dann dieselbe Information über das Kriterium, je näher die Interkorrelation am Wert -1 liegt: Misst man z.B. das Merkmal ‚Berufliche Zufriedenheit (X_1)' und ‚Berufliche Unzufriedenheit (X_2)', so könnten diese Merkmale beide mit umgekehrtem Vorzeichen stark mit dem Merkmal ‚Allgemeine Lebenszufriedenheit (Y)' korreliert sein (z.B. r_{y1}= .7, r_{y2}=-.7). Die Interkorrelation ist dann stark negativ (z.B. r_{12} = -.9), wenn beide Prädiktoren dieselbe Kriteriumsinformation enthalten.

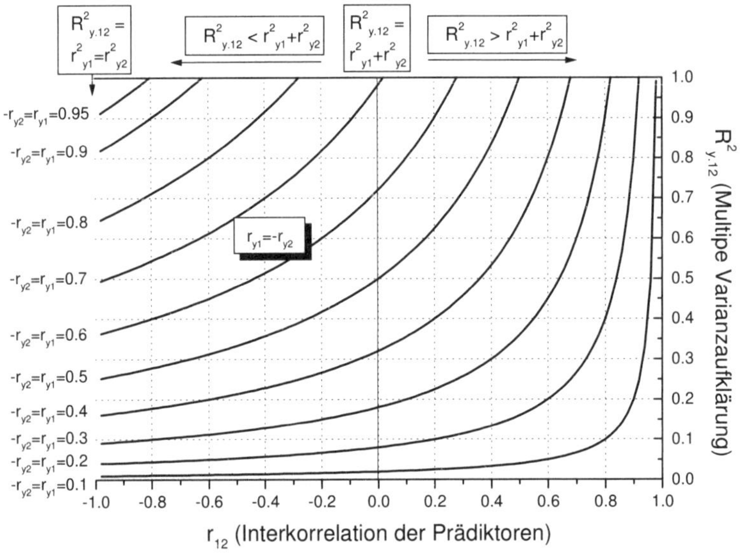

Grafik 2: Betrachtet man den Fall, dass beide Prädiktoren in gleicher Höhe, aber mit unterschiedlichen Vorzeichen mit dem Kriterium korrelieren, wird die Funktionenschar aus Grafik 1 an der Stelle x = 0 gespiegelt.
[$R^2 = k(k+k\, r_{12})/(1-r_{12}^2)-k(-k-k\, r_{12})/(1-r_{12}^2) = 2k^2(1+r_{12})/(1-r_{12}^2)$; für $k=r_{y1}=-r_{y2}$].

Wenn Prädiktor 1 eine Kriteriumskorrelation von 0.4 besitzt, so ergeben sich bei Hinzunahme eines zweiten Prädiktors die Werte, die in Grafik 3 dargestellt sind. Es werden die Fälle $|r_{y2}|$ = .0, .3, .6, .8, .9 und .95 gezeigt. Wie stark der Varianzaufklärungszuwachs ist, hängt natürlich wieder von der Höhe und dem Vorzeichen der Korrelation dieses neuen Prädiktors mit dem Kriterium (r_{y2}) und dem ersten Prädiktor (r_{12}) ab. Man erkennt, dass die multiple Varianzaufklärung

niemals kleiner als $R^2_{y.12} = .16$ werden kann, da diese ja schon alleine durch Prädiktor 1 gewährleistet wird.
Wenn der zweite Prädiktor eine höhere Korrelation mit dem Kriterium besitzt als $r_{y2} = .4$, dann ist die minimale Varianzaufklärung durch das Quadrat der Kriteriumskorrelation des zweiten Prädiktors gegeben: z.B. hat die Funktion für $r_{y2} = .6$ ein Minimum bei $R^2_{y.12} = .36 = r^2_{y2}$. Das Minimum der Funktionen ist immer dort lokalisiert, wo beide Prädiktoren maximale Redundanzen hinsichtlich der Kriteriumsinformation aufweisen.[22]

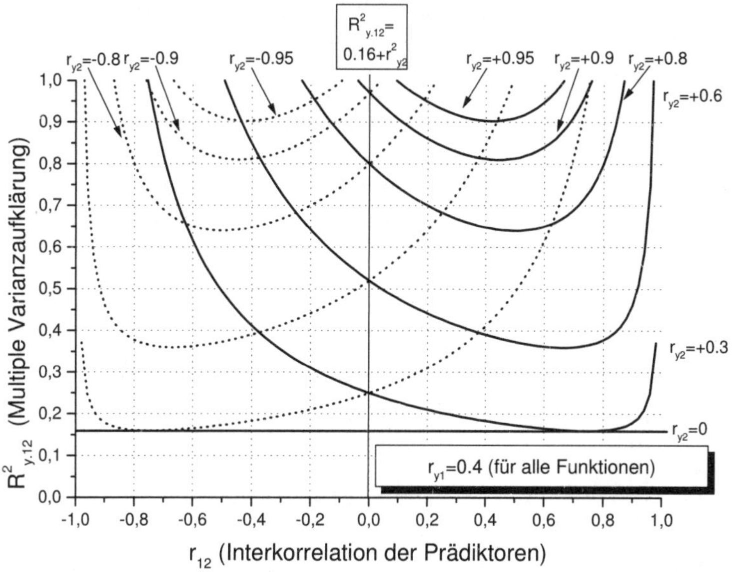

Grafik 3: In dieser Grafik kann man erkennen, wie sich die Berücksichtigung eines zweiten Prädiktors auswirkt, wenn der erste Prädiktor eine Kriteriumskorrelation von $r_{y1} = .4$ besitzt. Die Varianzaufklärung unterschreitet nie den Wert $R^2_{y.12} = .4^2$.
$[R^2 = .4(.4\text{-}k\, r_{12})/(1\text{-}r_{12}^2)+k(k\text{-}.4\, r_{12})/(1\text{-}r_{12}^2)$; für $k=r_{y2}]$

Man erkennt in Grafik 3 sehr schön, dass die Kriteriumskorrelation des zweiten Prädiktors alleine nur sehr eingeschränkt aussagekräftig ist. Ein zweiter Prädiktor mit $r_{y2} = .3$ kann ‚wertvoller' sein als ein Prädiktor mit $r_{y2} = .6$, wenn die Interkorrelation sehr günstig ist.

---

22 Die bizarre Form der Funktionenschar ist dadurch begründet, daß wir uns bei Betrachten der Systematik der Korrelationsstrukturen Funktionen definieren, die eigentlich einem vierdimensionalen Raum entstammen. Punkte in diesem Raum sind durch den Koordinatenvektor (r_{y1}, r_{y2}, r_{12}, R^2) definiert. Dadurch, daß wir in den Grafiken immer den Wert in einer Dimension konstant halten (hier: $r_{y1} = .4$) und eine zweite Dimension in diskreten Werten andeuten (hier: r_{y2} = -.9, -.6...), läßt sich in der Ebene des Papiers ein zweidimensionaler Schnitt durch diesen Raum veranschaulichen.

Wenn es sehr aufwandsintensiv ist, zusätzlich zu einem etablierten Verfahren einen neuen Prädiktor zu erheben (z.B. hohe Kosten für die Entwicklung von Prognoseinstrumenten zur beruflichen Eignung), lohnt es sich, die Systematik, die zwischen Korrelationsstrukturen und Varianzaufklärung besteht, genauer zu analysieren. Angenommen, das etablierte Prognoseinstrument A zeigt eine Korrelation von .4 mit dem Kriterium. In unserem Beispiel in Grafik 3 würde dies bedeuten, dass ein Entwickler von Testinstrumenten sich u.U. besser für ein Verfahren entscheiden würde, das auf den ersten Blick als schlechter erscheint (z.B. r_{y2}=.3 gegenüber r_{y2} =.6), weil es schwächer mit dem Kriterium korreliert. Denn wenn ersteres deutlich negativ mit Prädiktor A korreliert (z.B. r_{A2} = -.7) und letzteres mit ca. .7 mit Prädiktor A korreliert, ist der Informationszuwachs, wie die Grafik zeigt, deutlich höher.

Grafik 4 zeigt die Höhe der Varianzaufklärung in Y, wenn der 2. Prädiktor nicht mit dem Kriterium korreliert ist. In diesem Falle ist X_2 immer eine Suppressorvariable, wenn sie mit dem Prädiktor 1 korreliert ist. Die Darstellung gilt sowohl für positive als auch negative Werte von r_{y1}. Bei Unabhängigkeit der Prädiktoren ($r_{12} = 0$) ist $R^2_{y.12}$ natürlich jeweils gleich $r^2_{y1} + 0^2 = r^2_{y1}$.

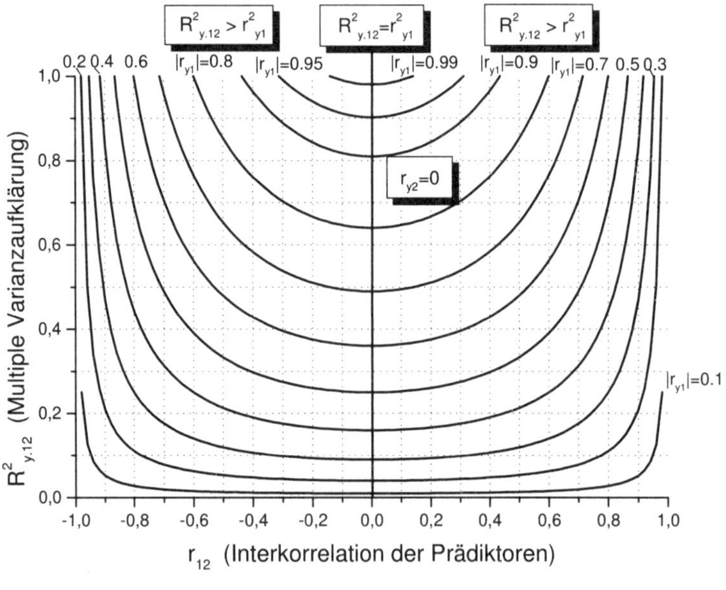

Grafik 4: Ein zweiter Prädiktor kann die multiple Varianzaufklärung durch Suppressoreffekte erhöhen, obwohl er selbst nicht mit dem Kriterium in Zusammenhang steht ($r_{y2} = 0$). Diese Suppressoreffekte werden umso stärker, je höher die Interkorrelation der beiden Prädiktoren ist.
[$R^2 = k(k\text{-}0\ r_{12})/(1\text{-}r_{12}^2)+0(0\text{-}k\ r_{12})/(1\text{-}r_{12}^2) = k^2/(1\text{-}r^2_{12})$; für $k=r_{y1}$]

II.E.6 Kreuzvalidierung

Hat man die Regressionsgleichung in einer Stichprobe bestimmt, gibt die Kreuzvalidierung Aufschluss darüber, inwiefern

- ▷ die Regressionsgleichung auch Gültigkeit für andere Stichproben der gleichen Population besitzt.
- ▷ durch die optimale Anpassung der Regressiongeraden nach der Methode der kleinsten Quadrate in genau dieser Stichprobe die Güte der Schätzung $R^2_{y.12}$ überschätzt wird. In einer neuen Stichprobe wird die Summe der Abweichungen von der Regressionsgeraden nicht genau 0 betragen und somit wird der Anteil der Fehlervarianz tendenziell größer werden.

Bei der Kreuzvalidierung wird die stichprobenunabhängige Stabilität der β-Gewichte abgeschätzt, indem die Vorhersagegüte $R^2_{y.12} = r^2(y_i, \hat{y}_i)$ der Regressionsgleichung in einer anderen Stichprobe derselben Population erhoben wird.

Durchführung einer Kreuzvalidierung:

1. Bestimmung der Regressionsgleichung in Stichprobe A.
2. Bestimmung der $\hat{y}_i$-Werte in Stichprobe B aufgrund der Regressionsgleichung aus Stichprobe A.
3. Bestimmung des Determinationskoeffizienten $r^2(y_i, \hat{y}_i)$ zwischen den tatsächlichen Werten in Stichprobe B und den $\hat{y}_i$ in Stichprobe B.

Ein Beispiel mit der konkreten Durchführung einer Kreuzvalidierung findet sich im 6. Aufgabenblock am Ende des Kapitels. Bei der einfachen Regression macht es keinen Sinn, eine Kreuzvalidierung durchzuführen, da dort natürlich immer gilt: $r^2(y_i, \hat{y}_i)=r^2(y_i, b_0+b_1x_i)=r^2(y_i, x_i)$. Hier ist die Höhe von r^2 nicht abhängig davon, ob die Regressionsparameter optimal geschätzt wurden.

II.E.7 Implizite Modellannahmen der multiplen linearen Regression

Ein statistisches Verfahren, wie z.B. die lineare Regression, ist immer nur geeignet, bestimmte Strukturen in einer Datenmenge zu erkennen. Jedes statistische Verfahren postuliert ein bestimmtes Modell, das das Zusammenwirken der beobachteten Variablen beschreibt. Die Wahl des Modells hängt von mehr oder weniger explizit formulierten theoretischen Annahmen über den Gegenstandsbereich ab.

Beispiel: Berechnet man die Produkt-Moment-Korrelation für die Merkmale ‚Nervöse Erregung‘ und ‚Leistung im Intelligenztest‘, so wird sich nur dann ein deutlich von Null verschiedener Wert ergeben, wenn ein linearer Zusammenhang zumindest annäherungsweise gilt:

$IQ = b_0 + b_1 NE + e$

□

Auch bei perfektem, deterministischem Zusammenhang kann die Korrelation

- ▷ gleich 0 sein: Z.B. wenn ein u-förmiger oder umgekehrt u-förmiger Zusammenhang besteht. In dem letzten Beispiel könnte gelten, dass man nur bei mittelstarker Erregung gute Leistungen im Test erzielt. Wenn man zu wenig oder zu stark nervös erregt ist, wird man keine gute Leistungen zeigen.
- ▷ im Betrag kleiner 1 sein: Wenn ein positiver oder negativer deterministischer Zusammenhang besteht, der nicht linear ist.

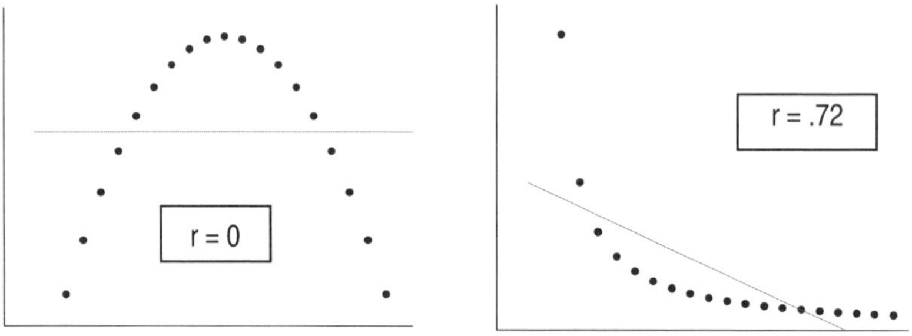

Bei der multiplen linearen Regression wird außerdem implizit gefordert, dass die einzelnen Prädiktoren additiv zusammenwirken:

$$z(y_i) = \beta_1 z(x_{i1}) + \beta_2 z(x_{i2}) + \varepsilon_i$$

Dies bedeutet, dass die Werte eines Prädiktors sich immer in gleicher Weise auf die Ausprägung der Kriteriumsvariablen auswirken, *unabhängig davon, welchen Wert der andere Prädiktor besitzt (es bestehen keine Interaktionseffekte).*

Interaktion: Der Effekt eines Prädiktors ist abhängig von der jeweiligen Ausprägung des anderen Prädiktors.

Beispiel: Dass im linearen Modell keine Interaktionen der Prädiktorwerte berücksichtigt werden, soll an einem Beispiel verdeutlicht werden. Man möchte die Bearbeitungszeit (BZ) bei der Lösung von Rechenaufgaben aufgrund der Schwierigkeit (SW) der Aufgaben und aufgrund des störenden Lärms (LÄ) vorhersagen.

$$z\,(BZ_{ij}) = \beta_1 \cdot z(SW_i) + \beta_2\, z \cdot (LÄ_j) + \varepsilon_{ij}$$

Es wäre hier plausibel anzunehmen:

1.) Je schwerer die Aufgabe ist, desto höher ist die Bearbeitungszeit (β_1 positiv).
2.) Je stärker der Lärm, desto höher ist die Bearbeitungszeit (β_2 positiv).
3.) Vielleicht wirkt sich aber der Lärm umso störender aus, je schwieriger die Aufgaben sind. Bei einfachen Routineaufgaben, für die keine besondere Konzentration notwendig ist, wirkt sich Lärm u.U. nicht auf die Zeit aus. Bei sehr schweren Aufgaben hingegen ist eine hohe Konzentration erforderlich und der Lärm wirkt sehr beeinträchtigend.

Damit diese Interaktion (Punkt 3) berücksichtigt werden kann, müsste die Modellgleichung erweitert werden.

$$z(BZ_{ij})=\beta_1 z(SW_i)+\beta_2 z(LÄ_j)+\beta_3 z(SW_i x LÄ_j)+\varepsilon_{ij}$$ □

Das Ergebnis einer statistischen Analyse ist also

- ▷ sowohl von den erhobenen Datenstrukturen – also den *tatsächlichen* Zusammenhängen im empirischen und numerischen Relativ – abhängig,
- ▷ als auch von den Eigenschaften des zugrunde liegenden mathematischen Modells: Strukturen, die nicht im Modell implizit enthalten sind, können nicht abgebildet bzw. erkannt werden.

Verwendet man ein statistisches Verfahren, so schaut man wie durch eine Brille, die nur bestimmte Informationen durchlässt, auf die Datenstrukturen. Bei der Interpretation eines statistischen Ergebnisses sollten auch immer die ‚blinden Flecken' des Modells beachtet werden. Möglicherweise lassen sich dann Erweiterungen oder alternative Modelle finden, die diese Mängel nicht aufweisen.

II.E.7 Ausblick: Logistische Regressionsanalyse

Die lineare Regression ist das geeignete Analyseverfahren zur Vorhersage von Merkmalen, wenn eine intervallskalierte abhängige Variable als Kriterium linear vorhergesagt werden soll. Ein besonderes Problem entsteht für das lineare Regressionsmodell, wenn eine zweigestufte, dichotome Variable als Kriterium vorliegt.[23] Dies soll mittels eines Beispiels kurz skizziert werden. Angenommen, das dichotome Merkmal Therapieerfolg (0 = kein Erfolg; 1 = Erfolg) soll aus der zu Therapiebeginn erhobenen Therapiemotivation vorhergesagt werden. Es ergeben sich für 50 Patienten die in der folgenden Grafik abgetragenen Daten (schwarze Punkte).

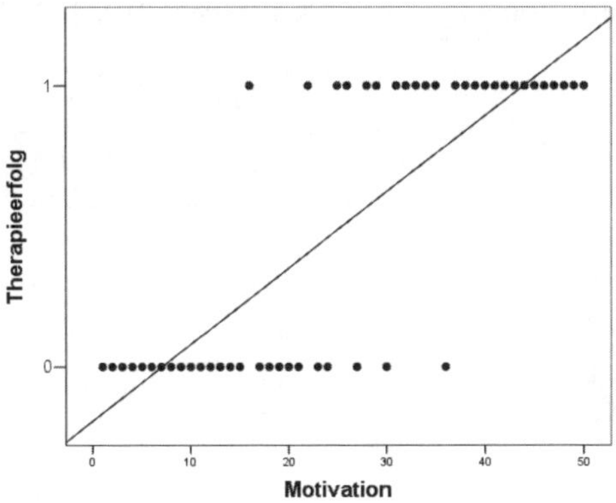

[23] Dichotome Prädiktorvariablen stellen im Allgemeinen kein Problem für die lineare Regression dar (vgl. Hair et al., 1998).

Zusätzlich zu den Daten ist die lineare Regressionsgerade eingetragen. Hierbei werden zwei Probleme deutlich:

1. Die Regressionsgerade kann grundsätzlich die beobachteten, dichotomen Variablenausprägungen nicht fehlerfrei vorhersagen, denn sie sagt für Y jeweils nur an genau einer Stelle des Kontinuums der Prädiktorvariablen den Wert 0 bzw. 1 vorher (vgl. Abbildung: $f(X=7.2) = 0$; $f(X=43.9) = 1$). Der dichotomen Natur der Kriteriumsvariable kann niemals angemessen Rechnung getragen werden, da die Gerade ja einen kontinuierlichen, linearen Anstieg des Therapieerfolgs mit wachsender Motivation vorhersagt: Tatsächlich kann sich ein verbesserter Therapieerfolg in Abhängikeit von der Motivation aber nur durch *häufigeres Auftreten des Wertes ‚1'* manifestieren, wenn die Motivation ansteigt.
2. Die Regressionsgerade nimmt in den Extrembereichen auch empirisch nicht interpretierbare Werte kleiner 0 und größer 1 an.

Ein geeignetes Vorhersagemodell für eine dichotome Kriteriumsvariable sollte zwei wichtige Eigenschaften besitzen. Zum einen sollte es nicht die gemessenen Werte der Kriteriumsvariablen (0, 1) fehlerfrei vorherzusagen versuchen, weil dies aufgrund des linearen Ansatzes prinzipiell unmöglich ist. Zum zweiten sollte der Wertebereich der vorhergesagten $\hat{Y}$ -Variable auf den messbaren Bereich [0;1] eingeschränkt sein. Plausibler ist es deswegen als Ziel der Modellschätzung zu formulieren, dass die *relative Häufigkeit des Therapieerfolgs (Y = 1) für einzelnen Bereiche der Prädiktorvariablen* möglichst gut prädiziert werden sollen. Der Wertebereich relativer Häufigkeiten ist per Definition auf den Bereich [0;1] beschränkt (Abschnitt II.B.1.1). Zudem ist – im Gegensatz zu den dichotomen Ausprägungen der Kriteriumsvariablen – für relative Häufigkeiten der gesamte Wertebereich zwischen [0,1] interpretierbar.

Um diese Aussagen zu veranschaulichen, sind in der folgenden Grafik für das Datenbeispiel die relativen Häufigkeiten (h_i) des Therapieerfolgs für fünf Wertebereiche der Motivation angegeben ($X \in\ ]-\infty\ ; 10],]10; 20],]20; 30],]30; 40]$ bzw. $]40; +\infty\ [$) .

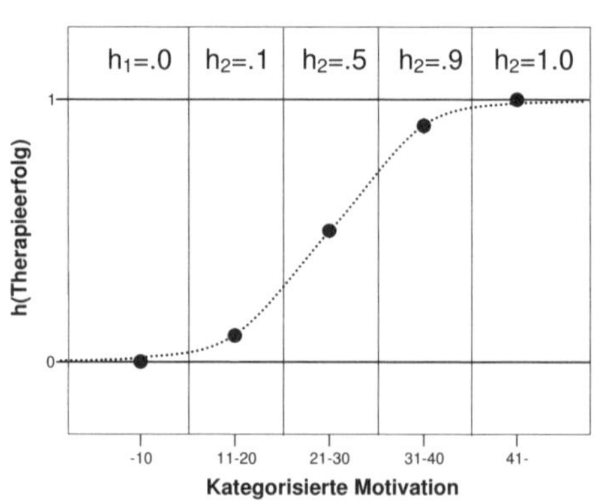

Es wird deutlich, dass die relative Häufigkeit des Erfolgs mit der Ausprägung der Prädiktorvariablen ansteigt. Um den funktionalen Zusammenhang der Prädiktorvariablen und der relativen Häufigkeit in der Kriteriumsvariable zu beschreiben, ist offensichtlich eine s-förmige Funktion geeignet, wie sie in der Abbildung gepunktet eingetragen ist. Eine Funktion, die einen solchen Verlauf und günstige mathematische Eigenschaften besitzt, ist die so genannte logistische Funktion (Wertebereich]0;1[; Hosmer & Lemeshow, 2000). Bei der logistischen Regression wird dann im Unterschied zur linearen Regression nicht eine Gerade, sondern eben diese logistische Funktion zur optimalen Vorhersage der relativen Häufigkeiten verwendet.

Bei der Durchführung der logistischen Regression ist eine Kategorisierung der Daten, wie sie in der obigen Abbildung vorgenommen wurde, nicht notwendig. Die hier gewählte Veranschaulichung entspricht jedoch im Wesentlichen der grundlegenden Logik der tatsächlich verwendeten Modellierung. Leser, die an einer Vertiefung oder Anwendung des Verfahrens interessiert sind, finden eine genaue Darstellung des mathematischen Modells und des Schätzverfahrens sowie weitere Hintergründe und Informationen zur Umsetzung mit SPSS auf der homepage ‚www.statistik-fuer-psychologen.de'.

Durchführung mit SPSS: Die beiden Merkmale bilden jeweils eine Spalte. Befehl: Analysieren – Regression – Binär logistisch (s. www.statistik-fuer-psychologen.de).

Leseempfehlungen:

In Band 2 – Abschnitt II.B.3 wird zusätzlich zu den hier dargestellten deskriptiven Eigenschaften der Regression verdeutlicht wie Regressionsgleichungen inferenzstatistisch überprüft werden können. Alle einführenden Statistikbücher (z.B. Bortz, 2004); Fahrmeier et al., 2001) enthalten Darstellungen zur linearen Regression. Moosbrugger und Zistler (1994) beschreiben die Grundlagen und Gemeinsamkeiten der Regressions- und Varianzanalyse (s. Band 2 – Abschnitt II.C.2). Die grafische Darstellung von Ergebnissen der Regressionsanalyse ist Thema des Buches von Cook und Weisberg (1994).

Die Darstellungen in Backhaus et al. (2001) behandeln umfassend die Anwendung der linearen und logistischen Regression für ein Anwendungsbeispiel. Der englischsprachige Text von Hair et. al. (1998) ist unserer Einschätzung nach die vollständigste Darstellung zur linearen Regression in einem allgemeinen Lehrbuch: Gängige Standards bei der Lösung vielfältiger Probleme werden an konkreten Beispielen demonstriert. Wenn Sie z.B. im Verlaufe des Studiums in einer eigenen Untersuchung die Regressionsanalyse anwenden wollen, gibt es keinen Text, der in ähnlich vollständiger Weise Standards bei der Durchführung des Verfahrens und Lösungen für potentielle Probleme liefert. Zur logistischen Regression beachten Sie bitte die ausführliche Darstellung auf der homepage ‚www.statistik-fuer-psychologen.de'

✍ *6. Aufgabenblock (Lösungen: ‚www.statistik-fuer-psychologen.de‘)*

Aufgabe 1)

Sie haben für N = 10 Personen die Merkmale ‚Einschätzung der eigenen mathematischen Fähigkeiten‘ (Y), ‚Mathematische Fähigkeiten ‘ (X_1) und ‚Allgemeine Selbstsicherheit‘ (X_2) erhoben (Ursprungsdaten).

Ursprungsdaten			Daten zur Kreuzvalidierung		
Y_i	X_{1i}	X_{2i}	Y_i	X_{1i}	X_{2i}
72	5	65	69	3	54
85	3	51	82	4	62
87	1	52	103	1	45
95	6	58	91	7	55
97	3	46	98	4	44
103	9	52	107	8	49
104	6	40	102	5	38
110	7	49	109	8	44
111	5	35	103	6	36
129	8	47	123	8	49

Geben Sie die multiple Regressionsgleichung für die Ursprungsdaten an! Vergleichen Sie den Determinationskoeffizienten $R^2_{y.12}$ mit den Koeffizienten r^2_{y1} und r^2_{y2}! Wie würden Sie das Ergebnis inhaltlich interpretieren? Um den Stichprobenfehler grob abschätzen zu können, haben Sie Daten an einer anderen Stichprobe zur Kreuzvalidierung erhoben. Bestimmen Sie bitte die Güte der Anpassung der Daten an die in der anderen Stichprobe gefundenen linearen Regressionsgleichung!

Aufgabe 2)

Sie haben die Korrelationsstrukturen a) bis g) erhoben. Geben Sie bitte jeweils an, wie sich durch die multiple Regressionsgleichung die aufgeklärte Varianz gegenüber den Einzeldeterminationskoeffizienten verändert.

(a) $r_{y1} = .3$, $r_{y2} = .6$, $r_{12} = .7$ (b) $r_{y1} = .2$, $r_{y2} = .8$, $r_{12} = .0$
(c) $r_{y1} = -.2$, $r_{y2} = -.8$, $r_{12} = -.5$ (d) $r_{y1} = .2$, $r_{y2} = .4$, $r_{12} = .3$
(e) $r_{y1} = .8$, $r_{y2} = .0$, $r_{12} = -.3$ (f) $r_{y1} = .8$, $r_{y2} = .7$, $r_{12} = .9$

Wie hoch müssen im Fall (f) die beiden Prädiktoren bei den gegebenen Kriteriumskorrelationen mindestens interkorreliert (r_{12} = ?) sein, wenn r_{y1} und r_{y2} gegeben sind? Ist es möglich, dass Sie in einer multiplen Regressionsanalyse $R^2_{y.12} = .4$, sowie $r_{y1} = .7$ und $r_{y2} = -.3$ finden?

Aufgabe 3)

Zeigen Sie, dass in Aufgabe 3 im 4. Aufgabenblock die spezielle Vorbereitung auf den Medizinertest als Suppressorvariable bezeichnet werden kann.

II.F Faktorenanalyse

Die Faktorenanalyse ist eines der wichtigsten Verfahren in der Psychologie, wenn mehrere Merkmale gleichzeitig analysiert werden sollen (multivariate Verfahren). Bisher haben wir als multivariates Verfahren nur die multiple Regressionsanalyse kennengelernt. Bei dieser besteht das Ziel darin – wie bei den meisten multivariaten Methoden –, die Ausprägung eines Merkmals (abhängige Variable, Kriterium) aus mehreren Merkmalen (unabhängige Variable, Prädiktoren) vorherzusagen.[21] Wie wir in Abschnitt II.E gezeigt haben, besitzt bei einer solchen regressionsanalytischen Fragestellung die simultane Analyse mehrerer Prädiktoren einen wichtigen Vorteil gegenüber der separaten Analyse des Zusammenhangs jedes einzelnen Prädiktors mit dem Kriterium: Man muss davon ausgehen, dass Abhängigkeiten zwischen den Prädiktoren bestehen. Bei der multiplen Regression werden diese Abhängigkeiten in dem Sinne kontrolliert, dass durch mehrere Prädiktoren doppelt oder mehrfach erfasste Informationsanteile nur einfach bei der Vorhersage berücksichtigt werden.

Bei der Faktorenanalyse werden genau diese Abhängigkeiten zwischen Merkmalen als Informationsbasis genutzt. Korrelationen zwischen Variablen werden als Hinweise dafür aufgefasst, dass den Werten auf den gemessenen Variablen nicht beobachtbare, latente Merkmalsausprägungen zugrunde liegen. Die Identifikation solcher latenter Merkmale ist ein zentrales Ziel der Faktorenanalyse.

Beispiel: In einem Intelligenztest müssen 5 Probleme zur räumlichen Anordnung von Objekten gelöst werden. Angenommen, Personen, die eine dieser Aufgaben gut lösen, lösen auch alle anderen Aufgaben recht gut. Wer hingegen mit einer Aufgabe Probleme hat, hat tendenziell auch mit den anderen Schwierigkeiten. Folglich werden hohe Korrelationen zwischen den Ergebnissen bei den 5 Problemstellungen gemessen. In der Logik der Faktorenanalyse wird dann angenommen, dass der Beantwortung eine spezifische Fähigkeit zugrunde liegt: Personen, die die Aufgaben gut (bzw. schlecht) lösen, besitzen ein gutes (bzw. schlechtes) ‚Räumliches Vorstellungsvermögen'. Das postulierte Merkmal ‚Räumliches Vorstellungsvermögen' wird als ‚latent' bezeichnet, da es nicht direkt gemessen werden kann: Die Ausprägung einer Person auf diesem ‚latenten' Merkmal kann jedoch geschätzt werden, da es für die Lösung der Aufgaben im Test (direkt messbare, manifeste Merkmale, Indikatoren) entscheidend ist.

---

[21] Natürlich kann es auch sinnvoll sein, mehrere Kriteriumsvariablen simultan zu analysieren. Die entsprechende Erweiterung des regressionsanalytischen Verfahrens (Abschnitt II.E) bezeichnet man als kanonische Korrelationsanalyse (s. Hair et al., 1998). Dieses Verfahren kommt allerdings vergleichsweise selten zur Anwendung.

Angenommen, es werden 5 weitere Aufgaben gestellt, in denen Zahlenreihen ergänzt werden müssen (z.B. 1, 3, 7, 15,?). Korrelieren die Beantwortungen dieser Aufgaben ebenfalls hoch untereinander, jedoch nicht oder nur schwach mit den Aufgaben zum ‚Räumlichen Vorstellungsvermögen', so wird ein zweites latentes Merkmal erfasst: Dieses könnte z.B. als ‚Rechnerisches Denken' charakterisiert werden. Diese Fähigkeit kann als unabhängig vom ‚Räumlichen Vorstellungsvermögen' angesehen werden, da von der Beantwortung der 5 Indikatorvariablen dieses latenten Merkmals nicht auf die Beantwortung der Indikatoren des anderen geschlossen werden kann. Viele klassische Intelligenztests (z.B. IST-70, Amthauer, 1973) basieren auf diesem faktorenanalytischen Prinzip (s. hierzu Asendorpf, 1999). □

Für die Regressionsanalyse haben wir festgestellt, dass eine weitgehende Unabhängigkeit der Prädiktoren wünschenswert ist, da dies für die multiple Varianzaufklärung im Kriterium und für die Interpretation des Ergebnisses günstig ist (s. Abschnitt II.E.4). Bei der Faktorenanalyse sind hingegen substanzielle Korrelationen zwischen den gemessenen Variablen unbedingt erforderlich.

Die Faktorenanalyse besitzt zu regressionsanalytischen Verfahren einen weiteren wesentlichen Unterschied. Es geht nicht darum, Merkmalsausprägungen aus anderen vorherzusagen, sondern in einer Vielzahl von Variablen soll eine Struktur identifiziert werden. Es wird also keine Trennung zwischen unabhängigen und abhängigen Variablen vorgenommen.

Der Grundgedanke der Faktorenanalyse lässt sich wie folgt charakterisieren:

1. Es werden Gruppen von Variablen identifiziert, innerhalb derer alle Variablen paarweise deutlich miteinander korrelieren.
2. Wenn nicht nur eine, sondern mehrere solcher homogener Variablengruppen existieren, korrelieren Variablen, die einer Gruppe angehören, nicht oder wesentlich schwächer mit Variablen einer anderen Gruppe (Hohe Korrelationen innerhalb der Gruppen, schwache oder deutlich niedrigere Korrelationen zwischen den Gruppen).
3. Es wird angenommen, dass jeder homogenen Variablengruppe eine eigene latente Merkmalsdimension (Faktor) zugrunde liegt. Die inhaltliche Bedeutung jedes Faktors wird aus der Bedeutung der zugehörigen Variablen bzw. Indikatoren abgeleitet. Zumeist wird vorausgesetzt, dass diese Faktoren untereinander vollständig unkorreliert sind. Es können jedoch auch Korrelationen zwischen den Faktoren zugelassen werden (s. Abschnitt II.F.6).
4. Die Ausprägung der Personen auf diesen Faktoren ist ausschlaggebend dafür, wie die Personen die Indikatorvariablen beantworten. Es wird angenommen, dass die Korrelation zwischen zwei Variablen ausschließlich dadurch erzeugt wird, dass sie Indikatorvariablen derselben Faktoren sind.

II.F.1 Ziele der Faktorenanalyse

Wenn eine Faktorenanalyse gerechnet wird, können verschiedene Ziele verfolgt werden. Die drei wichtigsten lauten:

1. *Reduktion der Variablenanzahl*: Die Faktorenanalyse erkennt Variablengruppen, in denen jeweils alle Variablen ähnliche Informationen erfassen. Werden die Variablen innerhalb jeder homogenen Gruppe aggregiert, erhält man eine ökonomischere Repräsentation der Gesamtinformation im Datensatz. Im einführenden Beispiel würde man die 5 Indikatorvariablen der latenten Dimension ‚Räumliches Vorstellungsvermögen' zu einem Index (z.B. Summe der 5 Items) zusammenfassen (Abschnitt II.F.5). Für die Dimension ‚Rechnerisches Denken' würde ebenfalls ein solcher Index gebildet. Bei weiterführenden Analysen müssen dann nur noch diese beiden Indexvariablen und nicht mehr die 10 Ursprungsvariablen berücksichtigt werden.

2. *Ermittlung zuverlässiger, reliabler Messgrößen*: Werden die Indikatorvariablen zu einem Index aggregiert (s. Punkt 1), so besitzt dieser Index günstigere ‚messtechnische' Eigenschaften als die einzelnen Indikatorvariablen. Dieser Aspekt ist oft von großer Bedeutung, kann aber an dieser Stelle nicht vertieft werden (s. hierzu Lienert & Raatz, 1998). Es sei lediglich darauf hingewiesen, dass im einführenden Beispiel die Lösung *einer* Aufgabe von vielen Stör- oder Zufallseinflüssen beeinflusst werden kann (u.U. kann geraten werden oder man ist gerade abgelenkt). Berücksichtigt man jedoch die Leistung bei der Bearbeitung vieler Aufgaben gleichzeitig, so wird das Gewicht von Störeinflüssen reduziert, da diese nicht bei allen Aufgaben in gleicher Weise wirksam werden. Durch die Zusammenfassung zu *einer* Messgröße erhalten wir durch die Aggregation vieler Einzelinformationen fehlerfreiere und zuverlässigere Informationen.

3. *Analytische Zielsetzung*: Wir möchten latente Variablen identifizieren, die empirisch nicht direkt zugänglich sind. Beispielsweise ist ‚Intelligenz' ein abstraktes Merkmal (theoretisches Konstrukt), das empirisch nicht direkt gemessen werden kann. Haben wir jedoch eine Theorie, wodurch sich Intelligenz äußert, können wir Indikatoren für dieses Konstrukt generieren und Messdaten (Beantwortung der Fragebogenitems) erheben. Die Faktorenanalyse ermöglicht es uns dann von der Indikatorebene auf die Ebene des latenten Merkmals Intelligenz zurück zu schließen.
   Die Beantwortung jeder einzelnen Frage eines Intelligenztests ist von einer bestimmten Intelligenzdimension (z.B. ‚Räumliches Vorstellungsvermögen') abhängig. Aber sicherlich gibt die Beantwortung einzelner Frage keinen vollständigen Aufschluss über das ‚Räumliche Vorstellungsvermögen'. Stellt man sehr viele verschiedene Fragen, die alle von dieser Intelligenzdimension abhängen, so lässt sich die Dimension ‚Räumliches Vorstellungsvermögen' als das Merkmal definieren, das die Beantwortung aller Fragen am besten vorhersagt (zur den Hintergründen in der Persönlichkeitspsychologie s. Asendorpf, 1999). Genau dieses leistet die Faktorenanalyse.

Faktoren (latente Merkmale) sind hypothetische Konstrukte, die für die Beantwortung der Items in einem Datensatz ausschlaggebend sind. Um die Faktoren zu schätzen, werden bei der Faktorenanalyse neue Variablen generiert, die die Information im Datensatz maximal ‚erklären'.
Das Analyseergebnis kann zur ‚Datenreduktion' genutzt werden. Am häufigsten wird folgendes Vorgehen zur Datenreduktion gewählt: Variablen, die Indikatoren desselben Faktors sind, werden zu einem Summenwert zusammengefasst (s. Abschnitt II.F.5). Solche Summenwerte sind zuverlässigere und fehlerfreiere Messgrößen als die Einzelvariablen im Ursprungsdatensatz.

Wie die Faktorenanalyse durchgeführt wird und wie diese Zielsetzungen erreicht werden können, soll in den folgenden Abschnitten an einem Beispiel gezeigt werden. Die Faktorenanalyse ist ein mathematisch anspruchsvolles Verfahren: Eine Einführung in die Grundlagen und Hintergründe würde eine Vertiefung in der linearen Algebra erfordern (s. Bortz (2004) und Revenstorf (1980), eine anwendungsorientierte Einführung geben Backhaus et al. (2000)).

Wir beschränken uns hier auf die Darstellung der Grundlogik des Verfahrens und eine Klärung der zentralen Begriffe. Wenn Sie selbst eine Faktorenanalyse rechnen, werden Sie stets Computerprogramme verwenden: Die Berechnung mit SPSS wird unter ‚www.statistik-fuer-psychologen.de' demonstriert. Bei der Anwendung ist es wichtig zu wissen, welche Datenbasis vorausgesetzt wird und wie die Ergebnisse der Faktorenanalyse zu interpretieren sind und weiter verwendet werden können. Diese Punkte werden in diesem Kapitel einführend behandelt. Dabei lassen sich alle Schritte und Ergebnisse der Faktorenanalyse sehr gut mit Hilfe der bereits bekannten Kenngrößen und Begriffe aus der Regressionsanalyse (Kapitel II.C und II.E) veranschaulichen.

II.F.2 Die Datenbasis der Faktorenanalyse

Eine Faktorenanalyse kann gerechnet werden, wenn mehrere intervallskalierte oder dichotome (s. hierzu Knol und Berger, 1991) Merkmale an einer Stichprobe erhoben wurden. Es sollten mindestens 50 Personen und mindestens dreimal mehr Personen untersucht werden als Variablen erhoben wurden. Um sicher zu gehen, dass das Ergebnis der Faktorenanalyse nicht durch spezifische Stichprobeneigenschaften verzerrt wird, sollten – wenn irgendwie möglich – mehr als 100 Personen untersucht werden und sichergestellt sein, dass die Anzahl der untersuchten Personen das Fünffache der Variablenanzahl übersteigt.

Angenommen, 20 Studenten[22] der Psychologie haben im ersten Semester folgende 6 Aussagen zu Erwartungen und Einstellungen bezüglich des Studiums beurteilt (‚1' = ‚Trifft überhaupt nicht zu' bis ‚6' = ‚Trifft ganz genau zu').

[22] Der Datensatz erfüllt die Bedingungen der notwendigen Stichprobengröße nicht. Er wird trotzdem verwendet, um eine anschauliche Darstellung zu ermöglichen, die von Ihnen am Computer nachgerechnet werden kann. Durch Vorgabe eines sehr klaren

	1	2	3	4	5	6
1. Ich denke, dass ich die fachlichen Anforderungen gut bewältigen kann.	○	○	○	○	○	○
2. Vor Referaten habe ich oft richtig Lampenfieber.	○	○	○	○	○	○
3. Es fällt mir in Seminaren nicht schwer zuzugeben, dass ich etwas nicht weiß.	○	○	○	○	○	○
4. Ich denke, dass ich die im Studium geforderten Fähigkeiten besitze.	○	○	○	○	○	○
5. Ich finde, dass Studenten oft viel zu großen Respekt vor Dozenten haben.	○	○	○	○	○	○
6. Ich habe Zweifel daran, dass ich das Studium erfolgreich abschließen werde.	○	○	○	○	○	○

Die Tabelle F2 enthält simulierte Daten für eine fiktive Studentenstichprobe (Spalte I1 bis I6; zur Bedeutung der Daten in den Klammern s. Abschnitt II.F.5). Einen ersten Aufschluss über die Struktur im Datensatz kann die Matrix der Korrelationen der Fragebogenitems geben, die auch die eigentliche Informationsbasis der Faktorenanalyse darstellt. Diese bei der Faktorenanalyse stets quadratische Datentabelle enthält alle paarweisen Korrelationen der 6 Items. In der Hauptdiagonale steht jeweils eine 1, da die Korrelationen der Items mit sich selbst stets 1 ist.

	Item 1	**Item 2**	**Item 3**	**Item 4**	**Item 5**	**Item 6**
Item 1	1	-.17	-.33	*.58*	-.03	*-.60*
Item 2	-.17	1	*-.69*	-.10	-.33	.21
Item 3	-.33	*-.69*	1	.07	*.48*	-.23
Item 4	*.58*	-.10	.07	1	.14	*-.78*
Item 5	-.03	-.33	*.48*	.14	1	-.27
Item 6	*-.60*	.21	-.23	*-.78*	-.27	1

Tabelle F1: Interkorrelationen der 6 Ausgangsitems.

An dieser Stelle können wir aufgrund der Interkorrelationen in Tabelle F1 bereits feststellen, dass zwischen den Items 1, 4 und 6 deutliche Abhängigkeiten (kursiv hervorgehoben) vorliegen, wohingegen lediglich schwache Zusammenhänge dieser Variablen mit den Items 2, 3 und 5 bestehen. Diese zeigen jedoch ebenfalls deutliche Korrelationen untereinander. Nach diesem Ergebnis können wir also vermuten, dass durch die 6 Items zwei unterschiedliche Informationsaspekte erfragt werden, die zum einen durch die Variablengruppe 1, 4 und 6 und zum anderen durch die Items 2, 3 und 5 repräsentiert werden.

Modells bei der Simulation der Daten konnte trotz der kleinen Stichprobe sichergestellt werden, dass die Faktorenanalyse das vorgegebene Datenmodell reproduziert.

	Rohdaten						Geschätzte Faktorwerte				Summen-/ Skalenwerte	
							Unrotierte Lösung		Rotierte Lösung			
	I 1	I 2[23]	I 3	I 4	I 5	I 6	F 1	F 2	RF1	RF 2	S 1	S 2
1	4	3 (4)	2	2	3	4 (3)	-1.51	0.55	-0.98	-1.28	9	9
2	5	2 (5)	4	6	5	1 (6)	1.67	0.24	1.54	0.69	17	14
3	4	2 (5)	3	4	3	3 (4)	-0.28	0.25	-0.10	-0.36	12	11
4	2	2 (5)	5	2	5	3 (4)	-0.45	-1.61	-1.24	1.11	8	15
5	4	2 (5)	3	3	3	2 (5)	-0.17	0.23	-0.03	-0.29	12	11
6	2	2 (5)	5	2	4	4 (3)	-1.01	-1.50	-1.65	0.72	7	14
7	4	2 (5)	4	4	3	3 (4)	-0.13	-0.06	-0.15	-0.02	12	12
8	2	1 (6)	6	3	4	2 (5)	0.33	-1.82	-0.70	1.71	10	16
9	4	3 (4)	3	6	4	1 (6)	0.96	0.90	1.29	-0.25	16	11
10	6	3 (4)	4	4	3	1 (6)	0.73	1.04	1.17	-0.49	16	11
11	6	3 (4)	3	5	5	2 (5)	0.86	0.93	1.23	-0.32	16	12
12	2	2 (5)	3	3	4	4 (3)	-1.05	-0.72	-1.27	0.05	8	12
13	5	1 (6)	3	4	3	2 (5)	0.46	0.25	0.52	0.04	14	12
14	4	4 (3)	2	5	2	2 (5)	-0.40	1.79	0.62	-1.73	14	7
15	6	1 (6)	5	6	4	1 (6)	1.99	0.03	1.70	1.04	18	15
16	3	4 (3)	3	3	2	4 (3)	-1.67	0.72	-1.03	-1.50	9	8
17	3	2 (5)	5	4	6	2 (5)	0.79	-1.19	0.03	1.43	12	16
18	5	4 (3)	1	2	4	3 (4)	-1.14	1.38	-0.22	-1.77	11	8
19	4	2 (5)	5	4	5	2 (5)	0.77	-0.71	0.26	1.01	13	15
20	2	2 (5)	4	3	3	3 (4)	-0.73	-0.70	-0.99	0.20	9	12
$\bar{x}$	**3.5**	**2.4**	**3.6**	**3.6**	**3.8**	**2.5**	**0**	**0**	**0**	**0**	**12.1**	**12.1**
s	**1.4**	**0.9**	**1.2**	**1.3**	**1.0**	**1.0**	**1**	**1**	**1**	**1**	**3.2**	**2.6**

Tabelle F2: Diese Rohdaten der 20 Personen werden im Folgenden analysiert. Die Bedeutung der geschätzten Faktorwerte der unrotierten und rotierten Lösung sowie die Summenwerte der Skalen werden in den folgenden Abschnitten geklärt.

II.F.3 Bestimmung der faktoriellen Struktur und der Anzahl der Faktoren

Nachdem die Korrelationsmatrix bestimmt wurde, müssen nun die Faktoren identifiziert werden. Hierbei stellt sich zum einen die Frage, wie diese Faktoren gewonnen werden können, und zum anderen, wie viele Faktoren tatsächlich für die Struktur innerhalb des Datensatzes relevant sind.

Zur Identifikation der Faktoren existieren mehrere sogenannte Extraktionsverfahren. Die wichtigsten Methoden sind die Hauptkomponentenanalyse und die Hauptachsenanalyse. Auf theoretischer Ebene verfolgen diese beiden Verfahren unterschiedliche Zielsetzungen: Die *Hauptkomponentenanalyse* sollte angewendet werden, wenn die Strukturierung des

[23] Die Umpolung der Items 2 und 6 wird im Folgenden nur bei der Berechnung der Skalenwerte berücksichtigt. Alle anderen Angaben beziehen sich auf die originalen Werte.

Datensatzes und die Datenreduktion primäres Ziel der Analyse ist. Bei dieser Methode wird ein möglichst großer Anteil an Varianz im Datensatz durch die Faktoren erklärt. Die *Hauptachsenanalyse* ist die Methode der Wahl, wenn es vorwiegend darum geht, die latenten Variablen zu identifizieren, die für die Beantwortung der Items im Datensatz ausschlaggebend sind.[24] Empirisch zeigt sich jedoch, dass die resultierenden Ergebnisse der beiden Verfahren meist nur unwesentlich differieren. Dies gilt insbesondere, wenn mindestens 30 Variablen untersucht werden oder die Varianz jeder Variable durch die Faktoren zu mindestens 60% erklärt werden kann (zur Bedeutung dieser sogenannten ‚Kommunalität' einer Variablen s. Abschnitt II.F.3). Der Unterschied der beiden Verfahren wird bei Hair et al. (1998) detailliert diskutiert. Die weiteren Ausführungen in diesem Kapitel beziehen sich auf die Hauptkomponenten-analye, die auch am häufigsten angewandt wird.

Obwohl die Analyse der Korrelationsmatrix (Tabelle F1) die Grundlage für die Identifikation der Faktoren darstellt, kann der mathematische Algorithmus der Hauptkomponentenanalyse (im Folgenden Faktorenanalyse) auch wie folgt regressionsanalytisch charakterisiert werden: Die Faktorenanalyse generiert neue Variablen (Faktoren), die die gemessene Varianz aller Variablen sukzessive maximal aufklären. Dabei gehen wir davon aus, dass die einzelnen Items im Rohdatensatz z-standardisiert vorliegen (Abschnitt II.C.3)[25]. Die Bedeutung dieses Prinzips der sukzessiven maximalen Varianzaufklärung soll im Folgenden geklärt werden.

Angenommen, der erste Faktor sei bekannt. Der erste Faktor ist eine künstlich generierte z-standardisierte Variable. Zwar kennen wir die Ausprägungen der untersuchten Personen auf dieser neuen Variablen nicht, jedoch erhalten wir als ein wichtiges Ergebnis der Faktorenanalyse die Korrelationen des postulierten Faktors mit den Items des Ausgangsdatensatzes. Tabelle F3 zeigt diese Korrelationskoeffizienten für den ersten Faktor (Zeile ‚Faktor 1'), die man auch als Faktorladung bezeichnet.

Quadriert man diese Faktorladungen, so erhält man die Determinationskoeffizienten in der Zeile VA(F1). Der erste Faktor erklärt also 30% der Varianz des Items 1, 20% der Varianz des Items 2 usw. Das definierende Merkmal des Faktors besteht nun darin, dass es keine andere z-standardisierte Variable gibt, für die die Summe dieser Determinationskoeffizienten größer ist als 2.43: Keine andere z-Variable würde uns also eine insgesamt höhere Gesamtvarianzaufklärung ermöglichen.

---

[24] Der ‚technische' Unterschied besteht darin, dass bei dem schrittweisen Schätzverfahren der Faktorenanalyse bei der Hauptkomponentenanalyse im ersten Schritt in der Korrelationsmatrix in allen Zellen der Hauptdiagonalen eine ‚1' steht (s. Tabelle F1). Bei der Hauptachsenanalyse werden dort geschätzte Kommunalitäten (= Anteil der Varianz der jeweiligen Variablen, der durch die Faktoren ‚erklärt' werden kann; s. unten) eingesetzt.

[25] Durch die z-Standardisierung erhalten alle Variablen dieselbe Varianz, sodass Variablen mit größerer Varianz nicht ein größeres Gewicht bei der Analyse erhalten.

	Item 1	Item 2	Item 3	Item 4	Item 5	Item 6	Σ
Faktor 1	.55	-.45	.44	.82	.50	-.91	
Faktor 2	.70	.70	-.81	.38	-.48	-.24	
VA(F1)	.30	.20	.19	.67	.25	.83	**2.43**[26]
VA(F2)	.49	.49	.66	.14	.23	.06	**2.07**
h^2	**.80**	**.69**	**.85**	**.81**	**.48**	**.88**	**4.51**

Tabelle F3: In den Zeilen Faktor 1 und 2 sind die Korrelationen der ersten beiden Faktoren mit den 6 Ausgangsitems angegeben (Faktorladungen). Die drei unteren Zeilen enthalten, die durch Faktor 1, Faktor 2 und durch beide Faktoren gemeinsam aufgeklärten Varianzanteile der Einzelitems. Letzte Spalte: Summe der Determinationskoeffizienten (Eigenwerte bzw. Summe der Eigenwerte).

Der erste Faktor ist diejenige z-standardisierte Variable, für die die Summe der bivariaten Determinationskoeffizienten mit den Ursprungsvariablen maximal ist.

Eine zentrale Größe bei der Faktorenanalyse ist der sogenannte ‚*Eigenwert*' eines Faktors: Dieser entspricht genau dieser Summe über die bivariaten Determinationskoeffizienten des Faktors mit den 6 Ursprungsvariablen:

$$\text{Eigenwert(Faktor 1)} = \sum_{i=1}^{6} r^2(\text{Faktor 1, Frage i}) = .30 + .20 + ... + .83 = 2.43$$

Der Eigenwert von 2.43 kann so interpretiert werden, dass Faktor 1 so viel Varianz erklärt, wie 2.43 der 6 Ausgangsvariablen des analysierten Datensatzes.

Teil man den Eigenwert durch die Anzahl der Ausgangsvariablen, so erhält man den durch den Faktor vorhersagbaren oder *aufgeklärten Varianzanteil*:

$$\text{Aufgeklärte Varianz(Faktor 1)} = \frac{\text{Eigenwert(Faktor1)}}{\text{Itemanzahl}} = \frac{2.43}{6} = 0.41$$

Faktor 1 erklärt also 41 % der Varianz der Ausgangsvariablen.

Nachdem wir durch Faktor 1 einen größtmöglichen Anteil an Varianz im Datensatz erklären können, werden in den folgenden Schritten nach demselben Prinzip weitere Faktoren identifiziert. Der zweite Faktor soll die Informationen im Datensatz bestmöglich erklären, die durch Faktor 1 nicht erklärt werden können. Faktor 1 erklärt beispielsweise nur 30% der Varianz von Item 1 und somit sind 70% der Varianz dieses Items weiterhin unaufgeklärt.

[26] In dieser wie in den folgenden Tabellen können leichte Rundungsungenauigkeiten auftreten (hier müsste z.B. eine 2.44 stehen). Es ist aber wichtig die Querverbindungen z.B. dieser mit der folgenden Tabelle zu verstehen. Deswegen wurde in diesem Kapitel der Einheitlichkeit der Daten zwischen den Tabellen Priorität eingeräumt.

Das konkrete Vorgehen kann man sich wie folgt vorstellen: Wären die Ausprägungen der Personen auf der latenten Dimension ‚Faktor 1' bekannt, so ließen sich für alle 6 z-standardisierten Ausgangsitems durch eine einfache Regressionsanalyse (Abschnitt II.C.2) die vohergesagten Werte $\hat{z}(x_i)$ bestimmen (Prädiktor: Faktor 1). Die Regressionresiduen ($\varepsilon_i = z(x_i) - z(\hat{x}_i)$) repräsentieren dann die noch zu erklärenden Informationen im Datensatz. Es könnte dann eine Residualtabelle der Regressionsresiduen der Personen (Zeilen) auf den 6 Items (Spalten) erstellt werden: Diese entspräche dann in der Struktur der Rohdatentabelle in Tabelle F2, anstelle der Rohdaten wären jedoch die Regressionsresiduen abgetragen.

Der zweite Faktor ist diejenige z-standardisierte Variable, die in der Tabelle der Regressionsresiduen (Prädiktor = Faktor 1, Kriterien sind jeweils die 6 standardisierten Ausgangsvariablen) die maximale Varianz der Residualitems erklärt: Es existiert keine andere z-standardisierte Variable, die in der Summe mehr Varianz der Regressionsresiduen erklärt als der zweite Faktor.

Alle Faktoren sind definitionsgemäß immer vollständig unabhängig bzw. unkorreliert (Orthogonalität der Faktoren).

In Tabelle F3 sind die Korrelationen und Varianzaufklärungen von Faktor 2 (Zeile ‚Faktor 2' und ‚VA(F2)') angegeben. Der Eigenwert ist gleich 2.07, dies entspricht einer Varianzaufklärung von ((2.07/6)=0.35) 35%.

Die Faktorenanalyse verfährt in gleicher Weise weiter bis insgesamt 6 Faktoren bestimmt wurden (Faktorenanzahl = Itemanzahl): Der dritte Faktor ist die Variable, die in der Residualtabelle nach Berücksichtigung von Faktor 2 wieder die insgesamt höchste Varianzaufklärung besitzt usw. Die folgende Tabelle enthält unter der Überschrift ‚Ursprungslösung' eine Zusammenstellung der wichtigsten Ergebnisse für alle 6 ermittelten Faktoren, wie sie auch von Computerprogrammen ausgegeben wird.

	Ursprungslösung			**Rotierte Lösung**		
	Eigenwerte	**Varianzaufkl.**	**kumul. VA**	**Σ quadr. Ladungen**	**Varianzaufkl.**	**kumul. VA**
Faktor 1	2.43	40.46	40.46	2.33	38.75	38.75
Faktor 2	2.07	34.51	74.97	2.17	36.22	74.97
Faktor 3	.69	11.55	86.52			
Faktor 4	.40	6.71	93.23			
Faktor 5	.25	4.15	97.34			
Faktor 6	.16	2.61	100.00			

Tabelle F4: Eigenwerte, Varianzaufklärung und kumulierte Varianzaufklärung (Gesamtvarianzaufklärung bis zu diesem Faktor) für die Ursprungslösung (links). Das Ergebnis der Varimax-rotierten Lösung (rechts) wird in Abschnitt II.F.4 behandelt.

Durch die Faktorenanalyse werden also im ersten Schritt immer genauso viele Faktoren generiert, wie Variablen im ursprüngliche Datensatz vorhanden waren. Die generierten 6 Faktoren klären insgesamt 100% der Gesamtvarianz auf. Dem Ziel der Datenreduktion – Indentifikation möglichst *weniger* Variablen, die möglichst viel Varianz erklären – scheinen wir also nicht näher gekommen zu sein. Jedoch besitzen diese 6 Faktoren einen deutlich unterschiedlichen ‚Erklärungswert': Die Eigenwerte (2.43 bis .16) und die Varianzaufklärungen (40.46% bis 2.61%) der einzelnen Faktoren nehmen kontinuierlich ab und der Zugewinn an Information (s. Spalte ‚kumulierte Varianzaufklärung') wird mit zunehmender Faktoranzahl geringer.

Als informationshaltige Faktoren sollten nur diejenigen Faktoren akzeptiert werden, die einen genügend großen Anteil der Varianz im Datensatz erklären. Für die Festlegung einer ökonomischen Faktorenanzahl existieren im Wesentlichen zwei Entscheidungshilfen. Die erste ist das sogenannte Kaiser-Kriterium. Dieses basiert auf folgender Überlegung. Da die z-standardisierten Ausgangsvariablen analysiert werden (Varianz jeweils gleich 1), weist der Datensatz mit 6 Variablen eine Gesamtvarianz von 6 auf. Jede einzelne Variable erklärt dann genau 1/6 (16.7%) der Gesamtvarianz, nämlich genau die eigene Varianz. Nur die Faktoren 1 und 2 erklären mehr Varianz als jede der Ausgangsvariablen (Varianzaufklärung > 16.7%; Eigenwert > 1). Die Faktoren 3 bis 6 erklären weniger Varianz als jede einzelne der 6 analysierten Ausgangsvariablen.

Nach dem *Kaiserkriterium* gilt als Mindestanforderung für einen aussagekräftigen Faktor, dass dieser mehr Varianz aufklärt als eine der Ursprungsvariablen. Dieses Kriterium ist für alle Faktoren erfüllt, die einen Eigenwert größer 1 besitzen.

Nach dem Kaiserkriterium können wir also von einer zweifaktoriellen Lösung ausgehen: Die Faktoren 1 und 2 erklären insgesamt ca. 3/4 der gesamten Varianz im Datensatz.

Das Kaiserkriterium ist als Entscheidungsbasis zumeist ausreichend, wenn wenige Variablen untersucht wurden. Sind jedoch beispielsweise nur zwei latente Merkmale für die Struktur im Datensatz entscheidend, so werden die Eigenwerte der ersten extrahierten Faktoren im Allgemeinen systematisch größer, je mehr Indikatorvariablen untersucht wurden: Es ist deshalb die Regel, dass bei einer großen Anzahl von Variablen für Faktoren, die eigentlich keinen bedeutsamen Erklärungswert besitzen, Eigenwerte größer 1 resultieren. Aus diesem Grund sollte stets zusätzlich zum Kaiserkriterium das sogenannte Screeplot-Kriterium angewendet werden.

Abbildung F1 zeigt das Screeplot für unser Beispiel: Dort sind die Eigenwerte für die 6 Faktoren abgetragen und durch eine Linie verbunden. Von rechts aus nehmen die Werte zunächst schwach aber kontinuierlich zu, so wie eine langsam anwachsende Geröllhalde (‚Geröll' = ‚Scree' im Englischen). Zwischen Faktor 3 und 2 zeigt sich jedoch ein deutlicher Sprung in der Grafik.

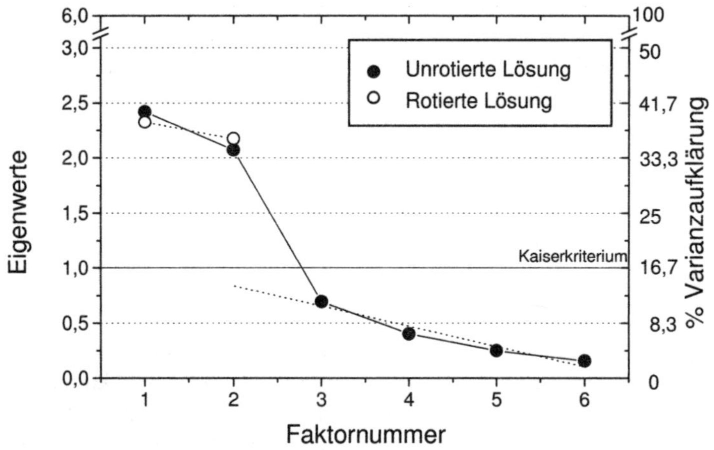

Abbildung F1: Screeplot der 6 Faktoren der Ursprungslösung.

Bei Anwendung des *Screeplot-Kriteriums* wird im Screeplot ein deutlich erkennbarer Sprung oder Knick identifiziert. Alle Faktoren werden als relevant akzeptiert, deren Eigenwerte links bzw. oberhalb dieses Sprungs liegen.

Wir würden auch nach dem Screeplot-Kriterium davon ausgehen, dass in unserem Datensatz zwei Faktoren für die Struktur im Datensatz entscheidend sind.

Neben diesen beiden Kriterien wird als dritte Entscheidungsgrundlage oft noch die inhaltliche Plausibilität (s. hierzu Abschnitt II.F.4) der Lösung herangezogen: Es werden so viele Faktoren akzeptiert, dass sich ein inhaltlich gut interpretierbare Struktur ergibt. Hierbei besteht jedoch die große Gefahr, dass man durch das statistische Verfahren Theorien nicht mehr explizit empirisch überprüft: Vielmehr sucht man nach empirischen Indizien für theoretische Modelle, die durch weniger theoriegeleitete Betrachtungen u.U. hätten verworfen werden müssen. Man stützt die Theorie also nicht mehr durch rein empirische Befunde, sondern auch zum Teil wieder durch die Theorie selbst.

Nachdem wir uns für eine zweifaktorielle Lösung entschieden haben und bevor in Abschnitt II.F.4 die inhaltliche Bedeutung der Faktoren diskutiert wird, sollen die wichtigsten Begriffe der Faktorenanalyse nochmals zusammenfassend geklärt werden.

Die Korrelation des Items i mit den Faktoren (s. Tabelle F3) wird auch als *Faktorladung* (a_i) dieses Items bezeichnet. Je höher die Ladung eines Items auf einem Faktor ist, desto stärker stimmen die inhaltliche Bedeutung von Item und Faktor überein.

Die *Faktorwerte oder Faktorscores* (f_j) entsprechen den Ausprägungen der Personen auf den Faktoren.

Die Faktorladungen charakterisieren also die Items, Faktorwerte die Personen.

Das faktorenanalytische *Fundamentaltheorem* beschreibt, wie im Modell der Faktorenanalyse die Ausprägung einer Person i auf der z-standardisierten Variable j des Ausgangsdatensatzes erklärt werden kann. Für die zweifaktorielle Lösung lautet diese Grundgleichung:

$$\hat{z}_{ij} = a_{1j} \cdot f_{i1} + a_{2j} \cdot f_{i2}$$

Die Beantwortung eines Items lässt sich danach – bis auf eine zufällige Fehlerkomponente – direkt aus der Summe der Faktorwerte, die mit den Faktorladungen gewichtet werden (Linearkombination), vorhersagen.

Um die Bedeutung dieser Gleichung anschaulich zu erklären, müsste bekannt sein, welche Faktorwerte die 20 Personen auf den beiden Faktoren besitzen. Obwohl die Faktorenanalyse die Ausprägungen der Personen auf den Faktoren nicht direkt ermittelt, gibt es verschiedenen Methoden, mittels derer die Faktorwerte geschätzt werden können. Die regressionsanalytische Schätzung ist die am häufigsten angewandte Methode. In Tabelle F2 sind in Spalte F1 und F2 die geschätzten Faktorwerte der 20 Personen angegeben.

Es handelt sich hierbei ebenfalls um z-standardisierte Werte (Abschnitt II.C.3). Person 1 besitzt mit -1.51 eine niedrige Ausprägung auf dem Faktor 1, Person 2 mit +1.67 einen recht hohen Wert. Zusammen mit den Faktorladungen in Tabelle F3 können wir nun die Beantwortung der Items nach dem Fundamentaltheorem schätzen. Nehmen wir an, wir wollen für Person 1 und 2 im Datensatz die Beantwortung von Item 4 vorhersagen. Dann gilt nach der Grundgleichung:

$$\hat{z}_{14} = a_{14} \cdot f_{11} + a_{24} \cdot f_{12} = .82 \cdot (-1{,}51) + .38 \cdot 0.55 = -1.03$$

$$\hat{z}_{24} = a_{14} \cdot f_{21} + a_{24} \cdot f_{22} = .82 \cdot (1.67) + .38 \cdot 0.24 = +1.46$$

Betrachten wir die tatsächlichen Beantwortung von Item 4 durch die beiden Personen (Tabelle F2), so besitzt Person 1 mit ‚2' einen deutlich unterdurchschnittlichen Wert ($z_{Item4}(2) = -1.23$) und Person 2 mit 6 einen deutlich überdurchschnittlichen Wert ($z_{Item4}(6) = +\ 1.85$). Die Vorhersage ist also insbesondere für diese beiden Personen sehr gut. Wie aufgrund des Regressionseffekts (Abschnitt II.C.2.6) vorhergesagt wird, weichen die geschätzten $\hat{z}$ jedoch weniger extrem von $\bar{z} = 0$ ab als die beobachteten z-Werte.

Man beachte, dass das faktorenanalytische Fundamentaltheorem als multiple Regressionsgleichung (Kapitel II.E) aufgefasst werden kann. Da die Itemwerte (z_{ij}) und die Faktorwerte (f_{i1} und f_{i2}) z-standardisiert sind, entsprechen die Faktorladungen exakt den β-Gewichten. Wie wir in Kapitel II.E ebenfalls gezeigt haben, sind die β-Gewichte gleich der Korrelation von Prädiktor und Kriterium, wenn die Prädikoren unkorreliert sind. Exakt dies ist bei der Faktorenanalyse der Fall (Orthogonalität der Faktoren), deswegen sind die Faktorladungen gleich der Korrelation der Items mit den Faktoren. Der einzige Unterschied zur multiplen Regressionsanalyse besteht darin, dass die Faktoren, die hier als Prädiktoren fungieren, nicht empirisch vorliegen, sondern durch die Faktorenanalyse erst generiert werden.

Eine weitere wichtige Kenngröße ist die Kommunalität eines Items:

Die *Kommunalität* h^2 eines Items gibt den Anteil der Varianz eines Items an, der durch die Faktoren erklärt werden kann. h^2 ist definiert wie der multiple Determinationskoeffizient der multiplen Regressionsanalyse (vgl. Abschnitt II.E.3), wenn die Faktoren als Prädiktoren und die Einzelitems als Kriterien aufgefasst werden.

Da die Faktoren zu 0 korrelieren ergibt sich die Kommunalität als Summe der quadrierten Ladungen des Items auf den Faktoren (vgl. Kapitel II.E). Bei zwei Faktoren gilt also:

$$h_i^2 = a_{1i}^2 + a_{2i}^2$$

Tabelle F3 enthält in der letzte Zeile die insgesamt recht hohen Kommunalitäten der 6 Items. Lediglich die Ausprägungen auf Item 5 können durch die gefundene zweifaktorielle Lösung vergleichsweise schlecht erklärt werden (h^2 = 0.48). Die faktorenanalytische Grundgleichung (Fundamentaltheorem) würde die gemessenen Werte eines Items natürlich nur dann genau und fehlerfrei vorhersagen, wenn die Kommunalität des Items gleich 1 ist.

II.F.4 Die inhaltliche Bedeutung der gefundenen Faktoren

Nachdem wir entschieden haben, dass eine zweifaktorielle Lösung für den Datensatz verwendet werden sollte, bleibt noch zu klären, welche inhaltliche Bedeutung diese Faktoren besitzen. Bei der Definition der Faktorladungen haben wir festgestellt, dass die inhaltliche Bedeutung eines Items und eines Faktors umso stärker übereinstimmen, je höher die Ladung des Items auf dem Faktor ist. Als grobe Richtlinie kann man hier angeben, dass alle Items zur Interpretation der Bedeutung eines Faktors herangezogen werden können, die im Betrag höher als .5 auf diesem Faktor laden.

Des Weiteren ist es wünschenswert, dass jedes Item aufgrund seiner Faktorladungen eindeutig einem Faktor zugeordnet werden kann. Ist dies der Fall so sagt man, dass das Analyseergebnis eine sogenannte ‚Einfachstruktur' besitzt.

Eine *Einfachstruktur* liegt vor, wenn eine eindeutige Zuordnung der Variablen zu den Faktoren möglich ist. Dies ist dann der Fall, wenn die Variablen genau auf einem Faktor eine hohe Ladung aufweisen und auf allen anderen eine möglichst geringe Ladung besitzen.

Eine solche Einfachstruktur ist im Allgemeinen eine Voraussetzung dafür, dass die Faktoren gut interpretiert werden können.

Das Ladungsmuster der Ursprungslösung in Tabelle F3 zeigt, dass diese Kriterien nicht gut erfüllt sind. Ordnet man jedes Item demjenigen Faktor zu, auf dem es die höchste Ladung besitzt (Faktor 1: Item 4, Item 5, Item 6; Faktor 2: Item 1, Item 2, Item 3), so sind insbesondere für die ersten fünf Items die Ladungen auf dem jeweils anderen Faktor doch recht deutlich.

Dies ist ein typisches Ergebnis für die Ursprungslösung einer Faktorenanalyse: Wenn wir die inhaltliche Bedeutung der Faktoren klären, so stellen wir fest, dass sich der Bedeutungsgehalt der Faktoren deutlich überlappt. Beispielsweise sind sowohl Faktor 1 (Ladung = .55) als auch Faktor 2 (Ladung = .70) relevant für die Beantwortung des Items 1 ‚Ich denke, dass ich die fachlichen Anforderungen gut bewältigen kann', sodass eine Differenzierung der Bedeutungen der Faktoren deutlich erschwert wird.

Um dieses Problem zu lösen, werden sogenannte Rotationsverfahren eingesetzt. Die Varimax-Rotation ist das am häufigsten verwendete Verfahren. Diese Methode liefert im Allgemeinen eine gut interpretierbare Lösung. Bevor wir darauf eingehen, was man sich unter einer Rotation vorstellen kann, soll zunächst die Lösung dieses Analyseschritts präsentiert werden.

	Item 1	**Item 2**	**Item 3**	**Item 4**	**Item 5**	**Item 6**	**Σ**
Rot. F1	*.84*	-.04	-.06	*.90*	.16	-*.89*	
Rot. F2	.30	-*.83*	*.92*	.12	-*.67*	-.29	
VA(RF1)	.71	.00	.00	.81	.03	.79	**2.34**
VA(RF2)	.09	.69	.85	.01	.45	.08	**2.17**
h^2	**.80**	**.69**	**.85**	**.81**	**.48**	**.88**	**4.51**

Tabelle F5: Ladungen und Varianzaufklärungen der 6 Items nach Varimax-Rotation (vgl. Tabelle F3).

Durch die Varimax-Rotation verändern sich die Ladungen der 6 Items deutlich und es lässt sich eine eindeutige Zuordnung zu den Faktoren erkennen (Einfachstruktur): Wer auf Faktor 1 hohe Werte besitzt, glaubt die fachlichen Anforderungen eher gut bewältigen zu können (Item 1), eher die geforderten Fähigkeiten zu besitzen (Item 4) und hat zudem weniger Zweifel, das Studium erfolgreich abzuschließen (Item 6). Die Bedeutung des Faktors 1 ließe sich also gut unter der Bezeichnung ‚Vertrauen in die eigenen fachlichen Kompetenzen' subsummieren. Diese Benennung des Faktors setzt natürlich neben der augenscheinlichen Plausibilität bei einer wissenschaftlichen Anwendung unbedingt theoretische Überlegungen und Begründungen voraus. Wer hingegen hohe Werte auf Faktor 2 besitzt, hat eher kein Lampenfieber vor Referaten (Item 2), es fällt ihm leichter zuzugeben, wenn er etwas nicht weiß (Item 3), und ist eher der Meinung, Studenten sollten weniger Respekt vor Dozenten haben (Item 6). ‚Selbstsicherheit in sozialen Situationen' wäre ein möglicher Oberbegriff für die charakteristischen Items des Faktors 2. Die gefundene Struktur entspricht genau derjenigen, die wird auch auf Basis der Korrelationsmatrix in Tabelle F1 vermutet hatten.

Für die rotierten Faktoren können die Faktorwerte der Personen ebenfalls wieder geschätzt werden. Tabelle F2 enthält in den Spalten ‚RF 1' und ‚RF 2' die nach der Rotation resultierenden geschätzten Faktorwerte der Personen, die sich nun ebenfalls inhaltlich gut interpretieren lassen: Person 1 hat geringes ‚Vertrauen in die eigenen fachlichen Kompetenzen' (f_{11} = -0.98) und ebenfalls eine geringe ‚Selbstsicherheit in sozialen Situationen' (f_{21} = -1.28). Person 2 hat hingegen insbesondere ein sehr hohes Vertrauen in die eigenen Kompetenzen (f_{12} = +1.54) und ist mit f_{22} = +0.69 ebenfalls überdurchschnittlich sicher in sozialen Situation.

Anders als die Faktorladungen der Items, die Faktorwerte der Personen und die Eigenwerte der Faktoren bleiben die Gütekriterien der zweifaktoriellen Lösung *insgesamt* unverändert.

Durch die Varimax-Rotation wird nur die Interpretierbarkeit der Faktoren beeinflusst, die Güte der Gesamtlösung selbst bleibt unverändert: Die Kommunalitäten der Items und die Gesamtvarianzaufklärungen im Ausgangsdatensatz durch die Faktoren bleiben exakt gleich. Die rotierten Faktoren sind ebenfalls unabhängig voneinander.

Lediglich die durch einzelnen Faktoren aufgeklärten Varianzanteile – und somit natürlich auch deren Eigenwerte – verändern sich durch die Rotation: Zumeist sind die Varianzaufklärungen, die die rotierten Faktoren leisten, ähnlicher als diejenigen der ursprünglichen Faktoren (s. Tabelle F4).

Der letzte Punkt wird auch in Abbildung F1 deutlich. Die offenen Punkte zeigen die Eigenwerte der rotierten Faktoren: Die erklärten Varianzanteile sind ähnlicher als in der Ursprungslösung.

Nachdem wir den inhaltlichen Nutzen der Rotation geklärt haben, soll nun kurz grafisch verdeutlicht werden, was bei der Varimax-Rotation tatsächlich passiert. Faktoren kann man sich als orthogonale Achsen eines Koordinatensystems vorstellen. Abbildung F2 zeigt das Koordinatensystem nach der Rotation.

Die Position der Items wird durch die Ladung auf den Faktoren definiert. Item 1 besitzt beispielsweise eine Ladung von .84 auf dem rotierten Faktor 1 und von .30 auf Faktor 2. Die punktiert eingetragenen Achsen entsprechen den Faktoren der Ursprungslösung: Dort lädt Item 1 mit .55 auf Faktor 1 und .70 auf Faktor 2. Bei der Rotation wird das ursprüngliche (punktierte) Achsenkreuz um einen bestimmten Winkel gedreht, so dass eine möglichst klare Einfachstruktur vorliegt.

Bei der Varimax-Rotation wird das Achsenkreuz im Ladungsplot so um den Ursprung (Koordinaten 0, 0) gedreht, dass die Varianz der quadrierten Itemladungen auf den Achsen (Faktoren) maximal ist. Ist die Varianz maximal, so werden durch die Faktoren maximale Bedeutungsunterschiede der Items abgebildet und dies geht im Allgemeinen mit einer bestmöglichen Interpretierbarkeit der gefundenen Faktoren einher.

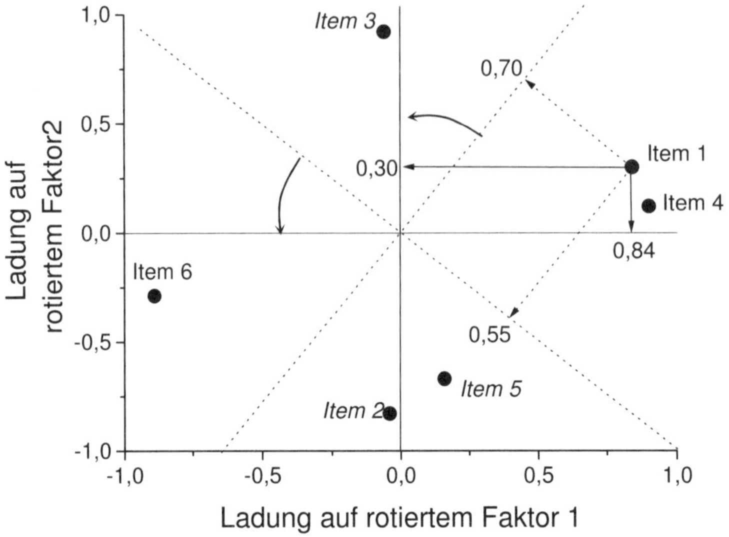

Abbildung F2: Die 6 Items sind gemäß ihrer Ladungen (Tabelle F5) auf den rotierten Faktoren in dem Koordinatensystem abgetragen. Die punktierten Achsen entsprechen den Faktoren der Ursprungslösung.

Für die unrotierte Lösung beträgt die Varianz der quadrierten Ladungen in Tabelle F3 .09 für Faktor 1 und .07 für Faktor 2. In der rotierten Lösung (Tabelle F5) erhöhen sich diese Varianzen auf .21 und .15.

II.F.5 Weiterverwertung der Ergebnisse

Als wichtigstes inhaltliches Ergebnisse der Faktorenanalyse können wir festhalten, dass die beiden Faktoren ‚Vertrauen in die eigenen fachlichen Kompetenzen' und ‚Selbstsicherheit in sozialen Situationen' für die Struktur in unserem Datensatz ‚verantwortlich' sind. Wollten wir beispielsweise ein abhängiges Merkmal (z.B. ‚Zufriedenheit mit dem Studium') regressionsanalytisch vorhersagen, so könnten wir nun statt der 6 Ausgangsvariablen, die Ausprägungen der Personen auf den beiden Faktoren (geschätzte Faktorwerte) als Prädiktoren verwenden. Wir wissen ja, dass diese Faktoren ca. 75% der Varianz der ursprünglichen 6 Variablen abdecken. Ohne wesentlichen Informationsverlust[27] haben wir eine überschaubarere und ökonomischere Datenbasis geschaffen: Bei umfangreichen Datensätzen ein nicht zu unterschätzender Vorteil. In Band 2 werden wir sehen, dass es nicht nur aus erkenntnistheoretischer Perspektive stets anzustreben ist, Hypothesen über Datenstrukturen möglichst ökonomisch, auf Basis weniger aber aussagekräftiger Variablen zu testen.

---

[27] Unter Umständen resultiert sogar ein Informationsgewinn, da – wie in Abschnitt II.F.1 geschildert – durch die Aggregation von Einzelinformationen zu einer Gesamtgröße der Einfluss von Zufallsschwankungen reduziert wird (Erhöhung der Reliabilität einer Messung).

Zudem haben wir in Abschnitt II.E.4 gesehen, dass es günstig für die Varianzaufklärung und die Interpretation der Ergebnisse einer multiplen Regressionsanalyse ist, wenn Prädiktoren möglichst unkorreliert sind: Genau diese Bedingung wird durch die orthogonalen Faktoren optimal erfüllt.

Obwohl wir mit den geschätzten Faktorwerten für jede Person einen Schätzwert der Ausprägungen auf den zugrunde liegenden Merkmalsdimensionen gewonnen haben, werden anstatt der Faktorwerte normalerweise Skalen- oder Summenwerte bei weiterführenden Auswertungen verwendet. Um Skalen- oder Summenwerte zu generieren, werden die Items, die einem bestimmten Faktor zugeordnet sind, aufsummiert: Die Skalenwerte sind in Tabelle F2 in Spalte ‚S1‘ und ‚S2‘ aufgeführt.

Bei der Berechnung der Skalenwerte muss darauf geachtet werden, dass die Items mit negativer Ladung umgepolt werden, bevor die Werte der Items addiert werden. Hohe Werte auf Item 6 deuten beispielsweise auf ein geringes Vertrauen in die eigenen Fähigkeiten hin. Die umgepolten Werte der negativ ladenden Items 2 und 6 sind in Tabelle F2 in Klammern angegeben (1 ⇒ 6, 2 ⇒ 5, 3 ⇒ 4 usw.).

Dadurch dass nur die für die rotierten Faktoren 1 und 2 charakteristischen Items jeweils zu einem Summenwert gefasst werden, können wir davon ausgehen, dass die Skalen eine ähnliche inhaltliche Bedeutung besitzen wie die Faktoren. Um die Gültigkeit dieser Schlussfolgerung zu überprüfen, kann die sogenannte ‚Faktorkongruenz‘ berechnet werden: Diese ist definiert als die Korrelation der geschätzten Faktorwerte mit den Skalenwerten (Werte s. Tabelle F2; Korrelationen s. Tabelle F6).

	Skala 1	**Skala 2**
Geschätzte Faktorwerte des ersten rotierten Faktors	.998	.034
Geschätzte Faktorwerte des zweiten rotierten Faktors	.014	.991

Tabelle F6: Die Faktorkongruenz der beiden Skalen.

Die generierte Skala ‚Vertrauen in die eigenen fachlichen Kompetenzen‘ und ‚Selbstsicherheit in sozialen Situationen‘ korrelieren beide fast perfekt mit den geschätzten Ausprägungen auf demjenigen Faktor, den sie jeweils repräsentieren sollen (hohe Faktorkongruenz), und nahezu überhaupt nicht mit dem jeweils anderen Faktor. Die Unkorreliertheit der Faktoren wird auch auf Ebene der Skalen mit r = 0.043 ebenfalls sehr gut reproduziert.

Um die messtechischen Eigenschaften und Gütekriterien dieser Skalen genauer zu überprüfen, sollte nun eine sogenannte Skalenanalyse durchgeführt werden. Das Vorgehen hierbei wird bei Lienert und Raatz (1998) dargestellt.

Dass man im Allgemeinen diese Skalenwerte und nicht die geschätzten Faktorwerte selbst zur Charakterisierung von Personen heranzieht, hat vor allem drei Gründe: Zum einen sind die Summenwerte anschaulicher als die Faktorwerte und zum zweiten können diese auch für Personen angegeben werden, die nicht der Untersuchungsstichprobe angehört haben. Beantwortet ein Student, der nicht der Untersuchungsstichprobe angehört hat, die 6 Fragebogenitems, so lässt sich sofort der Skalenwert berechnen. Um die Faktorwerte zu schätzen, müsste eine vollständig neue Faktorenanalyse gerechnet werden und die Werte aller anderen Stichprobenmitglieder würden sich zumindest leicht verschieben. Der dritte Grund besteht darin, dass die Faktorwerte selbst nicht direkt zugänglich sind, sondern nur geschätzt werden können: Je nach verwendeter Schätzmethodik können sich zum Teil deutliche Unterschiede ergeben.

II.F.6 Ausblick

Wir haben in diesem Abschnitt lediglich die Varimax-Rotation als Rotationsverfahren behandelt, die auch bei Weitem am häufigsten angewandt wird. Es ist jedoch zu beachten, dass hierbei absolute Unkorreliertheit der Faktoren als implizite Modellannahme vorausgesetzt wird. Ob dies angemessen ist, muss inhaltlich begründet werden: Kann man wirklich davon ausgehen, dass die latenten Merkmale, die die Struktur des Datensatzes bestimmen, vollständig unabhängig sind? Wenn eine Korrelation der latenten Merkmale inhaltlich plausibel erscheint, sollten sogenannte schiefwinklige oder oblique Rotationsverfahren gewählt werden (s. Hair et al., 1998).
Einen Hinweis darauf, dass die Voraussetzung völlig unkorrelierter Faktoren nicht angemessen ist, erhält man beispielsweise durch folgendes Analyseergebnis nach Varimax-Rotation. Wenn sich empirisch zeigt, dass zwischen den gewonnen Skalen deutliche Korrelationen vorliegen, so deutet dies darauf hin, das keine Einfachstruktur und eine geringe Faktorkongruenz vorliegt: Entweder werden in diesem Fall die orthogonalen Dimensionen durch den Itempool schlecht abgebildet oder aber die Skalen spiegeln die Faktoren angemessen wieder, die Faktoren sind jedoch selbst untereinander korreliert.

Die in diesem Kapitel vorgestellte faktorenanalytische Technik ermöglicht es uns, in einer Variablenmenge eine Struktur zu identifizieren. Dabei besteht a priori keine spezielle Hypothese, welche Struktur im Datensatz vorliegt. Deswegen bezeichnet man dieses Verfahren auch als ‚exploratorische' oder strukturidentifizierende Faktorenanalyse. Hat man jedoch genaue Vorstellungen darüber, welche Variablen Indikatoren desselben latenten Merkmals sind, so sollte die sogenannte ‚konfirmatorische', strukturbestätigende Faktorenanalyse angewendet werden. Die Hypothesen bezüglich der Struktur im Datensatz können entweder theoretisch begründet sein oder bereits aus Vorläuferstudien bekannt sein. Angenommen, unser Datensatz in Tabelle F1 wurde nur an Psychologiestudenten gewonnen und wir wollen jetzt überprüfen, ob bei Medizinstudenten dieselbe Struktur gilt. Dann könnten wir das bei Psychologiestudenten gefundene Modell definieren (Item 1, 4 und 6 und Item 2, 3 und 5 indizieren jeweils unkorrelierte Faktoren) und die konfirmatorische Faktorenanalyse würde uns die Frage beantworten, ob dies für Medizinstudenten ebenfalls plausibel ist.

Konfirmatorische Methoden werden erst seit wenigen Jahren häufiger angewendet, vor allem weil diese mit statistischer Standardsoftware zumeist nicht berechnet werden konnten. Dies hat sich geändert (z.B. das neue SPSS-Modul AMOS in der Version 10.0) und deswegen möchten wir Sie unbedingt ermutigen, diese Methodik zu wählen, wenn diese indiziert ist. Die exploratorische Methode besitzt den Mangel, dass – insbesondere wenn zu kleine Stichproben untersucht wurden – das Ergebnis durch spezifische Stichprobencharakteristika verzerrt werden kann. Zumindest werden sich in verschiedenen Stichproben niemals genau dieselben Ergebnisse zeigen und es muss dann oft sehr subjektiv entschieden werden, ob die Ergebnisse hinreichend ähnlich sind.

Hat man eine sehr große Stichprobe zur Verfügung, aber keine Hypothese über die Struktur im Datensatz, so empfiehlt sich insbesondere eine Kreuzvalidierung der Ergebnisse (vgl. Abschnitt II.E.6): Hierbei sollte die Stichprobe zufällig aufgeteilt werden und an einer Hälfte die zugrunde liegende Struktur exploratorisch identifiziert werden. An der zweiten Hälfte sollte dann konfirmatorisch das generierte Modell überprüft werden. Hierdurch kann am ehesten sichergestellt werden, dass die Analyseergebnisse auch auf andere Stichproben tatsächlich übertragbar sind.

Abschliessend sei noch darauf hingewiesen, dass der Analyse latenter Merkmale in der neueren psychologischen Forschung ein immer größerer Stellenwert zukommt (vgl. Steyer & Eid, 2001). Um komplexe Wirkzusammenhänge oder Prozesse zu modellieren, werden zunehmend sogenannte Strukturgleichungsmodelle (engl. SEM = Structural Equation Modelling) angewandt (Kline (2004), Hair et al. (1998)). Der Vorteil dieser gegenüber klassischen Methoden besteht vor allem darin, dass psychologische Merkmale unabhängig von deren messtechnischer Operationalisierung zum Gegenstand psychologischer Modellbildung gemacht werden können. Im Falle der in der Faktorenanalyse identifizierten latenten Merkmale erübrigt sich dann beispielsweise die Berechnung von Skalenwerten oder die Schätzung der Faktorwerte, denn die latenten Merkmale selbst können für weiterführende Analyse genutzt werden.

Durchführung mit SPSS: Die Ausgangsvariablen bilden jeweils eine Spalte im Datenblatt. Analysieren – Datenreduktion – Faktorenanalyse. Zur differenzierten Analyse der generierten Skalen: Analysieren – Skalieren – Reliabilitätsanalyse (s. ‚www.statistik-fuer-psychologen.de'; sowie Diehl & Staufenbiehl, 2001, S. 482 und 539).
Konfirmatorische Faktorenanalyse: Analysieren – AMOS (s. Byrne, 2001).

Leseempfehlungen

In diesem Kapitel wurden das Grundprinzip und die wichtigsten Begriffe der Faktorenanalyse eingeführt. Die Grundlagen der Faktorenanalyse werden bei Backhaus et al. (2000), Bortz (2004) und Revenstorf (1980) behandelt. Backhaus et al. liefern dabei die anschaulichste Einführung. Die Texte von Bortz und Revenstorf klären vor allem die Hintergründe des Verfahrens in der Matrixalgebra. Wenn Sie die Faktorenanalyse anwenden, können wir insbesondere die Darstellung bei Hair et al. (1996) empfehlen: Hier werden nicht nur die Voraussetzungen und Aspekte der Durchführung umfassend behandelt, sondern auch konkreten Anwendungsbeispiele ausführlich und verständlich dargestellt.

Die Durchführung mit SPSS wird auf der homepage ‚www.statistik-fuer-psychologen' detailliert beschrieben. Dort finden sich auch Beispieldatensätze.

Wie im Text beschrieben wurde, sollte eine konfirmatorische Faktorenanalyse durchgeführt werden, wenn vor der Untersuchung klare Hypothesen über die faktorielle Struktur im Datensatz vorliegt oder eine Kreuzvalidierung des Ergebnisses durchgeführt werden soll. Die Berechnung mit dem SPSS-Modul AMOS und die wichtigsten Hintergründe des Verfahrens werden bei Byrne (2001) verständlich beschrieben. Die theoretisch anspruchsvollen Grundlagen werden bei Kline (2004) ebenfalls gut eingeführt.

7. Aufgabenblock

Die Darstellung in diesem Kapitel bezog sich insbesondere auf die *Ergebnisse*, die Ihnen die Faktorenanalyse liefert. Um die wichtigsten Schritte der Faktorenanalyse zu verstehen, sollten Sie nun eine Faktorenanalyse selbständig mit SPSS berechnen. Auf der homepage ‚www.statistik-fuer-psychologen.de' finden Sie unter dem Unterpunkt ‚Faktorenanalyse' eine ausführliche Anleitung zur Analyse des in diesem Kapitel analysierten Datensatzes. Des Weiteren finden Sie unter dem Button ‚7. Aufgabenblock' zwei Beispieldatensätze, die Sie dann selbständig bearbeiten sollten. Zu den wichtigsten Punkten sind einige Verständnisfragen gestellt, die Sie auf Basis der Darstellung in dem vorliegenden Kapitel beantworten können sollten.

Schlussbemerkung

In diesem Buch haben wir uns damit beschäftigt, was es bedeutet, wenn man Eigenschaften und Merkmale von Personen oder Objekten mit Hilfe quantitativer Methoden beschreibt. Wenn Personen durch Zahlen charakterisiert werden, so ist es notwendig, anzugeben, auf welche Merkmale sich diese Zahlen beziehen, und welche Verhältnisse zwischen den Merkmalsausprägungen durch das gefundene Zahlensystem (Skala) repräsentiert werden sollen. Wir haben festgestellt, dass fünf verschiedene Skalenarten definierbar sind, auf denen jeweils spezielle Darstellungsformen und Maßzahlen sinnvoll verwendet werden können. Hierdurch können Informationen im Zahlensystem so veranschaulicht oder verrechnet werden, dass wir genau definierte Informationen über die Eigenschaften der Merkmalsausprägungen in der Empirie erhalten.

Betreibt man Psychologie, so möchte man zu Aussagen gelangen, die Allgemeingültigkeit beanspruchen können: Behauptet man, eine Therapie sei wirksam, so bezieht man sich dabei nicht auf einzelne Personen, sondern man sagt implizit, dass für jeden beliebigen Klienten durch die Therapie eine Besserung erzielt werden kann. Behauptet man, eine Therapie sei nur für schizophrene Klienten wirksam, so bezieht man sich auf eine Gruppe von Klienten, die das Merkmal ‚schizophrene Erkrankung' besitzen. Für diese definierte Untergruppe ist die Aussage aber wieder unabhängig von den Individuen formuliert. Den ersten Schritt hin zu solchen allgemeinen Aussagen macht man in der Statistik durch die Definition von Koeffizienten, wie etwa Mittelwerten oder Streuungsmaßen. Solche Koeffizienten versuchen eine allgemeine Tendenz in einer Menge von Einzeldaten abzubilden: Welcher Wert wird im Durchschnitt beobachtet, und wie groß ist der Fehler, den man begeht, wenn dieser Durchschnittswert als Orientierung verwendet wird?

Wichtig ist in der deskriptiven Statistik, dass die Ergebnisse der Verfahren lediglich für die Personengruppe Gültigkeit besitzen, die tatsächlich untersucht wurden. Stellen wir fest, dass in einer Arbeitsgruppe von 10 Personen die soziale Kompetenz zu $r = .215$ mit der Zufriedenheit am Arbeitsplatz korreliert ist, so würden wir das Ergebnis falsch interpretieren, wenn wir uns bei der Darstellung des Ergebnisses nur auf die untersuchten *Merkmale* beziehen: Die Aussage ‚Soziale Kompetenz und Zufriedenheit am Arbeitsplatz korrelieren zu $r = .215$' wäre unzulässig. Aus den Daten folgt lediglich, dass *in unserer Untersuchung bei den betreffenden 10 Personen* eine Korrelation von $r = .215$ beobachtet werden konnte. Der Unterschied wird klar, wenn man sich überlegt, dass sich der Wert von $r = .215$ in einer beliebigen anderen Gruppe von 10 Personen wohl nie genau wieder zeigen wird. In der Tat kann man – insbesondere in kleinen Stichproben – nachweisen, dass der messbare Zusammenhang zwischen denselben Merkmalen erheblich schwankt, wenn dieser in verschiedenen Stichproben erhoben wird. Man wird sogar des Öfteren Korrelationen messen, die größer sind als $r = 0.215$, auch wenn die beiden untersuchten Merkmale in der Allgemeinheit völlig unkorrelliert sind. Also: aus einem Stichprobenergebnis kann man erstens nicht ohne weiteres auf die ‚wahre' Höhe der Korrelation zweier Merkmale schließen. Und zweitens läßt sich noch nicht einmal ausschließen, dass die Merkmale nur deswegen als korreliert erscheinen, weil wir genau diese Gruppe untersucht haben.

Um diese beiden Probleme zu lösen, brauchen wir inferenzstatistische Analyseverfahren. Diese werden im zweiten Band der ‚Statistischen Methoden für Psychologen' behandelt. Dort wird genau dargestellt, weshalb verallgemeinernde Aussagen erst möglich sind, wenn folgende Aspekte beachtet werden:

- ▷ Die zu testende Fragestellung muß vor Kenntnis der Strukturen in dem zu analysierenden Datensatzes formuliert werden.
- ▷ Die zu untersuchende Stichprobe muß zufällig ausgewählt werden.
- ▷ Der gemessene Effekt in einer Stichprobe muß so groß sein, damit mit einer hinreichenden Sicherheit ausgeschlossen werden kann, dass er durch Zufall zustande gekommen ist.

Sind diese Punkte nicht erfüllt, so haben die gefundenen Ergebnisse nur beschreibenden Charakter: Sie können *Hinweise* auf Strukturen geben, die allgemeingültig sind. Jedoch können solche Ergebnisse nicht als *Beweis* dafür dienen, dass diese Strukturen auch für Objekte gelten, die nicht der untersuchten Stichprobe entstammen.

Zum Abschluß der Deskriptivstatistik noch ein kurzes Gedicht von P. H. List, das veranschaulicht, dass bei der Interpretation statistischer Koeffizienten stets Vorsicht geboten ist. Denn jeder Koeffizient bildet immer nur eingeschränkte Informationen ab: Ob z.B. ein Mittelwert ein sinnvolles Maß ist, kann nur in Abhängigkeit von der Problemstellung beantwortet werden. Die Beachtung zusätzlicher Verteilungseigenschaften kann durchaus hilfreich sein!

Ein Mensch, der von Statistik hört,
denkt dabei nur an Mittelwert.
Er glaubt nicht dran und ist dagegen,
ein Beispiel soll es gleich belegen:

Ein Jäger auf der Entenjagd
hat einen ersten Schuß gewagt.
Der Schuß, zu hastig aus dem Rohr,
lag eine gute Handbreit vor.

Der zweite Schuß mit lautem Krach
lag eine gute Handbreit nach.
Der Jäger denkt ganz unbeschwert
voll Glauben an den Mittelwert:
Statistisch ist die Ente tot.

Doch wär' er klug und nähme Schrot
– dies sei gesagt, ihn zu bekehren –
er würde seine Chancen mehren:
Der Schuß geht ab, die Ente stürzt,
weil Streuung ihr das Leben kürzt.

Literatur

Amelang, M. & Zielinski, W. (2002). *Psychologische Diagnostik und Intervention*. Berlin: Springer.

Amthauer, R. (1973). *IST 70: Intelligenz-Struktur-Test.* Göttingen: Hogrefe.

Asendorpf, J.B. (1999). *Psychologie der Persönlichkeit.* Berlin: Springer.

Backhaus, K., Erichson, B., Plinke, W. & Weiber, R. (2000). *Multivariate Analysemethoden*. Berlin: Springer.

Bales, R. F. (1950). *Interaction process analysis. A method for the study of small groups.* Chicago: University Press.

Beck-Bornholt, H. P. & Dubben, H. H. (2001). *Der Hund der Eier legt. Erkennen von Fehlinformation durch Querdenken*. Regensburg: Rowohlt.

Bleymüller, J. Gehlert, G. & Gülicher, G. (1996). *Statistik für Wirtschaftswissenschaftler*. München: Vahlen.

Borg, I. & Staufenbiehl, T. (1997). *Theorien und Methoden der Skalierung*. Bern: Huber.

Bortz, J. (2004). *Statistik für Sozialwissenschaftler.* Berlin: Springer.

Bortz, J. & Döring, N. (2002). *Evaluation und Forschungsmethoden*. Berlin: Springer.

Bortz, J. & Lienert, G.A. (1998). *Kurzgefasste Statistik für die klinische Forschung*. Berlin: Springer.

Bortz, J., Lienert, G.A. & Boehnke, K. (2000). *Verteilungsfreie Methoden in der Biostatistik.* Berlin: Springer.

Brennan, R.L. & Prediger, D.J. (1981). Coefficient kappa: some use and misises, and alternatives. *Educational and Psychological Measurement, 41,* 687-699.

Byrne, B.M. (2001). *Structural Equation Modelling with AMOS*. New Jersey: Erlbaum.

Chambers, R.G. (1982). Correlation coefficients from 2x2 tables and from biserial data. *British Journal of Mathematical and Statistical Psychology, 35,* 216-227.

Cohen, J. (1988). *Statistical Power Analysis for the Behavioral Sciences*. Hillsdale: Lawrence Erlbaum Associates.

Cohen, J. (1983). The cost of dichotomization. *Applied Psychological Measurement, 7*, 249-253.

Cook, R.D. & Weisberg, S. (1994). *An Introduction to Regression Graphics*. New York: Wiley.

Cooper, H. & Hedges, L.V. (1994). *Handbook of Research Synthesis*. New York: Sage.

Diehl, J.M. & Staufenbiehl, T. (2001). *Statistik mit SPSS - Version 10.0*. Eschborn: Klotz.

Drasgow F. (1988). Polychoric and polyserial correlations. In L. Kotz, N.L. Johnson (Hrsg.), *Encyclopedia of statistical sciences*, Vol. 7 (S. 69-74). New York: Wiley.

Fahrmeir, L., Künstler, R., Pigeot, I. & Tutz, G. (2000). *Statistik – Der Weg zur Datenanalyse*. Berlin: Springer.

Fechner, G.T. (1860). *Elemente der Psychophysik*. Leipzig: Breitkopf und Härtel.

Gigerenzer, G. (1981). *Messung und Modellbildung in der Psychologie*. München: Reinhardt.

Greve, W. & Wentura, D. (1997). *Wissenschaftliche Beobachtung*. Weinheim: Psychologische Verlags Union.

Gonick, L. & Smith, W. (1993). *The Cartoon Guide to Statistics*. New York: Harper.

Gutjahr, W.(1974). *Die Messung psychischer Eigenschaften*. Berlin: Deutscher Verlag der Wissenschaften.

Hager, W., Spieß, K. & Heise, E. (2001). *Versuchsdurchführung und Versuchsbericht*. Göttingen: Hogrefe.

Hall, G.M. (1994). *Publish or Perish*. Bern: Huber.

Hair, J.F., Anderson, R.E., Tatham, R.L. & Black, W. (1998). *Multivariate Data Analysis*. New Jersey: Prentice-Hall.

Hartung, J. (1993). *Statistik*. München: Oldenbourg.

Haselblad, V. & Hedges, L.V. (1995). Meta-Analysis of Screening and Diagnostic Tests. *Psychological Bulletin, 117*, 167-78.

Heise, D.R. (1975). *Causal Analysis*. New York: Wiley.

Hosmer, D.W. & Lemeshow, S. (2000). *Applied Logistic Regression.* New York: Wiley.

Huber, O. (2000). *Das psychologische Experiment.* Göttingen: Huber.

Jungermann, H., Pfister, H.R. & Fischer, K. (1998). *Die Psychologie der Entscheidung.* Heidelberg: Spektrum.

Kline, R.B. (2004). *Principles and Practice of Structural Equation Modeling.* New York: Guilford Publications.

Knol, D.L. & Berger, M.P. (1991). Empirical comparison between factor analysis and multidimensional item response models. *Multivariate Behavioral Research, 26*, 457-477.

Krämer, W. (2000). *So lügt man mit Statistik.* München: Piper

Krämer, W. (2001). *So überzeugt man mit Statistik.* Frankfurt: Campus.

Lienert, G. & Raatz, U. (1998). *Testaufbau und Testanalyse.* Weinheim: Beltz.

Lippe, P. v. d. (1999). *Deskriptive Statistik.* Stuttgart: Fischer.

Lipsey, M.W. & Wilson, D.B. (2000). *Practical Meta-Analysis.* Thousand Oaks: Sage.

Moosbrugger, H. & Zistler, R. (1994). *Lineare Modelle.* Göttingen: Hogrefe.

Nachtigall, C. (2002). Der Regressionseffekt: Mythos und Wirklichkeit. *Metheval report, 4 (2)*, [Internet]. Verfügbar unter: http://www.uni-jena.de/svw/metheval/start.php?go=report.

Nachtigall, C. & Wirtz, M. (2006). *Statistische Methoden für Psychologen – Band 2: Wahrscheinlichkeitrechnung und Inferenzstatistik.* Weinheim: Juventa.

Revenstorf, D. (1980). Faktorenanalyse. Stuttgart: Kohlhammer.

Rohrmann, B. (1978). Empirische Studien zur Entwicklung von Antwortskalen für die sozialwissenschaftliche Forschung. *Zeitschrift für Sozialpsychologie, 9*, 222-245.

Rost, J. (1996*) Testtheorie und Testkonstruktion.* Göttingen: Huber.

Schuler, H. (1995). *Lehrbuch Organisationspsychologie.* Bern: Huber.

Stevens, S.S. (1959). Measurement, psychophysics, and utility. In C.W. Churchman & P. Ratoosh (Eds.): *Measurement: definitions and theory.* New York: Wiley.

Steyer, R. & Eid, M. (2001*). Messen und Testen.* Berlin: Springer.

Tabachnik, B. & Fidell, L. S. (1996). *Using Multivariate Statistics*. Boston: Allyn & Bacon.

Ulrich, R. & Wirtz, M. (2004). On the correlation of a naturally and an artifically dichotomous variable. *British Journal of Mathematical and Statistical Psychology, 57(2)*, 235-252.

Wirtz, M. & Caspar, F. (2002). *Beurteilerübereinstimmung und Beurteilerreliabilität*. Göttingen: Hogrefe.

Index